力動出来事語と2語・多語発話の発達

坪倉美佳 著

風間書房

目　次

第1章　自閉症スペクトラムの子どもにおける
　　　　2語・多語発話の発達 …………………………………………… 1
　第1節　はじめに ………………………………………………………… 1
　第2節　定型発達の子どもの2語・多語発話期の発達 ……………… 1
　第3節　自閉症スペクトラムの子どもの2語発話，多語発話出現期に
　　　　　おける統語的発達と動詞に関する研究動向 ……………………… 3
　第4節　2語・多語発話の発達と力動出来事語の発達 ……………… 6
　第5節　本研究の目的 …………………………………………………… 10

第2章　自閉症スペクトラムの子どもにおける
　　　　2語・多語発話出現期の発達 …………………………………… 13
　第1節　目的 ……………………………………………………………… 13
　第2節　方法 ……………………………………………………………… 13
　　1．研究協力者 ………………………………………………………… 13
　　2．手続き ……………………………………………………………… 14
　　3．発話分析の方法 …………………………………………………… 15
　第3節　結果 ……………………………………………………………… 15
　　1．MLU ………………………………………………………………… 15
　　2．発話数 ……………………………………………………………… 16
　　3．新出語彙と新出動詞 ……………………………………………… 16
　第4節　考察 ……………………………………………………………… 18

第3章　自閉症スペクトラムの子どもの力動出来事語の獲得
　　　　－1語発話期から2語・多語発話期にある事例の縦断的検討－ ………… 21

第1節　目的 …………………………………………………………………… 21
第2節　方法 …………………………………………………………………… 21
　1．研究協力者 ………………………………………………………………… 21
　2．手続き ……………………………………………………………………… 22
　3．分析の方法 ………………………………………………………………… 23
第3節　結果 …………………………………………………………………… 25
　1．MLU ………………………………………………………………………… 25
　2．2語・多語発話と力動出来事語 ………………………………………… 25
　3．各事例の力動出来事語 …………………………………………………… 28
第4節　考察 …………………………………………………………………… 35
　1．2語発話出現期にあるB児の力動出来事語 …………………………… 35
　2．2語発話期への移行期にあるC児の力動出来事語 …………………… 37
　3．自閉症スペクトラムの子どもの2語・多語発話期への移行期における
　　力動出来事語 ……………………………………………………………… 39

第4章　力動出来事的な状況における音声の発達 …………………… 43
第1節　目的 …………………………………………………………………… 43
第2節　方法 …………………………………………………………………… 44
　1．事例 ………………………………………………………………………… 44
　2．観察期間 …………………………………………………………………… 45
　3．手続き ……………………………………………………………………… 45
　4．分析 ………………………………………………………………………… 47
第3節　結果 …………………………………………………………………… 49
　1．MLU ………………………………………………………………………… 49
　2．発話数 ……………………………………………………………………… 49
　3．語彙 ………………………………………………………………………… 51
　4．力動出来事的側面における発声と発話 ………………………………… 52

第4節　考察 …………………………………………………………… 89
　　1．D児の力動出来事的な状況における音声 ………………………… 89
　　2．E児の力動出来事的な状況における音声 ………………………… 93
　　3．力動出来事的な側面における発声と発話の出現順序 …………… 96
　　4．力動出来事的な状況における音声の発達 ………………………… 97

第5章　日本語における力動出来事語の発達 ………………………… 115
第1節　目的 ……………………………………………………………… 115
第2節　方法 ……………………………………………………………… 115
　　1．研究協力者 ………………………………………………………… 115
　　2．観察期間 …………………………………………………………… 116
　　3．手続き ……………………………………………………………… 116
　　4．発話分析 …………………………………………………………… 117
第3節　結果 ……………………………………………………………… 117
　　1．MLU ………………………………………………………………… 117
　　2．発話数 ……………………………………………………………… 118
　　3．語彙 ………………………………………………………………… 120
　　4．力動出来事語 ……………………………………………………… 121
　　5．動詞 ………………………………………………………………… 143
第4節　考察 ……………………………………………………………… 145
　　1．D児の発話と力動出来事語 ……………………………………… 145
　　2．E児の発話と力動出来事語 ……………………………………… 148
　　3．2語発話出現期の力動出来事語 ………………………………… 151

第6章　自閉症スペクトラムの子どもの2語発話期における
　　　　力動出来事語 ……………………………………………………… 155
第1節　目的 ……………………………………………………………… 155

第2節　方法 …………………………………………………………… 155
　　1．研究協力者 ……………………………………………………… 155
　　2．手続き …………………………………………………………… 155
　　3．分析の方法 ……………………………………………………… 156
　第3節　結果 …………………………………………………………… 156
　　1．MLU ……………………………………………………………… 156
　　2．1語・2語発話 ………………………………………………… 156
　　3．力動出来事語 …………………………………………………… 157
　　4．動詞 ……………………………………………………………… 165
　第4節　考察 …………………………………………………………… 166
　　1．力動出来事語 …………………………………………………… 166
　　2．自閉症スペクトラムの子どもの2語発話期における力動出来事語 ……… 169

第7章　総合的考察 ……………………………………………………… 173
　第1節　自閉症スペクトラムの子どもにおける2語・多語発話期の
　　　　　力動出来事語 ……………………………………………… 173
　第2節　定型発達の子どもによる日本語の力動出来事語の資料から …… 174
　第3節　自閉症スペクトラムの子どもにおける力動出来事語と
　　　　　2語・多語発話の発達 …………………………………… 179
　第4節　今後の課題 …………………………………………………… 183

文　献 …………………………………………………………………… 185
初出一覧 ………………………………………………………………… 189
あとがき ………………………………………………………………… 191
資　料 …………………………………………………………………… 193

第1章　自閉症スペクトラムの子どもにおける2語・多語発話の発達

第1節　はじめに

　言語獲得における遅れと障害は，自閉症スペクトラムの中核的特徴である。自閉症スペクトラムの言語獲得では，特にコミュニケーションと言語の使用の側面における障害は，「心の理論」との関連性が指摘されてきた（Tager-Flusberg, 2007）。しかしながら，自閉症スペクトラムの子どもの精神状態の理解の困難さは，統語的な制約によるものではないと指摘されている（Tager-Flusberg, 1993）。また，自閉症スペクトラムの子どもの縦断的研究から，自閉症スペクトラムの子どもは言語発達の初期段階では，文法的知識，語彙量とその内容などにおいてダウン症の子どもと同じ発達的経路をたどることが指摘されている（Tager-Flusberg, 2007）。自閉症スペクトラムの子どもの初期の言語発達については，さまざまな観点から研究がされてきているが，近年，子どもの初期の言語発達において，動詞の形態・統語の発達に焦点があてられており（Gathercole, 2006），自閉症スペクトラムの子どものセンテンスの発達の始まりである2語・多語発話の前提となる認知発達を考えるにあたり，興味深い観点が提示されてきている。

第2節　定型発達の子どもの2語・多語発話期の発達

　定型発達の子どもにおける2語発話の発達に関して，これまでわが国では，語の組み合わせによる句や文の仕組みに関する統語発達の観点から，資料が

提示されてきた（綿巻，1975）。統語発達においては，Brain（1963）の軸語文法（頻度が高く位置が固定していること，軸語だけの発話がないこと，軸語と軸語の結合はないという条件に従う）が注目されているが，綿巻（1975）は，軸語文法の枠組みを使用して日本語を学習している女児の発話を検討した結果，日本語に軸語文法を適用することは困難な点が多いことを指摘している。綿巻（1999）は，2語発話の意味関係構造に着目した研究において，1歳8か月から2歳0か月までの1女児の発話資料から抽出した多語発話を構成語数と基本構造の種類に分類し，10の統語＝意味論的構造を提示している。また，多語発話の種類とその構成語数は加齢に伴って増加することを指摘している。さらに，多語発話では動詞節がもっとも多く，準動詞節（幼児語や擬声，擬態語で真の動詞とはいえないが，意味的，統語的には動詞に準ずる語）は一時的に増加するが，その後は減少する傾向があることを示している。そして，動詞節はその統語＝意味論的構造の違いにより，早期から出現度数が多いもの，出現が遅いもの，早期から出現するが頻度が少ないもの，出現しないものがあると述べている。さらに，1語発話期にみられる語の語用論的機能（実用的機能）と2語発話に表現される意味的関係の連続性が示唆されている（綿巻，1982）。一方，伊藤（1997）は，2語発話段階から多語発話段階までの3例（1歳0か月，1歳10か月，2歳2か月）の保育園での自由遊び場面における自然発話の縦断的資料をもとに，1語発話段階から2語発話段階への移行について分析している。その結果，格助詞「が」，「の」の出現期と多語発話の出現期がほぼ一致することが示された。

　近年では，センテンス，初期の統語の発達において，動詞が新たに注目されている。Tomasello（2003）は，多語発話の基礎となる発話レベルの構成を，語結合（word combination：語と語の間に短いポーズを伴わず，単一の音調曲線で発せられる発話），軸語スキーマ（pivot schema：出来事を表す語ひとつが対象を表すラベルを伴って用いられることが多いことや，頻度は下がるが代名詞や一般性の高い表現が定数になることがある），項目依拠的構文（item-based construction：構文の

なかの不可欠な部分として統語表示をもち，軸語スキーマよりも上位にある）の3つのタイプに分類している。彼は，特異であり項目に依存する項目依拠的構文の統語表示は，動詞ごとに固有で，動詞がどのように使用されるかを聞いたことによると指摘している。また，多語発話のほぼすべてが特定の動詞に関連する述語表現を中心に発話されていたことから，これを「動詞の島仮説（verb island hypothesis）」と呼んでいる。「動詞の島仮説」は，言語体系のなかで他の部分が組織化されていないのにもかかわらず，動詞の部分だけが独自の島のように位置づけられていることに由来している（Tomasello, 2003）。そして，「動詞の島仮説」にある動詞島構文によって子どもは「大人に近い文法能力を習得することが容易になる」と述べている。動詞の学習についてKersten & Smith（2002）は，子どもは動詞を学習している間，見慣れた物よりも新奇物を見る傾向があり，さらに見慣れた物の場合は物の見た目よりも動きに注意を向ける傾向があること，そして文脈において動詞の意味を理解するためには，物に関する知識が必要となる可能性を指摘している。つまり，動詞の文脈のなかで動詞の使用を聞くことによって動詞が学習されていくこととなる。しかしながら，動詞が学習され，動詞の島となり特定のパターンで発話されるようになる間，同じ動詞がどのように使用されていたかなどについては，十分に明らかにされていない。

第3節　自閉症スペクトラムの子どもの2語発話，多語発話出現期における統語的発達と動詞に関する研究動向

　自閉症スペクトラムの子どもの2語発話，多語発話の発達においても，統語発達の観点から検討されている。高須賀（1992a）は，6歳0か月の女児と4歳1か月の男児を対象に，指導場面での発話資料を構文的構造という観点から分析している。その結果，初期2語発話を接合型（2語相互の意味的関連が薄く，呼びかけ語など独立語的な性格の強い語を構成要素にもつ），題目化（発話

の題目とその注釈），命名文（述部が名詞的性格の語），動作文（述部が動作語で，動作物主，対象，場所，様態の4類型），所有，属性などの11種類に分類している。自閉症スペクトラムの特性としては，動作文の下位分類の様態動作文（初期2語発話の動作文の様態が意味的に分化した類型（手段，時間，数量，様相，再起，限定，その他）），連体修飾（2語が連体修飾の関係で結合した場合）の下位分類である属性構文等の未分化を認めている。さらに，動作文の様態の数が少ないこと，連体修飾の属性が認められないこと，完全動作文が多いことが指摘されている。また，高須賀（1992b）は，3語発話がまだ少ない時期である後期2語発話に2語発話の構文的構造が多様化することを示している。そして，後期2語発話の構文的構造は先の11種類の構文的構造に加え，題述（助詞「は」の使用に関わる類型で動作文との境界は不明確），複合述語文（否定などの意味の負荷があるため1語として処理しなかった2語が複合した述語），動作文の様態の下位分類である手段（例：じどうしゃあそんで），時間（例：きょうはいこう），様相（例：ワンワンなく），再起（例：またはじまる）や，連体修飾句（例：もう1かい），並列（例：シャツとパンツ）などの14の類型になることを示唆している。一方，Naigles, Kelty, Jaffery & Fein（2011）は，自閉症スペクトラムの子ども17例（平均41か月）と定型発達の子ども18例（平均28か月）の縦断的資料から，自閉症スペクトラムの子どもの初期の文法と語彙能力について検討している。その結果，両方の事例において原因のない行為（例えば，アヒルとウサギがそれぞれ同時に腕を曲げる）よりも原因のある行為（例えば，アヒルがウサギを押す）により長く注意を向ける傾向があったことを示している。これらのことから，自閉症スペクトラムの子どもは，少なくとも動詞（原因のある行為）が提示された他動詞的な枠組みを使用しており，このことは動詞の独立した意味自体によって伝えられることが指摘されている。

　高機能広汎性発達障害児を対象とした研究だが，辰巳・大伴（2009）は，3歳から5歳の高機能広汎性発達障害児（以下PDD児）35名と定型発達児25名を対象に，「投げる」，「転がす」，「切る」などの動詞を表す図版を示し，

動作を指さしで選択させる理解課題と描写された動作の表出課題を実施している。その結果，両群ともに理解課題の正答率は表出課題の該当動詞の出現率より高かったことを示している。また，PDD児群は動詞の表現の適切性が定型発達児群よりも有意に低く，自動詞の使用頻度が有意に高かったことから，他動詞による適切な表現が可能となるには，動詞に関わる事象を「動作主体と動作対象との関係」と捉える必要があることが指摘された。さらに，動作に加えて物の運動や配置，属性や形態などの違いを区別し，動詞と結びつけることが必要であることが示唆されたと辰巳・大伴（2009）は述べている。また，動詞の概念は語の示すものだけでなく動作や対象物の特徴，運動や位置，対人的な視点などを動詞に結びつけていく経験を積み重ねるなかで形成されるとしている（辰巳・大伴，2009）。しかしながら，動詞の概念は近接した語彙の意味的な境界が曖昧なため，自閉症スペクトラムの子どもは事象に応じた動詞の使い分けに困難さがあり，自閉症スペクトラムの子どもにみられる特定のものへのこだわりなどが動詞に関わる事物への注目や理解を妨げる可能性があることを辰巳・大伴（2009）は，示唆している。このことは，先の定型発達の子どもの動詞学習では新奇物や動きに注意を向ける傾向があるというKersten & Smith (2002)の指摘からもいえよう。

　Fonseca (2010)は，自閉症スペクトラムの子どもにおいて人称代名詞や自他の概念の獲得，心的空間や三次元の概念の関係性について母子の直接のやりとりから検討した結果，自閉症スペクトラムの子どもではこれらの獲得に困難さがあることを指摘しており，空間における対象物の関係性や空間に関する認識が動詞獲得に関連していることが考えられる。

　さらに，自閉症スペクトラムの子どもの動詞獲得と関連して注目されるのが直示動詞（deictic verbs）である。直示動詞は，発話者との直示的な方向について言及する動詞である（例：「戻る」など）。Butterworth & Harris (1994)は，自閉症スペクトラムの子どもは時間的，空間的関係を表す語の使用に特に困難さをもち，そのために直示的な語の使用においても困難さを示すこと

を指摘している。また，会話における直示的な語の使用は，話し手，聞き手と指示の空間的な枠組みに依存すると述べている。小川・福島・田村・正高 (2010) は，発達障害のある小学1年生から5年生（8例）を対象に，心の理論における特異性と直示動詞の理解との関連性を検討している。その結果，動詞内の情報量の多さや関係の複雑さ，一度に提供される情報量の多さが内容理解の困難さと関連する可能性を指摘している。また，空間用法が不一致のときに直示動詞を使用できないという特徴があると述べている。さらに，直示動詞の理解によって，発達障害のある子どもの個人の特徴について検討できる可能性を示唆している。

　直示動詞と関連して，近年，言語学の分野において移動を表す動詞のうち「行く」，「来る」など，話者との位置関係を示す直示的な「移動動詞」が，対象によって方向に従う，または位置を定める「経路動詞」として注目されている。また，経路，様態といった意味が各言語においてどのような統語要素で表されるのかという点についても関心がもたれている（Nakazawa, 2007；守田, 2006）。この直示動詞の発達の基盤には，直示的な空間に関する認識などを含む認知的側面があり，直示的経路や図と地関係などに関する力動出来事語（dynamic-event words：動的事象語）と動詞獲得の関連が考えられる。

第4節　2語・多語発話の発達と力動出来事語の発達

　今日，子どもの言語発達において初期の言語とその認知的側面について注目されており，特に空間関係に焦点があてられている（Gathercole, 2006）。このような観点から，子どもが動きや変化を言語的に認識していることを示す「力動出来事語」が，初期のセンテンスの基礎を形成する語（例：自己と対象に対する重力的な影響に反応しての down）として注目されている（McCune, 2008）。

力動出来事語の研究は，Piaget & Inhelder（1966）の対象，空間，因果性，時間の前言語的感覚運動的知識の発達が言語の基礎を形成するという指摘から発展している。そして，動詞を伴う初期の2語・多語発話の発達につながる移動出来事語（motion-event words：移動事象語）と事物の力動的な動きの側面を記号化する力動出来事語に注目する必要がある。移動出来事とは，そのときに経験している側面を指し，経験の流れと言語での指示によって表される。それは，子ども自身の移動と子どもが他者や対象の移動を観察するという現実世界の出来事との類似が認められることによりセンテンスへ構成される（McCune, 2008）。そして，力動出来事語で表現される移動出来事の意味は語結合において主要な表現となる（McCune, 2006）。また，Johnson（1987）のイメージ・スキーマと力動出来事語の関連が考えられる。英語における out や down などの語には空間的意味が含まれており（McCune, 2008），このような空間関係に関する語は空間動詞や関係語（relational words）として注目されてきた。そして，これらの語は初期の語結合期において重要となる（Herr-Israel & McCune, 2006）。空間認知の能力は言語獲得の認知的基盤としても重要である（小山，2012b）。このような関係的な語は，自閉症スペクトラムの子どものセンテンスの発達に関連することが指摘されているが獲得に困難さがある（Parish-Morris, 2012）。また，力動出来事語の獲得と関連して力（force）という概念が重要であると考えられる。力とは，力の強さや力を受けたものの移動の方向と経路，因果の連鎖などが含まれる（Johnson, 1987）。力を受けたものの移動を見ることにより，力の概念を子どもは構築する。力は自分が動く，動かされる，動かしてみるといった日常経験のなかで形成されるイメージ・スキーマである（Johnson, 1987）。自閉症スペクトラムを対象とした研究ではないが，小山（2012a）は，ダウン症の事例において子ども自らの動きや移動，行為，すなわち力によって初期の空間前置詞などの空間語彙が理解されていくと指摘している。Talmy（2000）は，力を介した存在同士の相互関係を「力の力動性（force dynamics）」としており，力の力動性は

言語表現に反映されると述べている。しかしながら、力と言語発達との関連についての研究は十分にされてきているとはいえない。

　Herr-Israel & McCune（2006）は、これまでの関係語と主要動詞を力動出来事語として捉えている。McCune（2008）によると、want, get, give, take, bring などの動詞は発話者から近距離または遠距離の関係において方向に従う、または位置を定めるときに使用する直示的経路に関わる。そして find は包含、付着の可逆的な側面を含む活動あるいは、接近方法の関係における実体間の空間関係を示す図と地関係に関わっている（McCune, 2008）。力動出来事語に含まれている語は、動作語や主客動詞など従来の分類において、自閉症スペクトラムの子どもで獲得に困難さがあることがこれまでも指摘されており（藤上・大伴、2009）、その認知発達の基盤に注目する必要があるといえる。また、Tomasello（1992, 2003）は、初期動詞に力動出来事語を含めている（McCune, 2008）。力動出来事語は動詞として発話される以前から、対象の動きの可逆的な空間的、時間的側面を伴い、実際に対象が動いていないときも潜在的な可逆性や動きを含意している。

　小林・麦谷（2007）は、音声と動作の対応付けの能力について、生後12か月、14か月、18か月の48例の子どもを対象に2種の動作と新奇語を組み合わせた動画を使用し、注視時間を指標として検討している。その結果、1歳前半から動作を心的に表象し、音声に結び付けはじめることを示唆している。力動出来事語である動詞の基礎となる語の獲得について、Oshima-Takane, Kobayashi, Chen, Tardif & Steinman（2012）は、力動的な移動出来事に新奇の名詞と動詞をマップすることについて、日本語、フランス語、そして英語話者の生後20か月の子ども48例から比較検討している。子どもは、新奇の行為（飛ぶあるいは跳ねているような）と新奇な行為者（動物あるいは乗り物のような）の2つのアニメーション、そして名詞状況あるいは動詞状況のどちらかに新奇語が提示された。その結果、日本語話者の子どもは生後20か月に形態統語的指示を使用して新奇名詞を行為者へ、新奇動詞を行為へマップできる

ことが報告されている。一方で，英語話者の子どもは名詞の形態統語的指示のみ使用することが指摘されている。Imai, Haryu & Okada（2005）は，行為自体を記号化することや思い出すよりも適切な動詞にマップすることの方が難しいとしており，日本語においても動詞獲得以前の力動出来事語によってそれらの行為や移動などがマップされていることが示唆される。

　Herr-Israel & McCune（2006）は，3例の定型発達の子どもの縦断的資料のうち，生後14か月から24か月までの家庭で設定された遊びに集中できる自由な母子遊びの場面で産出された down, in, out などの力動出来事語である関係語，初期主要動詞，他の動詞に着目して分析を行っている。その結果，1語発話期において力動的な出来事を言及するとき，動詞よりも関係語を用いており，語結合期には初期主要動詞によって表現され始めると指摘している。また，初期の語結合に含まれる動詞は1語発話期の力動出来事語に認められ，多語発話期では初期主要動詞と関係語が3例で80％以上含まれていたことが報告されている。McCune（2006）は，力動出来事語を経路（垂直的経路（up, down），直示的経路（here/thanks, mine, there, go, come）），図と地（包含（open, closed, out, in），付着（stuck/fitted, unstuck）），移動出来事（閉塞（allgone, bye, peekaboo），反復（more, again），否定（反転）（no, uhoh, back））に分類している。また，McCune（2008）は英語学習者の子ども7例とバイリンガル（英語とエストニア語あるいはドイツ語）の子ども3例を対象に，力動出来事語の各カテゴリの出現状況について検討した。その結果，直接的な経験が経路の認識を促進し，図と地関係は空間における特定の関係を記号化する語に伴い，移動出来事に関係する語は子どもの出来事の可逆的な特徴への認知的気づきを示していることを示唆している。そして，これらすべては子どもが身体的に関わっている状況に焦点を当てる傾向があると述べている。つまり，力動出来事語の発達は，これらの関係を認知的に特定する子どもの最初のステップであり，言語的に表現するステップでもある（McCune, 2008）。また，力動出来事語のカテゴリと主要な動詞の意味との関連性とともに，単一の力動出

来事語から初期の動詞と語結合への移行例がHerr-Israel & McCune（2006）によって示されているといえる。

　力動出来事語の動詞への移行に関する実証的研究はまだ不十分である。しかしながら，力動出来事語という枠組みにより，自閉症スペクトラムの子どもに困難とされている空間的な語や可逆的な出来事に関する語の獲得，さらに2語・多語発話の認知的基盤と関連していると考えられる動詞獲得に関しても明らかにしていくことができよう。

第5節　本研究の目的

　これまで，自閉症スペクトラムの子どもの2語・多語発話の発達に関する今後の研究的課題を明らかにするために展望してきた。そこで，本研究では，自閉症スペクトラムの子どもの2語・多語発話の発達について，本章において着目した力動出来事語，動詞の発達という観点から検討を行う。

　第2章では，1語発話期から2語発話期にある自閉症スペクトラムの事例の協力のもと，自閉症スペクトラムの子どもの2語・多語発話の発達の様相について検討する。

　第3章では，自閉症スペクトラムの子どもでは獲得に困難さがあると考えられる力動出来事語の発達について，1語発話期から2語・多語発話期への移行期にある自閉症スペクトラムの事例を対象にMcCune（2008）の提示する力動出来事語の出現について明らかにすることを目的とする。

　しかしながら，日本語に関しては力動出来事語の獲得，さらに力動出来事語から初期動詞への移行に関する資料はまだ十分ではなく，定型発達の子どもによる力動出来事語の定義が必要となる。そこで第4章では，日本の子どもの早期表出語彙の特徴をふまえたうえで，力動出来事的な状況において，日本語ではどのような音声的表現がみられるのかについて定型発達の事例の研究協力のもと検討を行う。そして，力動出来事的な状況においてみられた

音声的表現の発達，さらにその出現順序について検討を行う。

　第5章では，第4章の結果をふまえ，2語発話が出現し始める時期の日本語における力動出来事語の発達について定型発達の子どもを対象に検討を行う。そして，2語発話出現期における日本語の力動出来事語について明らかにすることを目的とする。

　第6章では，第4章，第5章の日本語を学習している定型発達の子どもの力動出来事語の発達についてふまえたうえで，自閉症スペクトラムの子どもの力動出来事語の発達について明らかにする。

　以上のことから，本研究では力動出来事語，動詞の発達といった観点から，自閉症スペクトラムの子どもの2語・多語発話の発達について明らかにすることを目的とする。

第2章　自閉症スペクトラムの子どもにおける2語・多語発話出現期の発達

第1節　目的

　本章では，2語・多語発話期への移行期にある自閉症スペクトラムの事例の協力を得て，縦断的資料をもとに1語発話期から2語・多語発話期への移行期に着目し，2語発話，多語発話期の発達の様相について検討を行うことを目的とする。

第2節　方法

1．研究協力者

　研究協力者は，大学での教員による言語発達支援場面にことばの遅れを主訴として来所し，月1回，原則として60分間の支援が行われている5歳7か月3日の自閉症スペクトラムの事例，A児である。筆者は，ボランティアとして支援場面に参加し，保護者に研究協力の了承を得た。
　A児の本研究における初回セッションでの総発話数は52，2語発話数は22，多語発話数は0であった。初回セッションにおけるA児の様子は，絵本を見ながらバイキンマンの絵を繰り返し描いていた。また，ホワイトボードに描画する際，「アンパンマンバイバイ」といった定型的な2語発話がみられ始めていた。お店屋さんごっこなどについては，療育者が誘っても関心を示さなかった。

A児は，第1子。家族構成は，両親，祖父母，曾祖母，妹（3歳），A児の7人家族である。保護者の話では，2歳時に地域の療育センターにおいて自閉症スペクトラムの診断を受けた[1]とのことである。本研究の対象期間中は，地域の通園施設で療育を受けていた。

　5歳11か月時にS-M社会生活能力検査を実施した結果，身辺自立：4歳0か月，移動：2歳11か月，作業：4歳5か月，意志交換：3歳9か月，集団参加：3歳1か月，自己統制：2歳9か月，社会生活年齢（SA）：3歳8か月，社会生活指数（SQ）：62であり，軽度の遅れが認められる。また，6歳7か月2日時に津守・稲毛式乳幼児精神発達質問紙を実施した結果，領域別発達年齢は，運動：7歳0か月，探索：5歳0か月，社会：3歳0か月，生活習慣：4歳6か月，言語：5歳0か月であった。津守・稲毛式乳幼児精神発達質問紙において，言語領域の発達年齢が高くなっているのは，文字や数字を書いたり，読んだりすることが可能なためである。

2．手続き

　今回，筆者が対象とした期間は，5歳7か月3日から6歳9か月24日の約1年間，計12セッションである。

　発達支援の場所は，大学内の指導室で，教員により遊びを通してことばの発達の基礎となる認知発達を図る支援が行われている（小山，2000，2009）。支援は，親子同室で行っており，セッションによってはA児の妹（3歳）も加わった。療育者は大学教員の1名である（小山，2009，2010）。

　発達支援の場面は，保護者の同意を得てVTRに録画した。録画の開始は入室から5分以内，録画は原則として60分である。

1　現在のDSM-5では，自閉スペクトラム症／自閉症スペクトラム障害に相当する。

3. 発話分析の方法

5歳7か月3日から、6歳9か月24日までの毎回のVTRを再生し、60分間についてA児の自発的発話サンプルについてトランスクリプションを作成した。トランスクリプションをもとに、総発話数（自発）、MLU（Mean Length of Utterance：平均発話長）、語彙数、動詞数に着目し、分析を行った。

分析の際に、不明瞭な発話、無意味発声、歌、自発的でない発話は分析から外した。MLUに関しては、Brown（1973）の基準をもとに算出した。さらに、各セッションの最長の発話長（発話長は、発話の長さのこと。発話に含まれる形態素（意味をもつ最小の単位）の個数から産出される）も算出した。語の切れ目は、1.2秒のポーズを基準に区分した。MLUは、発話数が100未満であったため、産出されたすべての発話から分析を行った。このMLUは指導場面に限定されたものだが、セッション内での推移における変化の指標として検討した。

分析は2名で行い、協議しながら分類し、2者で一致率を求めた結果、0.92であった。

第3節　結果

1. MLU

A児の5歳7か月3日から6歳9か月24日までの60分間の発達支援場面における自発的発話について、各セッションの最長の発話長、MLUの推移を示したものが図2-1である。全セッションを通しての最長の発話長は、5であった。MLUは、1.28から1.65の範囲にあり、Brown（1973）のMLUの段階では、段階Ⅰに相当し、2語発話段階であった。

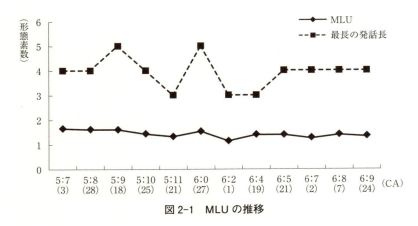

図2-1　MLUの推移

2．発話数

　A児の5歳7か月から6歳9か月までの60分間の発達支援場面における自発的発話の1語発話数，2語発話数，多語発話数の推移を示したものが図2-2である。5歳7か月3日には，「バイキンマンバイキンマンバイキンマン」などのsuccessive single wordsが多くみられていたが，5歳9か月18日以降はほとんどみられなくなった。2語発話数は，6～27の発話の間で推移を示した。多語発話は，出現し始めた時期であった。2語発話や多語発話では，「アンパンマンバイバイ」や「タヌキバイバイ」，「お茶ない」など，「バイバイ」や「ない」といった語を軸語（子どもの初期の語結合はひとつの不変語と，それに結合する様々な語から構成され，軸語はこの不変語を指す（山梨，2009））とした発話がみられた。5歳10か月25日には，この軸語に，「カタツムリさん楽しかったね」など「楽しかったね」を軸語とした発話が加わった。

3．新出語彙と新出動詞

　A児の新出語彙数と新出動詞数の推移は，図2-3の通りである。また，各セッションを通して出現したそれぞれの発話数と，その合計について表2-1

第2章 自閉症スペクトラムの子どもにおける2語・多語発話出現期の発達　17

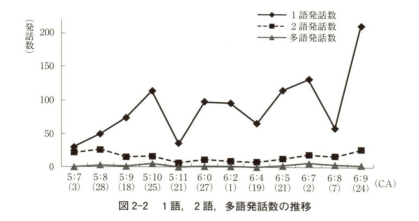

図2-2　1語，2語，多語発話数の推移

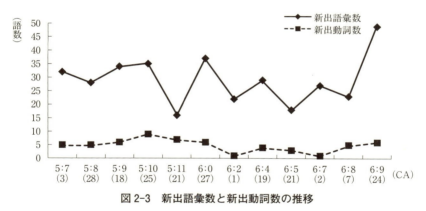

図2-3　新出語彙数と新出動詞数の推移

に示した。A児では，本研究において対象とした期間では，350語の語彙，58語の動詞が出現した。新出語彙数のうち，動詞の占める割合は，17％であった。

　動詞では，遊びのなかで物の状態について発話するときに，「開かない」や「割れちゃった」などが出現した。また，5歳10か月25日までは，「バイバイ」や「ないね」，そして「楽しかったね」を軸語とする発話が2語発話において中心となっていたが，6歳0か月27日以降では，遊びのなかで軸語

表2-1　全セッションの発話数と合計

	5:7(3)	5:8(28)	5:9(18)	5:10(25)	5:11(21)	6:0(27)	6:2(1)	6:4(19)	6:5(21)	6:7(2)	6:8(7)	6:9(24)	計
総発話数	52	79	90	135	42	110	106	74	130	157	80	242	1297
1語発話数	30	50	74	114	36	98	96	66	115	132	59	212	1082
2語発話数	22	26	15	16	6	11	9	8	13	19	17	27	189
多語発話数	0	3	1	5	0	1	1	0	2	6	4	3	26
語彙数	32	28	34	35	16	37	22	29	18	27	23	49	350
動詞数	5	5	6	9	7	6	1	4	3	1	5	6	58
動詞を含む1語発話数	1	1	2	6	6	1	6	3	3	6	2	13	50
動詞を含む2語発話数	1	2	5	4	1	7	1	4	3	3	4	7	42
動詞を含む多語発話数	0	0	1	0	0	1	0	0	0	0	0	3	5

を用いた2語・多語発話以外のものの割合が高くなっていった。例えば，6歳0か月27日には，「デンデン虫さんバイバイ」といった軸語による2語に加えて，「だれにしよっかな」，「バイキンマンどこかな」，「バイキンマン描いて」などの動詞を含む発話がみられるようになっていった。

第4節　考察

　A児は，本研究において対象とした期間は，MLUの結果から2語発話段階にあるといえる。対象とした期間中，多語発話数は，0～6の発話がみられていたことから，多語発話が出現し始めた時期だと考えられる。2語発話数，多語発話数に関しては，対象とした期間中はセッションによって増減していた。また，5歳7か月3日時のA児の2語発話は，「名詞＋バイバイ」，あるいは「名詞＋ないね」の形のものがほとんどであり，22の2語発話のうち「バイバイ」を軸語としたものが7，「ないね」を軸語としたものが12みられた。5歳10か月25日には，この軸語に「楽しかったね」が加わった。しかしながら5歳11か月21日以降，軸語による2語・多語発話の割合が減って

おり，この間には多語発話が出現し始めただけではなく，発話において質的な変化がみられたことが考えられた。また，6歳7か月2日以降のセッションでは，それまでの軸語中心の発話などに加えて，遊びに関する2語発話，多語発話が出現するようになっていった。このように，対象とした期間内において，2語発話，多語発話に関しても発話される内容に変化がみられており，発話の質的な変化があったことが考えられた。

　定型発達の子どもの研究において，1語発話段階では動詞よりも名詞が優位だが，統語段階では動詞が優位になることがこれまでも報告されている（Ogura, Dale, Yamashita, Murase, & Mahieu, 2006）。今回の協力者であるA児では，MLUの結果から2語発話段階にあり，初期の統語発達の段階にあるといえる。しかしながら，A児では出現語彙数のうち，動詞の占める割合は17％であり，動詞が優位の段階とはいえない。このことは，これまでも指摘されているように，自閉症スペクトラムの子どもにおいて動詞獲得に困難さがみられる（辰巳・大伴，2009）ことが関連していると考えられる。また，A児の2語・多語発話の多くが軸語を中心とした発話であったことによって，MLUの値が高くみられた可能性が考えられる。そのため，パターン化された発話から豊かな発話への変化が必要である。しかしながら，先に述べたように本研究で対象とした期間において，A児の発話には質的な変化があったことが考えられる。最後のセッションである6歳9か月24日では，「ない，どこにいっちゃった」や「メニュー出して」，「買いに行く」といった遊びのなかで，動詞を伴う2語発話がそれまでのセッションに比べて出現した。この6歳9か月24日では，もっとも2語発話がみられており，「名詞＋ないね」あるいは，「名詞＋バイバイ」の発話は，それぞれ1回のみの出現であったことから，発話内容のバリエーションが増えていると考えられる。この頃には，遊びに関する発話が増えており，周りの状況に関してA児が発話することがみられていた。自分と他者を意図的な動作主として認知することが言語獲得において必要となることが指摘されているが（小椋，2006），このことは

動詞獲得においても指摘されており（McCune, 2008），遊びに関する2語発話によって発話内容に変化がみられたことが関連しているのではないかと示唆された。そこには，動詞獲得の基礎が関連していることが考えられる。A児では動詞が少なく，動詞獲得における困難さがみられた。2語発話段階においては動詞が優位になるという点を考えると，A児において動詞獲得における困難さが2語・多語発話の発達に関連していたことが考えられる。パターン化した2語発話から，遊びに関する2語発話など発話内容に変化がみられたときの2語発話には，動詞を含むものがもっとも出現しているなど発話内容の変化にも関連しており，自閉症スペクトラムの子どもの2語・多語発話の発達について，動詞の発達との関連から検討する必要があろう。

　本研究では，2語・多語発話期への移行期にある自閉症スペクトラムの事例，A児の協力のもと，2語・多語発話の発達について，動詞獲得といった点からみてきた。今回の結果では，これまで自閉症スペクトラムの子どもにおいて指摘されていたように，A児おいても動詞の発達に困難さが確認された。また，パターン化された発話が語彙の広がりにくさにもつながっている可能性が示唆された。しかしながら，動詞獲得は，2語・多語発話といった初期の統語発達において重要な役割を示し，今回の結果においても軸語を中心としたパターン化された発話から変化がみられたときに，動詞を伴った2語発話がみられるようになっていった。これらのことからも，自閉症スペクトラムの子どもにおける動詞の発達について検討することは，2語・多語発話の発達について明らかにするには必要となるといえよう。そのためには，自閉症スペクトラムの子どもにおける動詞発達の基盤となるものについて検討していかなければならない。

第3章 自閉症スペクトラムの子どもの力動出来事語の獲得
― 1 語発話期から 2 語・多語発話期にある事例の縦断的検討 ―

第 1 節 目的

自閉症スペクトラムの子どもの 2 語・多語発話の発達を考えるにあたって，動詞発達の基盤について検討する必要がある。そこで，本章では自閉症スペクトラムの子ども 2 例の協力のもと，1 語発話期から 2 語・多語発話期への移行期にはどのような力動出来事語がみられるのか，あるいは力動出来事語の発達に困難さを示すのかについて検討する。

第 2 節 方法

1．研究協力者

研究協力者は，大学での教員による言語発達支援にことばの遅れを主訴として来所し，月 1 回，原則として 60 分間の支援が行われている 2 例の自閉症スペクトラムの事例である（B児：3 歳 4 か月 15 日・女児，C児：4 歳 8 か月 6 日・男児）。筆者は，ボランティアとして支援場面に参加し，各事例の保護者に研究協力の了承を得た。

B児の本章において対象とした期間の初回のセッションでの総発話数は 36，2 語発話数は 1，多語発話数は 0，語彙数は 37 であり，「ノック」，「ママ」，「かさ」などの語がみられていた。また，歌のような発話が多くあった。B

児の発達の程度としては，境界線級の遅れがみられる。保護者の話では，1歳6か月前後に，月1回の地域のフォロー教室に通い，3歳時に家庭センターで自閉症の診断を受けた[2]とのことである。その後，地域の通園施設に通っている。

C児の対象とした期間における初回のセッションでの総発話数は199，2語発話数は41，多語発話数は3，語彙数は96であり，「ここ」，「網戸」，「行く」などの語がみられていた。C児は，発達の程度として軽度の遅れがみられる。保護者の話では，1歳半健診後，地域のフォロー教室に通い，3歳時に地域のクリニックにて広汎性発達障害の診断を受けた[3]とのことである。その後，地域の通園施設に通う。

2．手続き

今回，筆者が対象とした期間は，B児は3歳4か月15日から4歳3か月29日，C児は4歳8か月6日から5歳9か月17日の約1年間，各12セッションである。

発達支援の場所は，大学内の指導室で，教員により，遊びを通してことばの発達の基礎となる認知発達を図る支援が行われている（小山，2000，2009）。支援は，親子同室で行っており，療育者は大学教員の1名である（小山，2009，2010）。

発話は，発達支援の場面を保護者の同意を得てVTRに録画した。録画の開始は入室から5分以内，録画は原則として60分以内で行った。発話分析は，録画した毎回のVTRを再生し，各事例の自発的発話についてトランスクリプトを作成した。原則として60分の録画時間のうち，VTRの始めと終わりを除く，遊びが中心の55分間（各事例の発達をより長く検討するため）を対象と

---

[2] 現在のDSM-5では，自閉スペクトラム症／自閉症スペクトラム障害に相当する。
[3] 現在のDSM-5では，自閉スペクトラム症／自閉症スペクトラム障害に相当する。

した。

3．分析の方法

　発話分析は，トランスクリプトをもとに，文法発達の指標である MLU，力動出来事語，2語発話，多語発話，力動出来事語を含む語結合（2語・多語発話）に着目し，分析を行った。分析の際，不明瞭な発話，無意味発声，歌，自発的でない発話は分析から外した。また，B児は英語の遊び歌や，発話のなかに英語のフレーズがみられていた。そのため，B児の発話にみられた 'This is a cake' などの英語の発話やフレーズと考えられる語は1語と数えた。

　MLU は，今回，2語・多語発話の発達との関連性に着目しているため，文法発達を捉えるうえで，より敏感であると指摘されている（宮田，2012）形態素 MLU を算出した。事例によっては，発話数が100未満のセッションがあった。初期段階では MLU を産出する発話が50でも MLU の産出可能であることが示唆されている（宮田，2012）ことから，総発話数での算出を行っている。今回算出した MLU は指導場面に限定されたものだが，変化の指標として捉えた。

　力動出来事語は，McCune（2008）を参考に，経路（path）の垂直的経路（vertical path），直示的経路（deictic path），目的終了（path-end point），図と地（figure/ground）の包含（containment），付着（attachment），移動出来事（motion event sequence）の閉塞（occlusion），反復／結合（iteration/conjuction），否定（反転）（negation（reversal））のカテゴリに分類した。McCune（2008）によると，経路は空間的な可逆性に関わる語であり，垂直面に関するもの（例えば，物が落ちる場面や持ち上げようとするときなど）は垂直的経路（「上」，「下」など），自己と関係したもの，または人との接近や距離などの直示的な面に関する語は直示的経路（「ここ」，「ありがとう」，「私の」，「あっち」など）に分類される（例えば，物を渡す場面や，物の場所を答える場面など）。行為の完成，終わ

ったことを示すもの，例えば，玩具を片づけるなどの遊びが完了した場面などは，目的終了（「あっち」など）に分類した。図と地は，図と地の位相的な関係を示すものであり，蓋を開ける，あるいは閉めるといった容器の関係などを表す包含（「開ける」，「閉める」，「外」，「中」など）と，取り出すあるいは，くっ付けるといった付着（「くっ付く」，「合う」，「はがれる」など）にわけた。移動出来事は，予期あるいは反対を望む事態と現在の状態に関する心的な比較を示す語であり，閉塞（「なくなる」，「さようなら」，「ばあ」など），反復／結合（「もっと」，「もう1回」など），否定（反転）（「いいえ」，「うん」，「戻す」など）に分類した。閉塞は，それまでにあったものがなくなった状況など，不在の状況を示す。反復／結合は，なくなったものが再び現れることを望むなど，繰り返して要求すること，否定（反転）は，今の状態とは違う状況を考えるなど，反対の状況になることを望んでいることを示すものである。

　発話された語を力動出来事語と定義するにあたって，現実または潜在的な状況について言及する語であること，発話された場面において対象や人，出来事の変化について言及する語を力動出来事語として，それぞれのカテゴリに分類した。力動出来事語を日本語に当てはめた際に，動詞とされる語が含まれていたため，以下の語は動詞として今回は除外した。除外したものは，open，closed である。

　分析は，療育者と筆者の2名で協議しながら分類し，トランスクリプトを作成した。発話については，作成したトランスクリプトをもとに，臨床心理学を専攻する大学院生と2者でMLU，力動出来事語の分類，2語・多語発話の分類について一致率を求めた結果，0.92であった。

第3節 結果

1．MLU

　各事例の全セッションにおける MLU の推移を示したものが図 3-1 である。B児では，各セッションの総発話数が100に満たないセッションがあった。そのため，今回は各セッションの総発話数から MLU を算出している。

　Brown（1973）の MLU の段階では，B児は段階 I 初期にあり，初期の語結合の発話が出現する時期であった。C児は段階 I 後期から段階 II への移行期にあり，文法使用が活発化する時期にあたる。

2．2語・多語発話と力動出来事語

　各事例の自発的な2語・多語発話数の推移を図 3-2，図 3-3 に示した。また，各セッションにおける2語・多語発話数と力動出来事語を含む語結合数について表 3-1，表 3-2 に示した。力動出来事語は，McCune（2008）を参考に分類した。ここでは，McCune（2008）との比較のために 'again' にあた

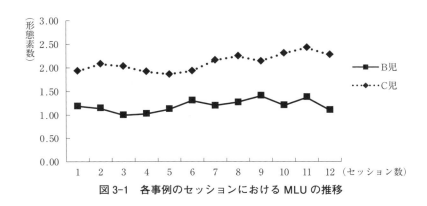

図 3-1　各事例のセッションにおける MLU の推移

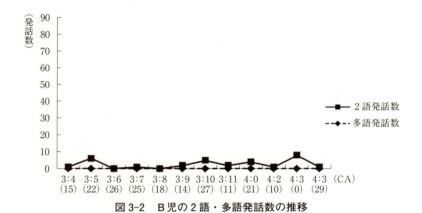

図 3-2　B 児の 2 語・多語発話数の推移

表 3-1　B 児の各セッションにおける 2 語・多語発話数

	2 語発話数	多語発話数	力動出来事語を含む語結合数
3 : 4 (15)	1	0	0
3 : 5 (22)	6	0	0
3 : 6 (26)	0	0	0
3 : 7 (25)	1	0	0
3 : 8 (18)	0	0	0
3 : 9 (14)	2	0	0
3 : 10 (27)	5	0	0
3 : 11 (11)	2	0	0
4 : 0 (21)	4	0	0
4 : 2 (10)	1	0	0
4 : 3 (0)	8	0	2
4 : 3 (29)	1	0	0

る「もう1回」など，英語において1語となる語はフレーズとして1語と数えた。力動出来事語のカテゴリについては，以下〈カテゴリ名・下位カテゴリ名〉で示す。B児は，全セッションを通して，多語発話は出現しなかった（図3-2）。2語発話に関しても，出現し始めた時期であった。B児の2語発話は，0～8の発話数で推移しており，2語発話の出現はわずかであった。

第3章　自閉症スペクトラムの子どもの力動出来事語の獲得　　27

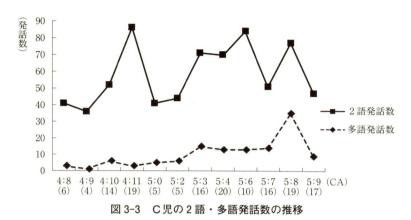

図3-3　C児の2語・多語発話数の推移

表3-2　C児の各セッションにおける2語・多語発話数

	2語発話数	多語発話数	力動出来事語を含む語結合数
4：8（6）	41	3	3
4：9（4）	36	1	10
4：10（14）	52	6	12
4：11（19）	86	3	6
5：0（5）	41	5	9
5：2（5）	44	6	4
5：3（16）	71	15	12
5：4（20）	70	13	13
5：6（10）	84	13	7
5：7（16）	51	14	17
5：8（19）	77	35	24
5：9（17）	47	9	13

もっとも2語発話がみられたのは，4歳3か月0日の8の発話であった。そのとき，力動出来事語を含む発話が出現した。また，3歳6か月26日，3歳8か月18日は，2語発話が出現しなかった。B児は，2語発話がみられ始めた時期であり，多語発話は未出現，力動出来事語を含む語結合も2と少なかった。

C児の2語・多語発話数の推移は，図3-3の通りである。2語発話数は，セッションによって増減を示し，36～86の発話数で推移した。多語発話は，出現し始めた時期であり，1～35の発話数で推移した。C児は，2語発話段階への移行期にあり，多語発話はみられ始めた時期で徐々に増加へと推移していった。この時期の力動出来事語では，すべてのカテゴリで出現がみられ，特に〈経路・直示的経路〉の語を中心に力動出来事語を含む語結合が出現した。多語発話がもっとも出現した5歳8か月19日では，力動出来事語を含む語結合がもっとも出現を示した。

3．各事例の力動出来事語

　B児の各カテゴリにおける力動出来事語の出現状況は，表3-3の通りである。B児では，〈移動出来事・否定（反転）〉が7セッション，〈経路・直示的経路〉が9セッションでみられた（表3-3）。同じ経路を表す語においても直示的な面を表す語は，1回目のセッション（3歳4か月15日）から出現したが，垂直的な面に関しては未出現であった。〈経路・直示的経路〉の語は，玩具がほしいときの「ちょうだい」（3歳4か月15日）や，反対に玩具を渡すときに「どうぞ」（4歳0か月21日），玩具を受け取ったときに「ありがとう」（4歳2か月10日）など，物の受け渡しの場面において出現した。未出現の〈経路・垂直的経路〉に関わるような垂直的な移動は，椅子に座ることや机の上にのぼるといった行動があった。しかしながら，そのような移動はB児が"椅子に座り，お店屋さんごっこのお店に買い物に行く"という出来事や，"机の上にのぼり，目的の玩具を取る"といった場面であった。また，B児では全セッションを通して，〈図と地・包含〉も未出現であった。〈図と地・包含〉には，「中」，「外」といった語があてはまる。B児のセッションのなかでみられた〈図と地・包含〉に関わる状況は，"バスケットからミニフードを取り出す"や，"びっくり缶（ピーナッツ缶を開けるとヘビが飛び出す玩具）からヘビを出す"など，事例対事物の関係性の出来事であった。力動出来事

第3章　自閉症スペクトラムの子どもの力動出来事語の獲得　29

表 3-3　B 児の力動出来事語の出現状況

		McCune(2008)の例	B児の発話*1	3:4 (15)	3:5 (22)	3:6 (26)	3:7 (25)	3:8 (18)	3:9 (14)	3:10 (27)	3:11 (11)	4:0 (21)	4:2 (10)	4:3 (0)	4:3 (29)
経路	垂直的経路	上	(-)												
		下	(-)												
	直示的経路	ここ／ありがとう、私の／僕の	ありがとう		○							○	○	○	○
		あそこ、あっち、こっち、そこ	(-)												
		ちょうだい	こっち	○											
		どうぞ／はい	ちょうだい				○	○	○			○	○		
		前	はいどうぞ・どうぞ								○	○			
		(-)	(-)												
目的終了		OK	OK		○										
		おわり	おしまい											○	
図と地	包含	外	(-)												
		中	(-)												
	付着	一緒に	一緒に	○		○							○		
移動出来事	閉塞	さよなら、ばいばい	ばいばい・グッバイ					○	○	○					
		ばあ	ばあー			○									
	反復	もっと	(-)												
		もう1回*2	(-)												
		もう1個*3	(-)												
	否定(反転)	嫌／いいえ	いーや、あーややや	○	○			○		○					○
		ダメ	ダメー												

※○は出現を示す。
*1：(-) は未出現を示す。
*2, *3：フレーズとして1語と数えた。

語は，直接的な経験に関する語から出現する（McCune, 2008）とされているが，今回のセッションでの〈図と地・包含〉の出来事は，事物間における包含関係を表す場面を事例が見ている状況であった。

　移動出来事のカテゴリでは，〈移動出来事・閉塞〉と〈移動出来事・否定（反転）〉は，出現したが〈移動出来事・反復〉は未出現であった。〈移動出来事・閉塞〉は，お店屋さんごっこの遊びのなかでお店から帰る際や，びっくり缶から飛び出たヘビを缶の中に戻すときに，「バイバイ」が発話された。〈移動出来事・否定（反転）〉は，今ある状況とは逆の状況について同時に考えているときの語（McCune, 2008）であり，B児の力動出来事語のなかでは，〈経路・直示的経路〉の次に出現を示したものである。〈移動出来事・否定（反転）〉が出現した状況としては，療育者らが，B児が絵を描いているホワイトボードに一緒に描こうとしたときなど，B児が遊んでいるところに療育者らが介入したときに「いや」（〈移動出来事・否定（反転）〉）という発話が出現した。こういった発話は，前の状態を保持したいときにみられた。その一方で，前の状況を繰り返し要求する〈移動出来事・反復〉については出現しなかった。

　C児の力動出来事語は，すべてのカテゴリで出現した（表3-4）。C児では，〈経路・直示的経路〉が毎回のセッションで出現し，場所についての質問や発話である「ここは」や「ここに」がみられた。また，B児と同様に療育者らとの玩具の受け渡しにおいて「ありがとう」や「ちょうだい」，「どうぞ」といった物の直示的な移動を表す語が出現した（〈経路・直示的経路〉，4歳8か月6日時）。同じ経路の〈経路・垂直的経路〉は，5歳2か月5日に「上に」，5歳4か月20日に「下」の語が出現し，〈経路・直示的経路〉に比べて出現が遅かった。C児は，「ここ何階」（〈経路・直示的経路〉）など，空間に関する発話や確認がみられた。特に，棚をマンションに見立て，動物の人形を置き，「カバちゃん屋上行っちゃった」や「怪獣7階」などの垂直的な面に関しての興味，関心がみられ，そのなかで「上いきたい」（〈経路・垂直的経

第3章 自閉症スペクトラムの子どもの力動出来事語の獲得

表 3-4　C児の力動出来事語の出現状況

		McCune(2008)の例	C児の発話[1]	4:8 (6)	4:9 (4)	4:10 (14)	4:11 (19)	5:0 (5)	5:2 (5)	5:3 (16)	5:4 (20)	5:6 (10)	5:7 (16)	5:8 (19)	5:9 (17)
経路	垂直的経路	上下	上に／下						○	○	○	○		○	○
	直示的経路	ここ／ありがとう	ここ／ありがとう	○	○	○	○	○	○	○	○	○	○	○	○
		私の／僕の	(−)												
		あそこ、あっち	外											○	○
		こっち、そっち	こっち	○	○	○	○	○		○			○		
		ちょうだい	ちょうだい	○	○	○	○	○							
		どうぞ／はい	どうぞ				○	○							
		前	前前									○			
図と地	目的的終了	OK	おしまい・おわり	○											
	包含	外	外												
		中	中												
	付着	一緒に	一緒に								○	○			○
移動出来事	閉塞	さよなら／ばいばい	さよなら・ばいばーい												
		ばあ	(−)												
	反復	もっと	(−)												
		もう1回[2]	もう1回			○				○				○	○
		もう1個[3]	もう1個	○		○	○			○					
	否定(反転)	嫌／いいえ／ダメ	いーやー／(−)									○			

※○は出現を示す。
*1：(−)は未出現を示す。
*2, *3：フレーズとして1語と数えた。

路〉）が出現した。

　B児では未出現だった〈図と地・包含〉については，5歳4か月20日に出現し，他のカテゴリに比べて出現が遅かった。〈図と地・包含〉は，「こここれ外」（5歳4か月20日）と物を置く場所について示す発話と「この中入ってないね」（5歳6か月10日）と容器の中身についての発話が出現した。また，B児で未出現だった〈移動出来事・反復〉に関しては，同じ物を何個も要求することや，お店屋さんごっこで，お店屋さんにもう一度行きたいということを伝える「もう1回」といった繰り返しの要求が初回からみられた。

　つぎに，力動出来事語を含む語結合の結果について，表3-5，表3-6に示す。B児は，2語発話自体が，出現し始めた段階であり，力動出来事語を含む語結合は，「こっちする」（〈経路・直示的経路〉），「ここだっけ」（〈経路・直示的経路〉）のみで出現した（表3-5）。「ここ」（〈経路・直示的経路〉）の語は，初出から語結合で発話された。

　C児は，力動出来事語の全てのカテゴリで語結合がみられた。C児においても，力動出来事語の初出から語結合での出現のものがあった。C児では，「ここ＋名詞」など，「ここ」（〈経路・直示的経路〉）ということばを中心に力動出来事語を含む語結合がフレーズ化していった（表3-6）。C児では，場所に関する発話が多くみられていたため，「ここ」（〈経路・直示的経路〉）や「こっち」（〈経路・直示的経路〉），「上行きたい」（〈経路・垂直的経路〉）など，場所に関する力動出来事語において語結合がみられた。また，他のカテゴリにおける力動出来事語を含む語結合においても「こここれ外」（〈経路・直示的経路〉，〈図と地・包含〉）や「もう1個ここに来た」（〈移動出来事・反復〉，〈経路・直示的経路〉）のように，「ここ」（〈経路・直示的経〉）を中心に語結合が出現した。

　各事例のセッションにおける新出語彙数，異なり語彙数について図3-4，図3-5に示した。B児は，セッションごとの異なり語彙数は，33〜66語の語彙が出現していた。また，対象とした期間を通して，305語の異なりの語彙

表 3-5　B児の力動出来事語を含む語結合

	力動出来事語初出年齢	子どもの発話	力動出来事語を含む語結合出現年齢	子どもの発話
経路・垂直的経路				
経路・直示的経路	3:9（14）	こっち	4:3（0）	こっちする
			4:3（0）	ここだっけ
	3:4（15）	ちょうだい		
	4:0（21）	どうぞ		
経路・目的終了	3:5（22）	OK		
	4:3（0）	おしまい		
図と地・包含				
図と地・付着	3:4（15）	一緒に		
移動出来事・閉塞	3:4（15）	ばいばーい		
	4:3（0）	ばぁー		
移動出来事・否定（反転）	3:4（15）	ダメ		
	3:5（22）	いーやー		
	4:0（21）	うんうん		

表 3-6　C児の力動出来事語を含む語結合

	力動出来事語初出年齢	子どもの発話	力動出来事語を含む語結合出現年齢	子どもの発話
経路・垂直的経路			5:6（10）	上行きたい
経路・直示的経路	4:8（6）	ここ	4:8（6）	ここきゅうり
	4:8（6）	こっち	4:8（6）	こっちにする
	4:8（6）	はいどうぞ		
	4:9（4）	ありがとう		
経路・目的終了	4:8（6）	おわり		
図と地・包含	5:4（20）	外	5:4（20）	ここここれ外
			5:6（10）	この中入ってないね
図と地・付着			5:4（20）	一緒だわ
移動出来事・閉塞	4:10（14）	ばいばーい		
移動・出来事反復			4:8（6）	もう1回行くもう1個ここに来た
	4:9（4）	もう1個*	4:9（4）	
移動出来事・否定（反転）	4:8（6）	嫌	4:9（4）	いっぱい嫌

※*：フレーズとして1語と数えた。

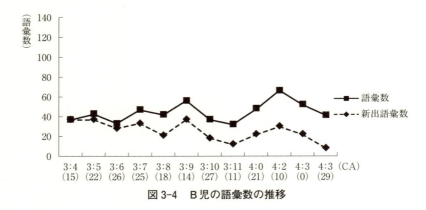

図3-4　B児の語彙数の推移

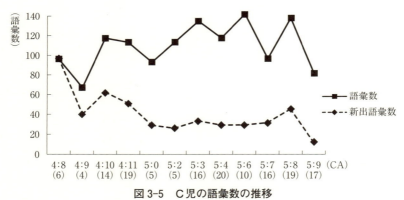

図3-5　C児の語彙数の推移

が出現した。もっとも多く異なりの語彙が出現したのは，4歳2か月10日時であった。このとき，力動出来事語に関しても，〈経路・直示的経路〉の「ありがとう」と〈移動出来事・閉塞〉の「ばぁ」が初出した。

　C児の語彙数は，対象とした期間を通して，483語の異なりの語彙が出現した。セッションごとに81〜141語の異なりの語彙がみられた。C児でもっとも多くの異なりの語彙が出現したのは，5歳6か月10日時であり，このときの力動出来事語では，〈図と地・包含〉の「中」，〈図と地・付着〉の「一

緒に」が初出した。

第4節　考察

　本研究では、1語発話期から2語・多語発話期への移行期における自閉症スペクトラムの子どもの力動出来事語の出現状況に着目した。

1．2語発話出現期にあるB児の力動出来事語

　B児は、本研究において対象とした期間は2語発話がみられ始めた時期であった。力動出来事語は、〈経路・直示的経路〉と〈移動出来事・否定（反転）〉がもっともみられ、〈経路・垂直的経路〉、〈図と地・包含〉、〈移動出来事・反復〉は未出現であった。B児の〈経路・直示的経路〉の語は、玩具の受け渡しといった療育者と事例による物の移動状況においてみられた。このような直示的な移動は、B児の目の前で起こっており、さらにB児の力によってなされた事物の移動やB児自身の移動も含まれている。このように、事例の目の前で起こる移動や事例自身の力によって起きた移動は、他のカテゴリに比べて、認識されやすいのではないかと示唆された。しかしながら、同じ経路を表す〈経路・垂直的経路〉は、未出現であった。これは、直示的な移動は事例の見ている空間のなかで生じやすいが、上下といった垂直面の移動に関しては、注意が向かなかったことが考えられる。実際に、B児では玩具が机の下に落ちてもそれを拾う、注意を向けるといったことがみられなかった。このようなことから、直示的な空間に比べて垂直的な空間は、B児にとって認識されにくかったことが考えられ、そのことによって〈経路・垂直的経路〉の語が未出現であったことが示唆される。B児では、椅子に座る、机の上にのぼるといった垂直的な移動に関する行動がみられていたが、これらは、椅子に座り、お店屋さんごっこのお店の方に行く、机の上にのぼり、玩具を取りに行くといった直示的な移動に注意が向けられていたのではない

かと考えられた。経路のもうひとつのカテゴリである〈経路・目的終了〉に関しては，B児のしている遊びが完了したときに「OK」が出現しており，"終わる"という状況に対する理解は，2語発話が出現し始める段階ではすでにみられていたことが示唆された。

　図と地カテゴリの語に関して，B児では〈図と地・包含〉も未出現であった。B児のセッションのなかで〈図と地・包含〉関係に関する状況としては，"バスケットからミニフードを取り出すこと"や，"びっくり缶からヘビを出す"，あるいは"しまう"という場面があった。その場面では「開けて」とびっくり缶を開けることを要求する発話がみられた。この「開けて」という語は，McCune（2008）の分類では"open"として〈図と地・包含〉に含まれているが，今回，日本語においては動詞に分類されるため除いた。この語に関しては，日本語の力動出来事語を分類するにあたっての今後の課題といえる。

　移動出来事は，〈移動出来事・閉塞〉と〈移動出来事・否定（反転）〉は出現したが，〈移動出来事・反復〉は未出現だった。B児の〈移動出来事・閉塞〉の語は，お店屋さんごっこの遊びのなかでお店から帰る際の「バイバイ」や，びっくり缶に療育者がヘビをしまうときにみられた。これらの場面では，行って帰るといった直示的な移動の認識や出て入るといった包含関係が前提にあり，現在の状況と，移動によって現在あるもの（お店屋さんごっこでは療育者ら）がなくなることの，両方を子どもが考えている状態だと考えられる。このような場面については，セッションのなかで繰り返しみられていた。そのためこのようにお店屋さんに行って帰るといった療育者との移動出来事に対するイメージシェマ（McCune, 2008）は経験を積み重ねるなかで認識されるようになったことが示唆された。B児において，〈移動出来事・否定（反転）〉は，初回のセッションから出現していた。〈移動出来事・否定（反転）〉の語は，B児が遊んでいるところに療育者らが介入しようとしたときに発話された。例えば，療育者らがB児がホワイトボードに絵を描いてい

るところに一緒に描こうとしたときや，並べている指人形に他の人形を加えようとした場面である。つまり，今ある状況と以前の状況の両方に関するイメージシェマがあるときに発話されたと考えられ，B児では以前の状態を保持したいときに出現していたと考えられる。そのため，〈移動出来事・反復〉としての繰り返しの要求は未出現であり，〈移動出来事・否定（反転）〉といった今とは異なる，以前と同じ状況を要求して発話されたと考えられる。このような表現や，以前の状態を保持したいといった要求を示す発話は，自閉症スペクトラムの子どもの同一性保持といった特徴とも関連していることが示唆された。

　B児は，本研究で対象とした期間は，2語発話がみられ始めた段階であり新出語彙も増加したが，発話自体もまだ少なく，力動出来事語の出現もカテゴリによっては未出現のものもあった。1語発話段階にあるB児の力動出来事語では，〈経路・直示的経路〉や〈移動出来事・否定（反転）〉など事例自身が直接的に移動に関わっているもの，何度も繰り返して経験されているもの，以前の状態に保持するものに関する語から出現がみられた。このような，力動出来事語の出現におけるカテゴリごとの偏りは，垂直面といった空間に関する注意や認識，事物間における包含関係の理解の困難さ，さらに同一性保持といった特徴が関わっていると考えられる。このような力動出来事語の出現においてカテゴリによって偏りがみられることは，発話の豊かさに関連しており，2語・多語発話の発達に影響していることが示唆された。こういった点もB児の力動出来事語の発達に寄与したことが考えられる。

2．2語発話期への移行期にあるC児の力動出来事語

　C児の今回，対象とした期間は，1語発話期から2語発話期への移行期であった。C児においても，〈経路・直示的経路〉はもっとも多くみられ，対象としたセッションでは毎回出現を示した。C児は，場所に関する興味，関心が高く，「ここ何階」や「ここいたね」など，場所に関する発話が多くみ

られた。また，棚に動物の人形を置いたり，投げたりする遊びがみられ，そのなかで「カバちゃん屋上だね」など，棚をマンションに見立て，動物の人形を棚の上にあげるなどの遊びをしていた。このような場所に関する興味や関心が，直示面だけでなく，垂直面に関する空間的認識，〈経路・垂直的経路〉に寄与したことが示唆された。〈経路・垂直的経路〉の語は，セッションの後半の5歳2か月5日に出現した。C児の場所に関する興味関心から〈経路・垂直的経路〉に関する認識がなされ，そのなかで「上に」といった〈経路・垂直的経路〉の語が出現したと考えられる。

　〈図と地・包含〉は，びっくり缶の中にヘビが入っていなくて「この中入ってないね」と療育者らに問いかける場面で5歳6か月10日に出現した。このとき，2語発話数は84，多語発話数は13であった。〈図と地・包含〉の語の出現には，それ以前のセッションにおいて「入った」，「入らない」，「出る」といった包含関係の理解を示す語が出現していた。このような包含関係の理解が基礎にあり，そのうえで〈図と地・包含〉の語が出現したと考えられる。しかしながら，「入る」「出る」といった力動的な発話の分類については今回，動詞として分類し，力動出来事語に含めなかったが，B児の「開けて」と同様に力動出来事語に含まれる可能性がある。

　C児の〈移動出来事・閉塞〉に関しては，B児と同様にお店屋さんごっこでお店に行って帰るなどの遊びのなかで4歳11か月19日に出現した。このときの2語発話数は，86であった。こういった日常生活に近く，繰り返し経験されるものについては，他のカテゴリに比べて出現することが示唆された。〈移動出来事・反復〉は，「もう1回行く」や「もう1回する」など繰り返して要求することでみられた。これには，B児の〈移動出来事・否定（反転）〉のような以前の状態へ戻すことを望むのではなく，以前のことを繰り返して行うことを楽しむといった側面があったと考えられる。〈移動出来事・否定（反転）〉に関しては，C児では療育者らとの遊びのなかで，自分がしたいこととは違う療育者らの提案や，自分のほしいものがなかったときに「いや」

の発話がみられた。このような，自分の要求や考えていることと，今の状態が合わないことに対する比較は早期からみられ，そのため〈移動出来事・否定（反転）〉のカテゴリの語はＣ児においても初回のセッションである4歳8か月6日から出現したことが考えられた。このとき，2語発話数は41であり，多語発話数は3と出現し始めた時期であった。

　Ｃ児は，本研究において対象とした期間は，1語発話段階から2語発話段階への移行期にあり，多語発話も徐々に増加がみられた。Ｃ児のこの時期の力動出来事語は，すべてのカテゴリで出現を示し，自閉症スペクトラムの事例において，Ｃ児のように2語発話段階になると力動出来事語の出現がすべてのカテゴリでみられるようになることが示唆された。特に，多語発話が徐々に増加してくると，〈経路・垂直的経路〉や〈図と地・包含〉，〈図と地・付着〉が出現した。Ｃ児では「ここ何階」などの質問や確認，繰り返しや言い直しがみられ，「ここ」といった〈経路・直示的経路〉の語を中心とした2語・多語発話が出現したことが，2語発話，多語発話の増加につながったのではないかと考えられ，Ｃ児において経路に関する語が2語発話の増加に寄与したことが示唆された。また，力動出来事語を含む語結合においても〈経路・目的終了〉以外のカテゴリで出現を示しており，発話内容においても広がりを示していた。このことからも，力動出来事語の出現が2語・多語発話を豊かにし，さらに2語・多語発話の発達に寄与したことが示唆された。

3．自閉症スペクトラムの子どもの2語・多語発話期への移行期における力動出来事語

　自閉症スペクトラムの子どもは，ひとりひとり個人差が大きく，一般化することはできない。しかしながら，今回対象とした2例に関しては，〈経路・直示的経路〉，〈移動出来事・否定（反転）〉に関する語は早期から出現し，〈図と地・包含〉，〈経路・垂直的経路〉の語に関しては，Ｂ児では未出

現，C児では後半のセッションでの出現と，他のカテゴリに比べて出現に遅れがみられ，力動出来事語の発達にはカテゴリによって偏りがあることが示唆された。言語間の違いはあるが，力動出来事語と初期の語結合期における定型発達の子ども3例を対象とした研究（Herr-Israel & McCune, 2006）において，語結合のうち力動出来事語を含むものが83％であったことが報告されている。それに対して本研究の協力者は，B児が6％，C児が16％と先の研究（Herr-Israel & McCune, 2006）に比べて低い結果であった。また，McCune（2008）においてまとめられている英語学習者と英語とエストニア語のバイリンガル，英語とドイツ語のバイリンガルの子どもの力動出来事語の出現状況では，力動出来事語の各カテゴリにおいてひとつまたはそれ以上の語で出現したことが示されている。言語による特徴も考えられるが，力動出来事語の出現において全体的に出現を示したその結果と比較しても，今回の研究協力者であるB児，C児ともに，力動出来事語の出現カテゴリが定型発達の子どもと比べて偏りがあることが示唆された。そして，このような力動出来事語の発達における偏りが2語・多語発話の発達に影響していることが示唆された。

　高須賀（1992a, 1992b）は，自閉症の子どもの2語発話について構文的構造から検討した結果，動作文（2語発話の構成要素の述部が動作語である発話）の数が少なかったことを報告し，動作文は構文の発達において重要であり，この偏りは認識を含めた発達の偏りと解釈できると述べている。力動出来事語は，動詞の基礎となるものであり，この動作文には，力動出来事語が含まれていると考えられる。また，高須賀（1992a, 1992b）は多語発話の発達に関して，2語発話に多様性がみられることが必要であると指摘している。今回対象とした期間内では，2事例とも語彙の増加がみられたものの，2語発話が出現し始めた時期であるB児では，力動出来事語の出現もC児と比べて少なかった。2語発話において多様性がみられるようになるには，力動出来事語の獲得が関連していることが考えられ，今回の2例に関して，力動出来事語

の獲得，さらに力動出来事語を含む発話の広がりが必要となることが示唆された。また，今回みられた力動出来事語の発達には，支援における療育者らとの関係性の変化もあるかもしれない。

　本研究では，自閉症スペクトラムの子どもの1語発話期から2語・多語発話期への移行期における力動出来事語についてMcCune（2008）による英語での分類をもとに検討を行った。力動出来事語と初期の語結合は，関連しているという指摘があるが（McCune, 2008），今回の協力者である2例の自閉症スペクトラムの子どもにおいて，力動出来事語の発達に偏りがみられることが示唆された。これは，力動出来事語が他の語で表現されている可能性や，発話された語のフレーズ化，パターン化によって他の語へ広がりにくいことが考えられ，より豊かな発話には力動出来事語のカテゴリといった，語やその使用の広がりが関わっていることが示唆された。今後，このような力動出来事語から動詞への移行といった観点から，2語・多語発話期への移行期について検討することが必要だといえよう。これまで日本語においては，力動出来事語は動詞や先の高須賀（1992a, 1992b）のような構文的構造など他のカテゴリのなかに含まれて検討されてきているが，力動出来事語として検討されているものについてはみられず，日本語における力動出来事語の獲得といった点から定型発達の子どもの資料を集積することが必要である。

第4章　力動出来事的な状況における音声の発達

第1節　目的

　本章では，発話された状況に着目し，力動出来事語の発達について，生後1歳2か月から1歳8か月にある日本語を学習している定型発達の子どもを対象に検討を行う。

　日本語における力動出来事語の発達においては，発話された状況や文脈から，発話された音声を分類していく。日本の子どもの早期に表出する語の特徴には，幼児語が多く，動作を表すのに「ネンネ」や「ナイナイ」などの動作名詞やオノマトペを使用していることがあげられている（小椋，1999）。そのため，日本語における力動出来事語にも幼児語が多く含まれてくると考えられる。それらの語も動詞の基礎となるものとして力動出来事語に分類されるだろう。また，「イヤ」のような〈否定〉を表す語や「チョウダイ」などの要求の語や，母親とのやり取りから「ドウゾ」といった社会的な語が出現することが予想される。これらの語も物の力動的な移動を内的に示している語として，それぞれ力動出来事語のカテゴリに分類されると考えられる。

　力動出来事語は，初期動詞（primary verbs）の基礎となることが指摘されており（McCune, 2008），日本語において，動作と音声が対応付けられるようになるとされる1歳2か月から1歳6か月（小林・麦谷，2007）に力動出来事語がみられ始めると考えられる。そこで，本章ではこれらのことをふまえたうえで，1歳2か月から1歳6か月にある母子の遊びの場面における，子どもの発話の場面や文脈から，移動，経路，図と地といった空間的，時間的な事象においてみられる発声から発話への発達的変化について検討する。そし

てそれらがみられた状況から，力動出来事語の分類である経路，図と地，移動出来事にカテゴリ分類し，日本語を学習している子どもの力動出来事的な状況における発声，および発話，さらにその出現順序について検討を行うことを目的とする。

第2節　方法

1．事例

　研究協力者は，生後1歳2か月の子ども2例（男児1例，女児1例）とその20代の母親である。

　D児は第1子，E児は第5子である。いずれの母親も働いており，D児とE児は普段，保育園に通っている。母親の学歴は，ともに高校卒業である。

　D児の家族構成は，父，母，祖母，D児である。D児の乳児期の発達の様子は，首の座り2か月，歩き始め1歳1か月である。初回（1歳2か月時）に，D児に実施した新版K式発達検査2001の結果は，P-M（姿勢・運動）：1歳1か月，C-A（認知・適応）：1歳1か月，L-S（言語・社会）：1歳9か月，全領域：1歳2か月，DQ：98であった。また，1歳5か月時に実施した際は，P-M：1歳3か月，C-A：1歳6か月，L-S：1歳5か月，全領域：1歳5か月，DQ：98だった。このときのKIDS（Kinder Infant Development Scale：乳幼児発達スケール）TypeB（以下，KIDS）の結果は，DQ：118であった。

　E児の家族構成は，父，母，兄3人，姉1人，E児である。乳児期の発達の様子は，首の座り3か月，はいはい6か月，歩き始め1歳1か月，初語10か月，指さし10か月である。初回（1歳2か月時）に，E児に実施した新版K式発達検査2001の結果は，P-M：1歳3か月，C-A：1歳1か月，L-S：1歳1か月，全領域：1歳1か月，DQ：93であった。また，1歳5か月時に実施した結果は，P-M：1歳5か月，C-A：1歳4か月，L-S：1歳5か月，

全領域：1歳4か月，DQ：97だった。このとき，KIDSの結果は，DQ：123であった。

両事例の母親には，事前に本研究がことばの発達に関するものであり，今後ことばの支援へと活かすための基礎的な研究であることを説明した。初回の観察時に，本研究において月2回VTRによって録画をし，観察を行うこと，そして発達検査を行うことについて説明をし，同意を得た。資料については，研究終了後破棄するものとした。研究参加にあたって，子どもと1対1でじっくり遊ぶということにより，子どもに対して新たな気づきが得られるということがあった。

2．観察期間

観察期間は，それぞれの子どもの生後1歳2か月から生後2歳までの間で（D児：20XX年X月12日～20XX+1年X月15日，E児：20XX年X+3月26日～20XX+1年X+1月22日），原則として月2回観察を行った。今回，対象としたのは，1歳2か月から1歳8か月までである（D児：20XX年X月12日～20XX年X+7月9日，E児：20XX年～X+3月26日～20XX+1年X+9月30日）。D児に関しては，D児の病気，あるいは母親の都合等により全10回，E児は，全13回のセッションが対象となっている。

3．手続き

研究協力のための訪問は，原則として月2回，2週間に1度のペースで行い，D児は母親の実家（毎週末実家に訪問している）に，E児は家庭に観察者（筆者・女性）が訪問し，母子が遊んでいる様子をビデオカメラによって30分間撮影を行った。1回あたりの訪問時間は約1時間から1時間30分であった。ビデオは家に訪問し，玩具とビデオカメラの用意ができ，子どもが落ち着いたところで撮影を開始した。ビデオカメラおよび，観察者は部屋の隅に位置した。部屋は，D児は6畳程度，E児は8畳程度の居間にて行った。録画は，

研究協力者が部屋を離れたり，母親が電話にでたりした場合は，一時的に中断した。

　遊びは，母子が床に座った状態で玩具を提示し，観察者が録画を開始した。玩具は，Herr-Israel & McCune (2006), McCune (1995, 2008) を参考に力動的な出来事が起こることを想定したものと，玩具としてなじみのあるものとして，以下のものを用意した。赤ちゃんの人形，女の子の人形，玩具の哺乳瓶，犬のぬいぐるみ，ポットとカップとソーサー，びっくり箱，ミニフード，ミニフードの入った容器，玩具のアイロン，玩具のお金，ミニカー2台（トラックと乗用車），トラック，入れ子のカップ，パズル，玩具のツールボックス（中に玩具の金槌，レンチ，ドライバー，ペンチが入っている），ガラガラ，玩具の電話，子ども用のサングラス，絵本である。びっくり箱（オルゴールを鳴らすと絵本「はらぺこあおむし」のあおむしのぬいぐるみが飛び出てくるもの），ミニフードの入った容器，玩具のツールボックス以外はバケツに入れた状態で母子に提示した（サイズが大きく他の玩具が取り出しにくくなるためである）。例えば，絵本では，絵本の読み終わりにおける〈経路・目的終了〉が想定され，ミニフードの入った容器などは〈図と地・包含〉を，パズルや人形の衣服やサングラスなどは，はずす，あるいはつけるといった〈図と地・付着〉の場面が想定された。また，びっくり箱は，遊びの反復を誘う可能性から〈移動出来事・反復〉の場面に現れると考えた。その他の玩具においても，遊びのなかで物の受け渡しによって〈経路・直示的経路〉などが起こると考えられ，〈経路・垂直的経路〉に関しては，玩具を落とすなどの場面を，〈移動出来事・閉塞〉や〈移動出来事・否定（反転）〉も遊びのなかで，母子とのやりとりのなかで出現すると考えた。

　撮影は，母子から1.5m程度の距離をとり，子どもの体が画面全体に写るようにした。観察者は部屋の端に座り，母子が働きかけてきた際は，不自然でないように最小限の応対を行った。例えば，D児，E児ともに観察中に観察者に玩具を渡すという働きかけをしてくることがあり，観察者は玩具を受

け取り，D児，E児に返すというようにした。
　また，それぞれ生後1歳2か月時，生後1歳5か月時に新版K式発達検査2001を30分間の観察の後に実施した。検査は，観察者が行った。さらに，KIDSの回答をそれぞれの母親にお願いし，記入してもらった。

4．分析

　分析は，VTRをもとに各事例の発声と発話，そしてそのときの文脈についてトランスクリプトを作成した。

　トランスクリプトをもとに，MLU，発声と発話，そしてその文脈，発話における語彙に着目し，分析を行った。発話は，綿巻（1999）を参考に自立語を含むものを発話として捉えた。また以下の通り，語としてカウントされるものを含むものを発話とした。1語のカウントは，二宮（1985），渡瀬（2004）を参考に，自立語1語の発話，自立語プラス付属語（助詞や助動詞など），擬音語や擬態語も1語発話と数えた。幼児語1語についても1語発話とした。歌っている歌の歌詞は，語にカウントしなかった。非存在を示す「ない」は1語と数えた。感嘆語は自立語に含まているが，「あー」や「わー」といった音声は原言語的に使用されている場合や意味が認められない場合は，発声として捉えた。ただし，文中で意味のある使用がされている場合は，発話として数えた（例えば，「わーって」のような使い方における「わー」や「あーお化けだー」の「あー」など）。不明瞭な発話やジャーゴンを含む発話はそれらをのぞいた有意味語の部分をそれぞれ1語とカウントした。

　発声は，先にあげた1語を含まないものとした。不明瞭な発話や歌については，発声としてカウントした。力動出来事的な状況において出現した発声（例えば，「あ」や「ん」，「え」など）については，意味のある発声として力動出来事的な状況における発声として検討した。

　また，研究協力者が部屋の外へ出たり，電話に出たりしている場面は，分析から外した。

力動出来事的な状況における音声は，McCune（2008）を参考に，現実または潜在的な状況について表現している音声を対象とし，対象や人，出来事の変化について言及するものとした。そして，力動出来事的な状況における発話および発声をそれぞれ，経路の垂直的経路，直示的経路，目的終了，図と地の包含，付着，移動出来事の，閉塞，反復／結合，否定（反転）の8つに分類した。

経路は，空間的な可逆性に関わる語であり，垂直面に関するもの（垂直的経路），自己と関係したもの，または人との接近や距離などの直示的な面に関するもの（直示的経路），行為の完成や終わりを示すもの（目的終了）を分類した。

図と地は，図と地の位相的な関係を示すもので包含と付着にわけた。容器の関係のような入れる物と入れられるものの包含関係と，対象とくっ付く，あるいは離れるといった可逆的な接近に関する付着に分類した。

移動出来事は，予期あるいは反対を望む事態と現在の状態に関する心的な比較を示すものを分類し，ものがなくなるといった不在の状況は閉塞，繰り返しの要求は反復／結合，反対の状況を望む場面は否定あるいは反転に分類した。

力動出来事的な状況における音声は協議しながら分類し，出現に関しては，場面状況に着目して分析を行った。母子の遊びは，玩具を提示し，母子によって自由な流れで行ってもらったが，McCune（2008）の力動出来事語が産出された場面の例を参考に，物の受け渡しの場面など力動的な状況を示す遊びに，特に着目して分析を行った。また，同じ力動出来事的な状況（同じ玩具や同じ遊びなど）に着目し，力動出来事的な状況における発声から発話への変化について検討した。

第3節　結果

1．MLU

　D児の各セッションにおけるMLUは，1.00～1.41の間で推移していた（図4-1）。E児の各セッションにおけるMLUは，初回は発話が未出現であったため，それを除くと1.00～1.47の間にあった（図4-2）。両事例とも，Brown（1973）の段階のⅠ初期にあり，初期の語結合の発話が出現する時期であった。しかしながら，両事例ともまだ発話数自体が少なかったため，各セッションで出現した総発話数によってMLUを算出した。

2．発話数

　各事例のセッションごとの発話数について示したものが，図4-3，図4-4である。発話は，自立語を含むものを数えた。そのうち1語発話は，自立語1語の発話，自立語プラス機能語，擬音語や擬態語1語のものを1語発話と

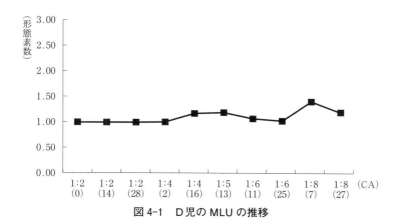

図4-1　D児のMLUの推移

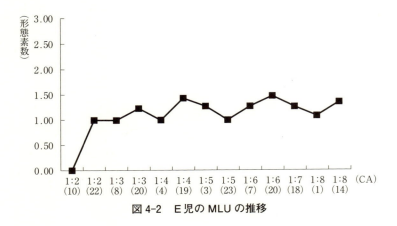

図 4-2　E児のMLUの推移

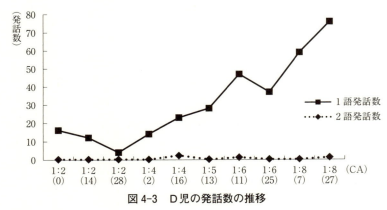

図 4-3　D児の発話数の推移

し，自立語2語の連鎖があるものについては2語発話とした。

　D児，E児ともに，初回のセッションではまだ発声が中心であり，発話数はそれぞれ16回と3回であった。発話数は，セッションによってばらつきがみられたが，最後のセッションでは，D児は77の発話，E児は68の発話が出現した。

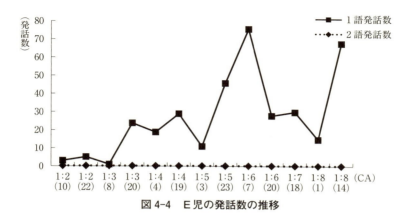

図 4-4　E 児の発話数の推移

3. 語彙

　それぞれの事例のセッションごとの語彙数および，新出語彙数を示したものが図 4-5，図 4-6 である。語彙は，1 語として数えるものをそれぞれカウントし，異なりの種類数を示している。

　D児では，1回目の1歳2か月0日では，物の受け渡しの際に，「はい」の音韻未熟である「あい」や，飲み物を要求するときに「お茶」，食べるふりの音である「あむ」がみられた。このときはまだ，音韻の未熟さがあった。D児は，徐々に語彙数が増えていき，最後のセッションである1歳8か月27日では，28語の異なりの語彙，17語の新出語彙が出現した。また，母親との命名遊びを楽しんでおり，玩具のミニフードの命名，例えば，「いちご」や「スイカ」などがみられた。全セッションを通して，D児では57語の異なりの語彙が出現した。

　E児の語彙に関しては，1回目のセッションの1歳2か月10日では，遊びのなかで「ばあ」や，「あれ」が出現した。1歳3か月20日以降に徐々に語彙の種類が増え，最後のセッションである1歳8か月14日では，22語の異なり語彙，10語の新出語彙が出現した。E児では特に，擬音語によって遊びの

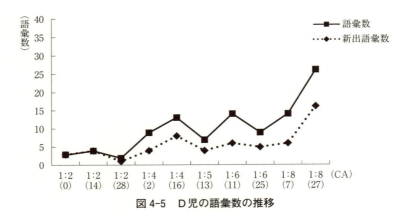

図4-5　D児の語彙数の推移

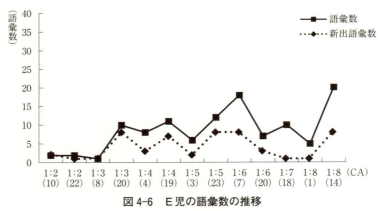

図4-6　E児の語彙数の推移

なかの動作について表現することがみられた。例えば，玩具を引き抜く際の「ボーン」や，物を投げる際の「ぽい」などである。また，「あれ」や「よし」，「あら」といった感嘆の表現が出現した。E児では，全セッションを通して53語の異なりの語彙がみられた。

4．力動出来事的側面における発声と発話

力動出来事的状況における発声および発話は，〈経路・垂直的経路〉，〈経

路・直示的経路〉，〈経路・目的終了〉，〈図と地・包含〉，〈図と地・付着〉，〈移動出来事・閉塞〉，〈移動出来事・反復〉，〈移動出来事・否定（反転）〉のカテゴリに分類した。力動出来事的な状況における発声と発話の同じ状況における発達的変化を表4-1から表4-16にまとめた（D児：表4-1から表4-8，E児：表4-9から表4-16．Mo. は母親を示す）。また，各事例の力動出来事的な状況における発声，および発話については資料に示す。

D児の〈経路・垂直的経路〉では，ミニフードの入れ物が倒れる状況で，1歳5か月13日に「あぁー」が，1歳8か月7日には「落ちた」が出現した。また，玩具の包丁を振りおろすときに，「プシー」や，ミニフードの入れ物の蓋を拾おうとしながら「ないない」，毛布を指さしながら寝ることを要求する「ねんね」といった，擬音語や幼児語がみられた。

〈経路・直示的経路〉では，ミニフードを差し出すとき1歳2か月0日では「はい」の音韻未熟である「あい」だったが，1歳2か月14日では「どうぞ」，1歳5か月13日には「これ」が出現した。こういった変化がみられる間にも，同じ場面で「え」や「あ，あ」や「ん」といった発声は継続してみられた。ミニフードを受け取る場面では，1歳2か月0日は「えい」が，1歳4か月16日には「うん」，1歳8か月17日には「はい」がみられた。これらは，別の玩具の受け渡しの場面でも出現した。また，玩具を取ろうとするとき，例えば，母親からガラガラを取ろうとするとき，1歳2か月0日は「ああーい」や「え」がみられ，1歳2か月14日には「あっあっ」に加え「どうぞー」が出現した。リモコンがほしくて手を伸ばしながら「ママ」と要求することもみられた。離れた物を指し示して要求するときには，例えば，1歳4か月16日にはジュースを「ジュース」，アンパンマンのお面は「アンパ」と物の名称によって発話された。ミニフードを食べるふりをするときには「あむ」や「まんまんまんまんまん」といった擬音語がみられた。1歳4か月16日では，ジュースを飲むふりをしながら「ジュースごくごく」が出現した。

表 4-1　D児の垂直的経路の側面における音声

McCune(2008)の分類	玩具・遊び	文脈	CA	音声	発音
up	ミニフード	ミニフードの入れ物の蓋を拾おうとしながら	1:8 (27)	ないない	nainai
	ツールボックス	玩具の金槌を持ち上げて観察者に見せる	1:2 (0)	ない	nai
	身体的動き	Mo. に手を伸ばしながら	1:4 (16) 1:4 (16)	ねんね あ，あ あ，あ	nenne a|a| a|a
		Mo. の膝に座ろうとしながら	1:8 (7)	えっえっ	eʔeʔ
		両手をあげたまま立ち上がりながら	1:6 (11)	ゴー	go:
down	ミニフード	ミニフードの入れ物が倒れて	1:5 (13) 1:8 (27) 1:8 (27)	あぁー あ 落ちた	aa: a otʃita
		玩具のカードを床に落として	1:5 (13)	あー	a:
		ミニフードのレモンを落として	1:8 (7) 1:8 (7)	あー わー	a: wa:
		玩具の包丁を振りおろしながら	1:6 (11)	プシー	puʃi:
		足の下にミニフードのレモンとたまごがあるのを Mo. に指をさして顔を見ながら知らせて	1:8 (7)	あった	atta
	ツールボックス	玩具を叩いて玩具のツールボックスから玩具が落ちたのを見て	1:4 (2)	あー	a:
	身体的動き	倒れそうになって	1:2 (0) 1:4 (16)	ばきゅばん おー	bakjuban o:
		毛布を指さしながら	1:6 (25)	ねんね	nenne
	その他	飲んだジュースがこぼれて	1:4 (16) 1:4 (16)	あー あ	a: a

表 4-2 D児の直示的経路の側面における音声

McCune (2008)の分類	玩具・遊び	文脈	CA	音声	発音
here/thanks	ミニフード	ミニフードのチョコの箱を Mo. に渡しながら（Mo. はD児の斜め後ろ）	1：2（0）	あい	ai
		ミニフードの梨を Mo. に渡す	1：2（0） 1：2（14） 1：2（14） 1：2（14） 1：2（14） 1：4（16）	あい どーぞー え だい どうぞ てい	ai do:zo: e dai douzo tei
		ミニフードのいちごを Mo. に差し出しながら	1：2（0） 1：2（28） 1：4（2）	あい えっえ ん	ai eʔeʔ n
		ミニフードのチョコの箱を Mo. に渡しながら，大きな声で	1：2（0）	あー	a:
		ミニフードの人参を食べて Mo. を見て Mo. に差し出して	1：2（0） 1：2（0）	あいあ だー	aia da:
		ミニフードのスイカを Mo. に渡しながら	1：2（0） 1：2（14） 1：2（28）	あい まんま え	ai manma e
		ミニフードのポテトを Mo. の方を見て渡しながら	1：2（0）	あ，あ	a|a
		ミニフードのたまごを Mo. に渡しながら	1：2（0）	え	e
		Mo. にミニフードのレモンを差し出しながら	1：2（0） 1：4（16）	あいあ あーてー	aia a:te:
		ミニフードの豆を食べるふりをした後，Mo. に渡そうとして	1：2（0）	ああー	aa:
		ミニフードのレタスを食べるふりをした後 Mo. に渡そうとして	1：2（0）	ででー	dede:
		ミニフードの入れ物からミニフードの箱を取り出して Mo. に渡そうとして	1：2（14）	どーぞー	do:zo:
		ミニフードの入れ物からミニフードのドーナツを取り出し観察者に見せた後，Mo. に渡す	1：2（14）	どーぞー	do:zo:

表 4-2 続き

McCune (2008)の分類	玩具・遊び	文脈	CA	音声	発音
		ミニフードの梨を口にくわえて手にミニフードのきゅうりを持ち，Mo. に差し出して	1:2 (14)	うー	ɯ:
		ミニフードのパンを観察者の方に差し出しながら	1:2 (14)	ん	n
		ミニフードのパンを Mo. に渡す	1:2 (28) 1:4 (16)	あ あい	a ai
		ミニフードの魚を Mo. に差し出しながら	1:2 (28) 1:6 (11)	えっえっ あ	eʔeʔ a
		ミニフードのポップコーンの箱を Mo. に差し出して	1:2 (28)	ん	n
		ミニフードのトウモロコシを観察者に差し出しながら	1:2 (28)	あ	a
		ミニフードのコーヒーの箱を Mo. に渡しながら	1:2 (28)	え	e
		Mo. の方にミニフードのジャガイモを差し出して	1:2 (28)	あ	a
		ミニフードのジュースを Mo. に渡しながら	1:4 (16)	ジュース	dʒɯ:sɯ
		ミニフードのカレールウを Mo. に渡しながら	1:5 (13)	これ	kore
		ミニフードの箱を観察者に差し出しながら	1:2 (28) 1:2 (28)	ん えー	n e:
		Mo. にガラガラを差し出されると，それを受け取りながら	1:2 (14)	ててー	tete:
		Mo. にミニフードのレモンを渡されて，それを受け取って	1:2 (0)	えい	ei
		ミニフードのレモンを受け取って	1:4 (16) 1:4 (16)	てん うん	ten ɯn
		ミニフードの入れ物を Mo. から渡されて	1:8 (27)	はい	hai
		ミニフードの魚を〈はい〉と渡されて	1:8 (27)	はい	hai

第4章 力動出来事的な状況における音声の発達　57

	ミニフードのたまごを Mo. の方におく	1:2 (28)	あ	a
	ミニフードのホットドッグを取り出して	1:8 (27)	はい	hai
	ミニフードのたまごを取りながら	1:8 (7)	あーむ	a:mɯ
	ミニフードの入れ物を Mo. の方に持って行こうとしながら	1:8 (7) 1:8 (7) 1:8 (7)	開けて 開け えっえっ	akete ake e?e?
	ミニフードの入れ物の中を寝ころびながら探って	1:4 (16)	うー	ɯ:
	ミニフードの入れ物の中に手を入れて何かを取ろうとして	1:8 (7)	ん	n
	ミニフードの入れ物の中に手を入れて何かを取ろうとして取れなくて Mo. に取ってほしいと顔を見ながら	1:8 (7)	て	te
ツールボックス	玩具のツールボックスの中身を渡すときに	1:2 (0)	あー	a:
	玩具の金槌を Mo. に渡すときに	1:2 (0)	うあー	ɯa:
	玩具のレンチを Mo. に差し出して	1:2 (0) 1:2 (28)	あい ん	ai n
	玩具のドライバーを Mo. に差し出し，渡しながら	1:2 (0)	あい	ai
	玩具の赤いレンチを Mo. に渡して	1:2 (0) 1:2 (0)	んんー あー	nn: a:
	玩具のドライバーを観察者の方に差し出す	1:2 (28)	ん	n
	玩具のペンチを観察者の方に差し出す	1:2 (28)	えー	e:
	玩具の赤いレンチを観察者の方に差し出す	1:2 (28)	ん	n
	玩具の金槌を観察者の方に差し出して渡す	1:2 (28)	んー	n:
	玩具ののこぎりを観察者の方に差し出す	1:2 (28)	ん	n
	玩具のツールボックスを開けてほしくて	1:4 (2) 1:6 (11)	どーぞ ん	do:zo n

表 4-2 続き

McCune (2008) の分類	玩具・遊び	文脈	CA	音声	発音
			1:6 (11)	ん, ん, ん	n|n|n
			1:8 (27)	開ける	akeru
here/ thanks	びっくり箱	Mo. にびっくり箱を渡しながら	1:4 (2)	ここ	koko
			1:4 (2)	はい	hai
			1:6 (25)	え	e
		びっくり箱を Mo. の方へ押しながら	1:5 (13)	ん	n
			1:6 (25)	え	e
			1:6 (25)	あ	a
		びっくり箱を持って Mo. の方に持って行き顔を見ながら	1:6 (25)	え	e
			1:6 (25)	ん	n
		びっくり箱を指さしながら	1:5 (13)	わーわ	wa:wa
			1:6 (25)	え	e
		びっくり箱のあおむしの絵を指さしながら	1:4 (2)	あ	a
			1:4 (2)	ここ	koko
		びっくり箱を Mo. に渡しながら（見えない所に置いてほしくて）	1:5 (13)	あっあっ	aʔaʔ
	コップとカップ	Mo. に玩具のコップを差し出しながら	1:2 (28)	あ	a
			1:2 (28)	あー	a:
		玩具のカップを Mo. に渡す	1:2 (0)	あーい	a:i
		玩具のカップの蓋を Mo. に渡す	1:2 (0)	あーい	a:i
		蓋付きのカップがカップに入らなくて，上にあげて Mo. に渡しながら（Mo. は D 児の後ろ）	1:2 (0)	んんー	nn:
		玩具のカップの蓋が取れなくて，Mo. の方を見て渡しながら	1:2 (0)	あっあっ	aʔaʔ
	入れ子	入れ子を Mo. に渡して	1:2 (0)	あい	ai
			1:4 (16)	どぞ	dozo
		入れ子に蓋ができなくて Mo. に渡そうとしながら	1:8 (7)	開け	ake
	ガラガラ	ガラガラを Mo. に渡して	1:2 (0)	あ, あ, あ, あ, あ	a|a|a|a|a
			1:2 (0)	あい	ai
			1:2 (0)	えーい	e:i
			1:2 (0)	えー	e:
			1:2 (0)	ああー	aa:

第 4 章　力動出来事的な状況における音声の発達　59

			1：2（0）	あーい	a:i
			1：2（0）	うーあー	ɯ:a:
		観察者の方にガラガラを差し出しながら	1：2（14）	あ	a
			1：2（14）	どうぞー	douzo:
	絵本	絵本を閉じて Mo. の方を振り向きながら渡して	1：2（0）	あ，あ	a|a
	財布	玩具のカードを Mo. に渡しながら	1：6（11）	はい	hai
		玩具の財布を Mo. に渡しながら	1：6（11）	はい	hai
	人形	女の子の人形を Mo. に差し出す	1：6（11）	はい	hai
		布を Mo. に渡しながら	1：6（11）	ん，ん	n|n
	サングラス	Mo. が D 児に玩具のサングラスをつけると，サングラスをはずして，Mo. に渡しながら	1：2（0）	あいあ	aia
		玩具のサングラスをつけてもらおうと Mo. に渡しながら	1：8（27）	ん，ん，ん	n|n|n
	アイロン	玩具のアイロンをした後，観察者に差し出しながら	1：2（14）	ん	n
	トレイ	玩具のトレイを持ち上げ Mo. の方に渡しながら	1：2（14）	あーあー	a:a:
	ミニカー	ミニカーを取り出し Mo. の方に手を持って行って（顔はバケツの方に向いている）	1：2（14）	ママ	mama
	その他	おやつの箱を Mo. に渡しながら	1：6（11）	あ	a
		リモコンを観察者に渡す	1：6（11）	はい	hai
mine	ミニフード	Mo. の手からミニフードの梨を取りながら	1：2（14）	ででー	dede:
		Mo. が持っているミニフードのチキンに手を伸ばしながら	1：6（11）	あ，あ，	a|a
		Mo. の持っているミニフードのコーヒーの箱を要求して	1：2（28）	ん	n
		ミニフードの入れ物の方に手を伸ばしながら	1：8（7）	え	e
			1：8（27）	ん，ん	n|n
			1：8（27）	これ	kore
	ツールボックス	渡したもの（玩具のツールボックスの中身）を返すように手を伸ばしながら要求して	1：2（0）	ん	n

表 4-2　続き

McCune (2008)の分類	玩具・遊び	文脈	CA	音声	発音
	びっくり箱	びっくり箱を自分の方にかき寄せながら	1:4 (2)	こ	ko
	ガラガラ	Mo. がガラガラを振っていると，それを取ろうとして	1:2 (0)	ああーい	aa:i
			1:2 (0)	あーい	a:i
			1:2 (0)	ええーい	ee:i
			1:2 (0)	え	e
			1:2 (0)	え, え	e|e
			1:2 (0)	あ, あ	a|a
			1:2 (14)	あっあっ	aʔaʔ
			1:2 (14)	あー	a:
			1:2 (14)	あ	a
			1:2 (14)	どうぞー	doɯzo:
		観察者からガラガラを取ろうとして	1:2 (0)	え	e
			1:2 (14)	あー	a:
			1:2 (14)	でいっ	deiʔ
	ぬいぐるみ	Mo. の手から犬のぬいぐるみを取って	1:6 (11)	あい	ai
			1:8 (27)	これ	kore
	入れ子	入れ子を見た後，取ろうとして	1:4 (16)	あ, これ	a|kore
				ちゅかう	tʃɯkaɯ
	ミニカー	トラックのミニカーを取ろうとしながら	1:2 (14)	えっえっ	eʔeʔ
			1:2 (14)	えー	e:
	その他	毛布を Mo. から取ろうとして	1:6 (25)	ええー	ee:
		リモコンに手を伸ばして	1:4 (16)	ママ	mama
		おやつの方に手を伸ばしながら取ってほしくて	1:5 (13)	あっあっ	aʔaʔ
there	びっくり箱	Mo. がびっくり箱を鳴らすと，びっくり箱の絵を指さしながら	1:4 (2)	わ	wa
	人形	赤ちゃんの人形を指さしながら	1:4 (16)	あ	a
	その他	外を指さしながら	1:4 (16)	わ, あ	wa|a
		台所の方を手でさす	1:4 (16)	あー	a:
		Mo. に〈何それ，ジュース？〉と聞かれて Mo. を指さして	1:4 (16)	ジュース	dʒɯ:sɯ
		遠方を指さしながら	1:5 (13)	あっあっ	aʔaʔ
		本物のジュースの入ったコップを指さしながら	1:4 (16)	ジュース	dʒɯ:sɯ
			1:4 (16)	あーうー	a:ɯ:

第4章　力動出来事的な状況における音声の発達　　61

				1:4 (16)	あーわー	a:wa:
				1:4 (16)	いー	i:
			バイキンマンのお面の方を指さしMo.の顔を見る	1:8 (7)	え	e
				1:8 (7)	これ	kore
				1:8 (27)	アンパ	anpa
その他	eat	ミニフード	ミニフードのみかんを食べるふりをしながら	1:2 (0)	やあ	yaa
			ミニフードの豆を食べるふりをしながら	1:2 (0)	あむー	amɯ:
			ミニフードのホットドッグを食べるふりをしながら	1:5 (13)	あーあ	a:a
			ミニフードのカレールウを食べるふりをしながら	1:5 (13)	でたー	deta:
			ミニフードのチキンを食べるふりをしながら	1:6 (11)	あん	an
			ミニフードのレモンを食べるふりをしながら	1:8 (7)	あーむ	a:mɯ
				1:8 (7)	まんまん	manman
					まんまん	manman
					まん	man
			ミニフードの桃を食べるふりをして	1:8 (27)	あーむ	a:mɯ
				1:8 (27)	あーむーむー	a:mɯ:mɯ:
			ミニフードのきゅうりを食べるふりをしながら	1:8 (27)	はーあー	ha:a:
			ミニフードのいちごを食べるふりをしながら	1:8 (27)	あむんー	amɯn:
					んーんー	n:n:
			玩具のスプーンで食べるふりをしながら	1:8 (7)	あーむ	a:mɯ
			ミニフードのジュースを飲むふりをしながら	1:4 (16)	ジュース	dʒɯ:sɯ
					ごくごく	gokɯgokɯ
			犬のぬいぐるみを自分の方に寄せて，食べたふり	1:8 (7)	あーむ	a:mɯ
				1:8 (7)	あーい	a:i
				1:8 (7)	あーっ	a:ʔ
			犬のぬいぐるみにミニフードの梨を食べさせながら	1:8 (7)	まままま	mamama
					まま	mamama
				1:8 (7)	あむあむ	amɯamɯ
					あむあむ	amɯamɯ
	その他		おやつを食べながらMo.の方を見てうなずいて	1:5 (13)	んーん,	n:n|
					んーん,	n:n|

表 4-2 続き

McCune(2008)の分類	玩具・遊び	文脈	CA	音声	発音
				んーん	n:n
go	車	ミニカーのトラックを走らせながら	1:8 (27)	シュー	ʃɯ:
		トラックを走らせながら	1:8 (27)	たー	ta:
	その他	Mo. の方に歩こうとしているが，Mo. の手で前に進めなくて	1:2 (0)	うえー	ɯe:
		Mo. の口にミニフードのみかんを持って行きながら	1:5 (13)	あ	a
want	その他	Mo. がミニフードのジュースをおくとそれを要求して	1:4 (16)	ジュース	dʒɯ:sɯ

表 4-3 D児の目的終了の側面における音声

McCune(2008)の分類	玩具・遊び	文脈	CA	音声	発音
here/there	ミニフード	玩具の包丁でミニフードの魚を切ることができて Mo. が〈やったー〉と言うとハイタッチして	1:6 (11)	いぇーい	ie:i
		半分になるミニフードの魚を玩具の包丁で切ることができて	1:6 (11)	できたー	dekita:
	入れ子	入れ子に蓋ができて	1:8 (7)	あー	a:
	人形	女の子の人形に玩具の哺乳瓶でミルクをあげることができて	1:8 (7)	わー	wa:
	サングラス	玩具のサングラスが開いた後，Mo. とハイタッチして	1:6 (11)	いぇーい	ie:i

表 4-4 D児の包含の側面における音声

McCune(2008)の分類	玩具・遊び	文脈	CA	音声	発音
open	ミニフード	ミニフードの入れ物の蓋を開けて	1:4 (2)	わー	wa:
			1:4 (2)	わ	wa
			1:5 (13)	開いたー	aita:
			1:5 (13)	でったー	detta:

第 4 章　力動出来事的な状況における音声の発達　63

			1:5 (13)	あ	a
			1:5 (13)	ん，でったー	n|detta:
		ミニフードの入れ物の蓋を開けてほしくて	1:5 (13)	え	e
			1:5 (13)	開け	ake
			1:6 (11)	ん，ん	n|n
			1:8 (7)	開けて	akete
			1:8 (7)	あ，あ	a|a
			1:8 (7)	あけ	ake
			1:8 (7)	えっえっ	eʔeʔ
	ツールボックス	玩具のツールボックスを開けてほしくて	1:4 (2)	どーぞ	do:zo
			1:6 (11)	ん，ん，ん	n|n|n
			1:6 (11)	ん	n
			1:8 (27)	開ける	akerɯ
	びっくり箱	びっくり箱を開けたくて	1:5 (13)	ん	n
			1:5 (13)	あ，が	a|ga
			1:6 (25)	あ	a
	入れ子	Mo. に入れ子に蓋をしてもらったが取れなくて Mo. の方に持って行って	1:8 (7)	開いて	aite
	サングラス	玩具のサングラスが開いた後，Mo. とハイタッチして	1:6 (11)	いぇーい	ie:i
close	ミニフード	ミニフードの入れ物の蓋を Mo. に閉めてほしくて	1:5 (13)	え，えー	e|e:
			1:5 (13)	んんん	nnn
		ミニフードの入れ物の蓋を閉めて	1:5 (13)	あ	a
			1:5 (13)	あー	a:
	入れ子	入れ子に蓋ができて	1:8 (7)	あー	a:
		入れ子に蓋がうまくはめられなくて Mo. に渡そうとして	1:8 (7)	開け	ake
	カップとコップ	玩具のカップの蓋を閉めようとして	1:2 (0)	えええ	eee
		玩具のカップに蓋がはまって	1:8 (27)	あっ，あー	aʔ|a:
out	ミニフード	ミニフードの入れ物からミニフードを出しながら	1:8 (27)	え	e
			1:8 (27)	これ	kore
	玩具入れ	玩具入れのバケツの中からガラガラを取り出そうと探りながら観察者の方を見て	1:2 (0)	がーが	ga:ga

表 4-4 続き

McCune(2008)の分類	玩具・遊び	文脈	CA	音声	発音
in	ミニフード	ミニフードの入れ物の中を寝ころびながら探っていてうまく手が入らなくて	1:4 (16)	あー	a:
		ミニフードの入れ物の蓋をかぶせて中を横から覗き込みながら	1:5 (13)	あ	a
		玩具のポットの中にミニフードのいちごを入れた後，観察者の方を見て	1:2 (14)	あー	a:
	びっくり箱	びっくり箱のぬいぐるみをしまってほしくてMo.の方にびっくり箱を押す	1:6 (25)	う，う	ɯ|ɯ
		びっくり箱のぬいぐるみが中に戻るのを見ながら指さして	1:4 (2)	お	o
	カップとコップ	蓋付きのカップがカップに入らなくて，上にあげてMo.に渡しながら（Mo.はD児の後ろ）	1:2 (0)	んんー	nn:

表 4-5　D児の付着の側面における音声

McCune(2008)の分類	玩具・遊び	文脈	CA	音声	発音
stuck/fitted	ミニフード	ミニフードの入れ物の蓋をかぶせて	1:5 (13)	あー	a:
		ミニフードのレモンといちごを叩き合わせながら	1:4 (16)	ほほほ	hohoho
		Mo.の口元にミニフードの魚を持って行って	1:8 (7)	ちゅ	tʃɯ
		半分にしたミニフードの魚をくっ付けて	1:6 (11)	あ	a
	ツールボックス	玩具の金槌を玩具のツールボックスのふちに叩きつけながら	1:8 (27)	トントントントントントン	tonton tonton tonton
		玩具の金槌を手に取って手を振り上げながら	1:8 (27)	やー	ja:

		玩具の金槌でミニフードのたまごを叩きながら	1:8 (27)	がががが	gagagaga	
		玩具の金槌を持った手をあげながら	1:8 (27)	やー	ja:	
		ミニフードの入れ物の中を玩具の金槌で叩きながら	1:8 (27)	だだだだ	dadadada	
			1:8 (27)	トントントントン	tonton tonton	
	人形	人形に〈よしよししてあげて〉とMo.に言われて	1:8 (27)	よしし	yosisi	
		人形の頭をなでながら	1:8 (27)	よしし	yosisi	
		赤ちゃんの人形のとれた帽子をかぶせてほしくてMo.の方に人形を持って行きながら	1:6 (11)	ん，ん	n|n	
	サングラス	サングラスをつけてもらおうとして	1:8 (7)	あ	a	
			1:8 (7)	んんんー	nnn:	
			1:8 (27)	ん，ん	n|n	
			1:8 (27)	ん	n	
	その他	頭からお面をとってMo.の頭にのせようとする	1:6 (11)	わー	wa:	
unstuck (invented)	ミニフード	ミニフードの入れ物の蓋がはずれて	1:4 (2)	わ	wa	
			1:5 (13)	あ	a	
			1:5 (13)	ん，でったー	n|detta:	
		ミニフードの魚を切ろうとしながら	1:6 (11)	たいたーい	taita:i	
		ミニフードの魚を手に取り半分にしてから魚を見て	1:8 (27)	たいたい	taitai	
		玩具の包丁を振りおろしながら	1:6 (11)	プシー	puɯsi:	
	入れ子	入れ子の蓋が取れなくてMo.の方に持って行って	1:8 (7)	開いて	aite	
	カップとコップ	玩具のカップの蓋がとれなくて，Mo.の方を見て渡しながら	1:2 (0)	あっあっ	aʔaʔ	
		玩具のカップに蓋がはまって	1:8 (27)	あっ，あー	aʔ|a:	
		玩具のコップを取り，玩具のトレーにのせて	1:8 (7)	ここち	kokotʃi	

表 4-6　D児の閉塞の側面における音声

McCune (2008)の分類	玩具・遊び	文脈	CA	音声	発音
allgone	ミニフード	ミニフードのレモンを落として	1:8 (7)	あー	a:
		手に持っていたミニフードのレモンを落として	1:8 (7) 1:8 (7)	わー あー	wa: a:
		D児の足の下においたミニフードのレモンとたまごを取ろうとしながら	1:8 (7)	あった	atta
		足の下にミニフードのレモンとたまごを見つけて	1:8 (7)	あった	atta
		ミニフードのレモンとたまごが足の下にあることを Mo. に知らせるため，顔を見ながら	1:8 (7)	あった	atta
		足の下をミニフードのレモンとたまごを探しながら	1:8 (7)	あってがっ	attega?
		玩具のスプーンを取ろうとしながら	1:8 (27)	おしまい	oʃimai
		ミニフードのなすを拾いながら	1:8 (27)	なーいない	na:inai
		ミニフードの豆を拾いながら	1:8 (27)	なーいない	na:inai
	ガラガラ	ガラガラを拾いながら	1:8 (27)	おしまい	oʃimai
	その他	食べていたおやつのボーロを床に落としてそれを探しながら	1:5 (13) 1:5 (13)	あー これ	a: kore
		ジュースを飲み終えて	1:6 (25) 1:6 (25) 1:8 (7)	わー て て	wa: te te
bye'	ミニフード	持っていたカップをミニフードの入れ物の中に片付けながら	1:8 (27)	ないない	nainai
		拾ったミニフードの豆を片付けながら	1:8 (27)	なーいない	na:inai
		ミニフードのスイカを取って片付けながら	1:8 (27)	なーいない	na:inai
		ミニフードのなすを取って片付けながら	1:8 (27)	なーいない	na:inai
		ミニフードの人参を取って片付けながら	1:8 (27)	なーいない	na:inai

第4章 力動出来事的な状況における音声の発達　67

	ミニフードのバナナを取って片付けながら	1:8 (27)	なーいない	na:inai
	ミニフードのジュースを取って片付けながら	1:8 (27)	なーいない	na:inai
	玩具のカップを片付けながら	1:8 (27)	あむーむ	amɯ:mɯ
ツールボックス	玩具のツールボックスの蓋を閉めながら	1:8 (27)	おしまい	oʃimai
びっくり箱	びっくり箱に手を振りながら	1:5 (13)	ばいばーい	baiba:i
ガラガラ	ガラガラを玩具入れの中に入れながら	1:8 (27)	おしまいだ	oʃimaida

表 4-7　D児の反復の側面における音声

McCune(2008)の分類	玩具・遊び	文脈	CA	音声	発音
more	カップとコップ	玩具のカップで飲むふりをした後に，Mo.にカップを向けて	1:2 (0)	お茶	otʃa
	その他	ジュースを要求して	1:4 (16)	ジュース	dʒɯ:sɯ
			1:4 (16)	あーわー	a:wa:
			1:4 (16)	いー	i:
			1:6 (25)	だい	dai
			1:6 (25)	ジュース	dʒɯ:su
			1:6 (25)	え	e
			1:8 (7)	んん	nn
			1:8 (7)	ジュース	dʒɯ:sɯ
again	ミニフード	Mo.の方に手を伸ばしたままでミニフードのパンがどこにあるか聞いて	1:8 (7)	パン	pan
	びっくり箱	びっくり箱をしてほしくて	1:4 (2)	はい	hai
			1:5 (13)	あっあっ	aʔa
			1:5 (13)	あ，が	a|ga
			1:6 (25)	ん，ん	n|n
			1:6 (25)	ん	n
			1:6 (25)	え	e
			1:6 (25)	あ	a
		びっくり箱のオルゴール部分を回そうとしながら	1:8 (27)	ぐるぐる	gɯrɯgɯrɯ

表 4-7 続き

McCune(2008)の分類	玩具・遊び	文脈	CA	音声	発音
	ぬいぐるみ	犬のぬいぐるみを探して後ろを振り向きながら	1:8(7)	ワンワン	wanwan

表 4-8　D児の否定（反転）の側面における音声

McCune(2008)の分類	玩具・遊び	文脈	CA	音声	発音
no	ミニフード	Mo.がD児の口元にミニフードの魚を持って行って〈ちゅ〉と言うと首を振って	1:8(7)	ううん	ɯɯn
		ミニフードのポテトチップスを食べようとして〈本物じゃないから〉と Mo.に手をはずされて首を振りながら	1:8(7)	ううーんんー	ɯː:nn:
	ツールボックス	玩具の金槌を観察者の方に差し出した後，自分ですぐに取る	1:2(28)	んー	n:
	びっくり箱	びっくり箱を Mo.に渡しながら（見えない所に置いてほしくて）	1:5(13) 1:6(25)	あっあっ う，う	aʔaʔ ɯ|ɯ
	人形	玩具の哺乳瓶を持っているところに Mo.が赤ちゃんの人形を出して〈どうぞして〉というと，赤ちゃんの人形を Mo.の方に戻しながら	1:2(0)	あい	ai
		人形に飲ませてあげてと Mo.が女の子の人形の口に玩具の哺乳瓶を近づけようとすると払いのけて	1:8(7)	えーえー	e:e:
		Mo.に〈Dちゃんの足どこ？〉と人形を出しながら聞かれて首を振りながら人形を取ってどかそうとする	1:6(11)	やや	jaja
	サングラス	Mo.がD児に玩具のサングラスをつけると，サングラスをはずして，Mo.に渡しながら	1:2(0)	あいあ	aia
		サングラス〈つけてみたら？〉と言われて首を振りながら	1:6(11)	嫌や	ijaja

第4章 力動出来事的な状況における音声の発達　69

	その他	Mo.にくすぐられてやめてほしくて	1:4 (16) 1:4 (16) 1:6 (11) 1:8 (7)	や あー や 痛い	ja a: ja itai
		Mo.に体を反対に向けようとさせられて嫌がって	1:6 (11)	え，え	e|e
back	その他	リモコンがほしくて手を伸ばしながら	1:4 (16)	ママ	mama

表4-9　E児の垂直的経路の側面における音声

McCune (2008)の分類	玩具・遊び	文脈	CA	音声	発音
up	ミニフード	床にあるミニフードのみかんを取りながら	1:3 (20)	はい	hai
		床に落ちた玩具のポットの蓋を取って	1:4 (4)	だ	da
	入れ子	Mo.が入れ子のカップの中に玩具を入れカタカタ音を鳴らしていると，腕を振り上げながら	1:4 (19)	ぱっ	pa?
	財布	玩具のコインを拾って玩具の財布に入れながら	1:6 (7)	開けて	akete
		玩具のコインを持って上に投げながら	1:8 (14) 1:8 (14)	う，ぱん ぽい	ɯ|pan poi
	人形	落ちた赤ちゃんの人形を取りながら	1:4 (19)	んー	n:
	サングラス	落ちた玩具のサングラスを拾いながら（犬のぬいぐるみからはずれたサングラスをつけたくて）	1:6 (7)	あーあーあ	a:a:a
	身体的動き	Mo.に抱っこしてほしくてMo.に抱き付こうとしながら	1:3 (8) 1:5 (23) 1:5 (23) 1:6 (7) 1:7 (18) 1:8 (1) 1:8 (1) 1:8 (14)	あー うー お，おー ママ ママ こ（抱っこの意味） 抱っこ 抱っこ	a: ɯ: o|o: mama mama ko dakko dakko

表4-9 続き

McCune (2008)の分類	玩具・遊び	文脈	CA	音声	発音
		Mo.の膝に座ろうとしながら	1:3 (20)	はい	hai
			1:4 (4)	あっあっ	aʔaʔ
			1:4 (4)	ママ	mama
			1:4 (19)	よしよし	yoʃiyoʃi
			1:4 (19)	ママ	mama
			1:8 (14)	パンパン	panpan
		Mo.の膝に座ろうと立ち上がりながら	1:4 (4)	んーんーんー	n:n:n:
		立ち上がりながら	1:4 (19)	よいしょ	yoiʃo
			1:4 (19)	よし	yoʃi
			1:6 (7)	たっち	tattʃi
	その他	天井に何かを見つけて	1:6 (7)	だ	da
		天井に虫がいて取ろうと指をさしながら	1:8 (14)	ち	tʃi
			1:8 (14)	あっち	attʃi
			1:8 (14)	あ	a
		虫がいた天井を指さして	1:8 (14)	ブーン	bu:n
down	ミニフード	ミニフードのたまごが落ちて	1:4 (4)	ジャー	dʒa:
			1:4 (19)	やー	ja:
			1:8 (14)	た	ta
		ミニフードのみかんを玩具のカップに入れてそれを振っているとみかんが落ちて	1:4 (4)	て	te
			1:4 (4)	てー	te:
		ミニフードのみかんが落ちて	1:4 (4)	ちゃー	tʃa:
			1:4 (19)	ちーた	tʃi:ta
	ツールボックス	玩具のツールボックスを倒しながら	1:4 (19)	だー	da:
	財布	玩具の財布からコインを落として	1:6 (7)	ちー	tʃi
			1:6 (7)	ちゃー	tʃa:
			1:6 (7)	ち	tʃi
			1:6 (7)	ちゃ	tʃa
			1:6 (7)	ちゃーち	tʃa:tʃi
		玩具のコインを叩き落としながら	1:8 (14)	ジャン	dʒan
	パズル	持っていたパズルのピースを落として	1:2 (10)	うえ	ɯe
	身体的動き	こけそうになったとき	1:4 (4)	あて	ate

第 4 章　力動出来事的な状況における音声の発達　　71

	1：6（7）	おっと	otto
Mo. の膝から落ちて（遊び）	1：4（19）	たー	ta:
	1：4（19）	あー	a:
Mo. の足を滑り台にして滑ろうと Mo. の方に行って	1：4（19）	ママ	mama
Mo. の足を滑り台にして滑って	1：4（19）	ち	tʃi

表 4-10　E 児の直示的経路の側面における音声

McCune(2008)の分類	玩具・遊び	文脈	CA	音声	発音
here/thanks	ミニフード	ミニフードの入れ物を開けてもらうために Mo. に渡しながら	1：3（8） 1：5（23） 1：5（23） 1：5（23）	あ あっあー ん ママ	a aʔa: n mama
		Mo. にミニフードのクッキーの箱を開けてほしくて渡して	1：6（20）	開けて	akete
		ミニフードのクッキーの箱を渡されると受け取って	1：6（20）	うん	ɯn
	ツールボックス	玩具のツールボックスを開けてほしくて Mo. に渡そうとしながら	1：2（22） 1：8（14） 1：8（14） 1：8（14）	あー え 開けて 開け	a: e akete ake
	びっくり箱	びっくり箱を開けてほしくて Mo. に渡そうとしながら	1：2（22) 1：3（20） 1：5（23） 1：5（23）	あっあっあー あー あああああ ああああ これ	aʔaʔa: a: aaaaa aaaa kore
	カップとコップ	〈どうぞ〉と玩具のカップを渡されて	1：3（20）	はい	hai
		Mo. が〈どうぞ〉と玩具のカップを E 児に渡すと飲むふりをしながら	1：4（4）	どうぞ	douzo
	財布	玩具のカードを玩具の財布から取り，Mo. に渡しながら（Mo. の正面に立っている）	1：8（14）	ん	n
		玩具の財布を開けてほしくて Mo. の方に差し出しながら	1：8（14）	ん，ん	n|n

表 4-10　続き

McCune (2008)の分類	玩具・遊び	文脈	CA	音声	発音
		玩具のお札を投げながら	1:6 (7)	ぱー	pa:
	サングラス	玩具のサングラスをつけてもらおうと Mo. に渡しながら	1:5 (23)	ん	n
			1:5 (23)	あ	a
			1:6 (7)	え	e
			1:6 (7)	はい	hai
			1:6 (7)	えー	e:
			1:6 (7)	あー	a:
			1:6 (7)	ん	n
			1:7 (18)	んー，んー	n:|n:
			1:7 (18)	ん	n
			1:7 (18)	うん	ɯn
	ミニカー	ミニカーのトラックのドアを開けてほしくて Mo. に渡して	1:7 (18)	あー	a:
			1:7 (18)	ん	n
			1:7 (18)	開け	ake
	パズル	Mo. にパズルを渡しながら	1:4 (19)	ん，ん	n|n
			1:5 (23)	え，え，え	e|e|e
			1:6 (7)	ママ	mama
	携帯電話	玩具の携帯電話を Mo. に渡しながら	1:6 (7)	うん	ɯn
	その他	Mo. に洗濯ばさみを渡しながら	1:7 (18)	あー	a:
		Mo. に洗濯ばさみを渡して，開いてもらおうとして	1:7 (18)	開けて	akete
mine	ミニフード	他の玩具（ミニフード）で遊びたくて指をさしながら	1:2 (22)	あっあっ，んっんー	aʔaʔ, nʔn
		ミニフードの入れ物を取ろうとしながら	1:4 (19)	しーしー，しーしーしー	ʃi:ʃi:, ʃi:ʃi:ʃi:
			1:7 (18)	あー	a:
			1:8 (14)	ちゃ	tʃa
		玩具入れのバケツから玩具のポットを取ろうとしながら	1:5 (3)	ばー	ba:
		Mo. が持っているミニフードの蓋を取ろうと手を伸ばしながら	1:5 (23)	あ，あ，	a|a
		ミニフードの魚を取ろうとして	1:3 (20)	マ	ma
			1:8 (14)	たいたいわ	taitaiwa
		ミニフードの入れ物からミニフードの魚を取った後に	1:8 (14)	たいたい	taitai

第 4 章　力動出来事的な状況における音声の発達　73

	ミニフードのホットドッグを取ろうとしながら	1：3（20）	あー	a:
	転がったミニフードのみかんを取ろうとしながら	1：3（20） 1：3（20）	あ，あ あ	a|a a
	ミニフードのみかんを探して	1：8（14）	パンは	panwa
	Mo. がミニフードのみかんをE児から取ると取り返そうとして	1：8（14）	ん	n
	手に持っていたミニフードのみかんが転がって	1：8（14）	わ	wa
	手に持っていたミニフードのレモンを落としてたまごを取ろうとして	1：4（4）	はい	hai
	ミニフードの牛乳パックを見つけて取ろうとして	1：4（4）	あ，あ	a|a
	玩具のポットを手に取ろうとしながら	1：4（4）	あ	a
	ミニフードの入れ物からミニフードのオレンジを取り出して	1：4（19）	あった	atta
	Mo. が玩具のお皿にミニフードを入れているのを見て	1：5（3）	ほしーほしー	hoʃi:hoʃi:
	ミニフードのウインナーを取ろうとしながら	1：5（3）	しーしー	ʃi:ʃi:
	Mo. がミニフードのたまごを飛ばすと嬉しそうに取りに行こうとしながら	1：8（14）	パン	pan
	ミニフードのたまごを拾ってきて Mo. に見せながら Mo. の所に戻る	1：8（14）	パン，パン パン	pan|pan pan
	ミニフードのたまごを探して	1：8（14） 1：8（14） 1：8（14）	あれ パンは パン	are panwa panwa
	ミニフードのたまごを持って	1：8（14）	パンは	panwa
ツールボックス	玩具のペンチを取ろうと手を伸ばして	1：4（19）	とー	to:
	玩具のツールボックスから玩具のペンチを取り出して	1：4（19）	だーだ	da:da
	玩具のペンチを拾いながら	1：8（14）	んーわ	n:wa

表 4-10　続き

McCune (2008)の分類	玩具・遊び	文脈	CA		音声	発音
		玩具のツールボックスを取ろうとして	1:4	(19)	と，と	to|to
			1:4	(19)	ほしーほしーほしー	hoʃi:hoʃi:hoʃi:
			1:4	(19)	ほしー	hoʃi:
			1:6	(20)	開けて	akete
		玩具のツールボックスの中身を取りながら	1:4	(19)	だー	da:
			1:4	(19)	だーだ	da:da
			1:6	(20)	開けて	akete
	カップとコップ	Mo. が持っている入れ子のカップに手を伸ばしながら	1:4	(19)	ぱぱぱ	papapa
			1:4	(19)	うー	ɯ:
	入れ子	入れ子を見つけて取りに行きながら	1:2	(10)	うあ	ɯa
	ガラガラ	ガラガラをしまった後また取ろうとするが手が届かなくて	1:2	(22)	あー	a:
	財布	Mo. が持っている玩具のコインがほしくて取ろうとしながら	1:6	(7)	あ，あ	a|a
			1:6	(7)	あ	a
		Mo. が持っている玩具のコインがほしくて取ろうとすると〈チョウダイって言わな〉と言われ	1:6	(7)	ちょうち	tʃoɯtʃi
	パズル	Mo. の持っている猫のパズルピースを取ろうとして	1:2	(22)	んーんー	n:n:
		Mo. からパズルを取って	1:5	(23)	あー	a:
		パズルのピースを取ろうとしながら	1:2	(22)	ばあー	baa:
			1:4	(4)	んーんーんーんー	n:n:n:|n:
			1:6	(7)	あった	atta
	サングラス	Mo. の持っている玩具のサングラスを取りながら	1:2	(22)	あっあ	aʔa
	トラック	玩具入れのバケツからトラックを取ろうとして	1:4	(4)	んーんー	n:n:
	ぬいぐるみ	玩具入れのバケツを指さして	1:7	(18)	わんわん	wanwan
		玩具入れのバケツに手を伸ばしながら	1:7	(18)	わんわん	wanwan
		玩具入れのバケツの方を指さしながら犬のぬいぐるみを探す	1:7	(18)	ココ（犬のぬいぐるみ）	koko

第4章 力動出来事的な状況における音声の発達　75

	その他	Mo.のマスクに手を伸ばして	1:5 (23)	あ，あ，	a|a
		テーブルの上のかぎ編棒を見つけて取りながら	1:8 (14)	わー	wa:
there	ミニフード	ミニフードの牛乳パックを投げながら	1:4 (4)	だ	da
		転がっていったミニフードのいちごを指さして	1:4 (4)	ちー	tʃi:
	カップとコップ	玩具のコップを投げた後	1:2 (10)	ばー	ba:
	絵本	絵本を読んでもらっているときにはずれた本のカバーの方を両手で指しながら Mo. に知らせる	1:7 (18)	あー	a:
	玩具入れ	Mo. に抱き付きながら玩具の方を手で指して	1:3 (8)	んー	n:
	その他	部屋の外から音が聞こえてドアの方を指さしながら Mo. の顔を振り返る	1:5 (23)	ぱー	pa:
		Mo. に向かって	1:6 (7)	パパ	papa
		ドアの方を指さして Mo. に Fa. がいることを教える	1:6 (7)	パパ	papa
		ドアの方を手でさして Mo. の顔を見て	1:6 (20)	あ	a
		ドアの方を指さしながら	1:5 (23) 1:5 (23) 1:6 (7) 1:6 (20) 1:6 (20) 1:6 (20)	あああー んー パパ あっち ん ん，あっち	aaa: n: papa attʃi n n|attʃi
		ドアの方を指さしながら観察者に Fa. がいることを教える	1:6 (7) 1:6 (7)	たー パパ	ta: papa
		部屋の外に行きたくて Mo. に抱き付きながら	1:7 (18) 1:8 (1)	あっち あっち	attʃi attʃi
		別の部屋に行きたくてドアをさしながら	1:8 (1) 1:8 (1)	ち あっち	tʃi attʃi
		立ち上がりながら，部屋の外に出ようとして	1:8 (14)	あっち	attʃi

表 4-10 続き

McCune (2008)の分類	玩具・遊び	文脈	CA	音声	発音
その他	eat/drink	別の部屋に行きたくて，怒って	1:8 (14)	ん，ん，ん	n|n|n
		窓の方を指さしながら	1:8 (14)	うぇー	we:
	ミニフード	ミニフードのホットドッグを食べるふりをしながら	1:2 (22)	あ	a
		玩具のスプーンで食べるふりをしながら	1:3 (20)	おいしー	oiʃi:
		Mo. が〈どうぞ〉と玩具のカップを渡すと飲むふりをしながら	1:4 (4)	どうぞ	douzo
		ミニフードのレモンを食べるふりをしながら	1:5 (3)	あん	an
		ミニフードのみかんを食べるふりをしながら	1:6 (7)	はっ	ha?
		ミニフードのプレッツェルを食べるふりをしながら	1:8 (14) 1:8 (14)	あらー まん	ara: man
go	ミニカー	Mo. が来るのを予想して	1:5 (3)	ママ	mama
	身体的動き	ミニカーを Mo. の膝の上で走らせながら	1:7 (18)	ぶぶー	bubu:
		Mo. の方に近づきながら	1:6 (7) 1:6 (7)	マ，マ，ママ ママ	ma|ma|mama mama
want	ミニフード	玩具のスプーンで食べるふりをして（ミニフードの要求）	1:3 (20)	マンマ マンマ	manma manma
	玩具入れ	玩具入れのバケツの中にほしいものがあって，手を叩きながら要求して	1:3 (8)	あー	a:

表 4-11　E 児の目的終了の側面における音声

McCune (2008)の分類	玩具・遊び	文脈	CA	音声	発音
here/there	財布	玩具の財布にコインを入れて	1:6 (7)	よし	yoʃi
	ぬいぐるみ	トラックに犬のぬいぐるみを乗せながら	1:8 (1)	よし	yoʃi

表 4-12　E児の包含の側面における音声

McCune (2008) の分類	玩具・遊び	文脈	CA	音声	発音
open	ミニフード	ミニフードの入れ物の蓋を開けようとしながら	1:4 (19)	ほしーしー	hoʃi:ʃi:
		ミニフードの入れ物を開けてもらおうとしながら	1:5 (23) 1:5 (23) 1:6 (7)	ん ママ ママ	n mama mama
		ミニフードの入れ物を開けてほしくて蓋を持ちながら	1:6 (20)	んー	n:
		ミニフードのポテトの箱を開けてほしいときに〈開けてだったが〉と言われて	1:6 (20)	開けて	akete
		Mo. にミニフードのクッキーの箱を開けてほしくて渡して	1:6 (20)	開けて	akete
		玩具のポットに蓋がはまって取れなくて	1:4 (4) 1:4 (4)	だ た	da ta
	ツールボックス	玩具のツールボックスを開けてほしくて蓋を叩きながら	1:2 (22)	ん	n
		玩具のツールボックスの蓋が開かなくて怒っていた後に Mo. が〈開けて〉と言うとそれを真似しながら中身を取り出して	1:8 (14)	開けて	akete
		玩具のツールボックスを開けてほしくて Mo. の方に渡そうとしながら	1:2 (22) 1:8 (14) 1:8 (14) 1:8 (14)	あー え 開けて 開け	a: e akete ake
		玩具のツールボックスを開けてほしくて Mo. に向かって	1:4 (19) 1:4 (19) 1:6 (20)	たーた あーたー 開けて	ta:ta a:ta: akete
		玩具のツールボックスが開かなくて	1:3 (8) 1:7 (18)	んっんー んーんー	nʔn: n:n:
		玩具のツールボックスを開けて	1:4 (19)	しー	ʃi:
		玩具のツールボックスを開けようとしながら	1:3 (20) 1:4 (19) 1:4 (19) 1:6 (7) 1:6 (20) 1:7 (18)	ばー と，と とー 開けて 開けて 開けて	ba: to|to to: akete akete akete

表 4-12 続き

McCune (2008)の分類	玩具・遊び	文脈	CA	音声	発音
			1:8 (14)	じゃー	dʒa:
		倒した玩具のツールボックスを揺らしながら	1:4 (19)	だ	da
		玩具のツールボックスを自分の方に引き寄せながら	1:6 (20)	開けて	akete
	びっくり箱	びっくり箱を開けてほしくてMo.に渡そうとしながら	1:2 (22) 1:3 (20)	あっあっあー あー	aʔaʔa: a:
		びっくり箱のオルゴール部分を回してほしくて〈開けては？〉と言われて	1:6 (7)	開けて	akete
		びっくり箱が開かなくて	1:7 (18) 1:7 (18)	うわー んー	ɯwa: n:
		びっくり箱の蓋を開けようとしながら	1:8 (14) 1:8 (14)	ば ばー	ba ba:
	財布	玩具の財布を開けてほしくてMo.の方に差し出しながら	1:6 (7) 1:6 (7) 1:8 (1) 1:8 (14)	え, え え, えー, え んーん ん, ん	e|e e|e:|e n:n n|n
		玩具の財布を開けてほしくてMo.の方に差し出すと〈開けてだったが〉と言われて	1:6 (7)	開けて	akete
		玩具の財布が開かなくてMo.の顔を見ながら	1:7 (18)	たい	tai
	ミニカー	ミニカーのトラックのドアが開かなくて	1:7 (18)	あー	a:
		ミニカーのトラックのドアを開けてほしくてMo.に渡そうとしながら	1:7 (18) 1:7 (18)	あー ん	a: n
		ミニカーのトラックのドアを開けてほしくてMo.に〈開けてだったが〉と言われて	1:7 (18) 1:7 (18)	開け 開けて	ake akete
		ミニカーのトラックをMo.に渡し，Mo.の膝に顔をうずめて	1:7 (18)	開け	ake
close	ミニフード	ミニフードの入れ物の蓋を閉めようとしながら	1:5 (23) 1:8 (1)	ママ うぃー	mama ɯi:

	びっくり箱	びっくり箱の蓋を閉めようとしながら	1:2 (22)	えっえっえー	eʔeʔeː
			1:2 (22)	えーえ	eːe
			1:2 (22)	えー	eː
			1:3 (20)	あー	aː
			1:3 (20)	えーあー	eːaː
			1:3 (20)	ない	nai
			1:3 (20)	うーわー	ɯːwaː
			1:3 (20)	ばーばー	baːbaː
			1:3 (20)	たた	tata
			1:4 (19)	よし	yoʃi
			1:7 (18)	あ	a
			1:8 (14)	お	o
			1:8 (14)	た	ta
out	ミニフード	ミニフードの入れ物からミニフードのオレンジを取り出して	1:4 (19)	あった	atta
		玩具のポットの中に入ったミニフードのみかんを取ってほしくて Mo. に渡しながら	1:5 (3)	あ	a
		玩具のポットの中のミニフードのみかんを取ろうとしながら	1:5 (3)	あっあっ	aʔaʔ
			1:5 (3)	あっあー	aʔaː
				あーあー	aːaː
	ツールボックス	玩具のツールボックスの中身を取りながら	1:4 (19)	だー	daː
			1:4 (19)	だーだ	daːda
		玩具のツールボックスから玩具のペンチを取り出して	1:4 (19)	だーだ	daːda
		Mo. が玩具のツールボックスを持っていると中の玩具を取ろうとしながら	1:6 (20)	開けて	akete
	財布	玩具の財布からコインを落とす	1:6 (7)	ちー	tʃi
			1:6 (7)	ちゃー	tʃaː
			1:6 (7)	ちゃーち	tʃaːtʃi
	ミニカー	ミニカーのトラックを取り出す	1:5 (23)	ぱー	paː
	玩具入れ	玩具入れのバケツから出ようとしながら	1:4 (4)	んーまん	nːman
			1:4 (4)	あー	aː
		玩具入れのバケツから玩具のポットを取ろうとしながら	1:5 (3)	ばー	baː
in	ミニフード	ミニフードのポテトを持って入れ物に入れようとしながら	1:8 (1)	はい	hai

表4-12 続き

McCune (2008)の分類	玩具・遊び	文脈	CA	音声	発音
		玩具のポットから玩具のカップに入れるふりをしながら	1：8（14）	じゃー	dʒa:
	びっくり箱	びっくり箱のぬいぐるみをしまおうとしながら	1：5（23）	ブーン（虫の意味）	bɯ:n
	財布	玩具の財布に玩具のコインを入れて	1：6（7） 1：6（7）	よし 開けて	yoʃi akete

表4-13 E児の付着の側面における音声

McCune (2008)の分類	玩具・遊び	文脈	CA	音声	発音
stuck/fitted	ミニフード	ミニフードのみかんをミニフードの入れ物に叩きながら	1：3（20）	はい	hai
		ミニフードの梨に玩具のスプーンを刺そうとしながら	1：4（4） 1：4（4）	だ だー	da da:
		ミニフードのドーナツの穴に指が入り Mo. にそれを見せながら	1：5（23）	わー	wa:
		ミニフードの魚でミニフードの入れ物を叩きながら	1：8（14）	ワンワンは	wanwanwa
	ツールボックス	玩具のツールボックスを叩きながら	1：4（4）	ん	n
		玩具のペンチを持って先を閉じながら	1：4（4） 1：4（4）	ちゅ ちゅーちゅー	tʃɯ tʃɯ:tʃɯ:
		Mo. の手に玩具のペンチを当てながら	1：4（19）	ぺぺぺぺ	pepepepe
		玩具の金槌で頭を叩きながら	1：6（7）	トントン	tonton
		玩具の金槌で足を叩きながら	1：4（4） 1：4（4） 1：6（20）	タタ，タタ タタタタ ととた コンコンコン	tata|tata tatatata totota konkonkon
	びっくり箱	びっくり箱の蓋を閉めようとしながら	1：2（22）	えー	e:
		手がびっくり箱に挟まって	1：7（18）	手々	tete

第4章 力動出来事的な状況における音声の発達　81

		びっくり箱の蓋を閉めようとして（閉めようとするとぬいぐるみが蓋に挟まるため）	1:7 (18)	痛いたーい	itaita:i
	サングラス	Mo.の方を見ながら（玩具のサングラスをつけてほしくて）	1:2 (22)	えっえ	e?e
		玩具のサングラスをMo.に渡しながら	1:5 (23)	ん	n
			1:5 (23)	あ	a
			1:6 (7)	え	e
			1:6 (7)	はい	hai
			1:6 (7)	えー	e:
			1:6 (7)	あー	a:
			1:6 (7)	ん	n
			1:7 (18)	んー，んー	n:|n:
			1:7 (18)	ん	n
			1:7 (18)	うん	un
		Mo.に玩具のサングラスを渡した後，つけてもらおうと顔をMo.に近づけながら	1:7 (18)	うん	un
		玩具のサングラスをつけようとして	1:2 (23)	えー，えっえっえっ	e:|e? e?e?
		犬のぬいぐるみに玩具のサングラスをつけてもらおうとして	1:6 (7)	あーあーあ	a:a:a
			1:6 (7)	ワンワン	wanwan
	パズル	パズルをはめようとしながら	1:4 (4)	ばー	ba:
			1:4 (19)	た	ta
		犬のパズルのピースを玩具のツールボックスに打ちながら	1:4 (19)	トン，トン	ton|ton
unstuck (invented)	ミニフード	玩具のポットに蓋がはまって取れなくて	1:4 (4)	だ	da
			1:4 (4)	た	ta
		半分になるミニフードの魚を半分にして	1:6 (20)	いたーい	ita:i
				いたーい	ita:i
		玩具のペンチを使ってミニフードのたまごを割るふりをして	1:8 (14)	んー	n:
			1:8 (14)	パ	pa
	ツールボックス	玩具のペンチを開くことができなくて	1:3 (8)	んっんっんー	n?n?n:
		Mo.の手を玩具のペンチからどけようとして	1:3 (8)	んー	n:
		玩具入れのバケツの中にペンチを入れて勢いよく抜きながら	1:3 (20)	ボーン	bo:n
		玩具のペンチを開こうとして	1:4 (19)	とと	toto

表4-13　続き

McCune(2008)の分類	玩具・遊び	文脈	CA	音声	発音
			1:4 (19)	ち , ち	tʃiǀtʃi
			1:5 (3)	これ	kore
			1:5 (3)	ちょ	tʃo
			1:8 (14)	ある	aɯ
			1:8 (14)	ちょ	tʃo
	びっくり箱	びっくり箱をしようと叩いて	1:6 (20)	こー	ko:
	絵本	絵本を読んでもらっているときに外れた本のカバーを両手でさしながらMo.に知らせる	1:7 (18)	あー	a:
	サングラス	Mo.がE児に玩具のサングラスをつけようとするとそれを取り上げながら	1:6 (7)	あげ	age
	パズル	パズルのピースを取りながら	1:4 (4)	ばー	ba:
		ツールボックスの上にのせていたパズルを取り払って	1:4 (19)	ばー	ba:
	その他	Mo.に洗濯ばさみを渡して，開いてもらおうとして	1:7 (18)	開けて	akete

表4-14　E児の閉塞の側面における音声

McCune(2008)の分類	玩具・遊び	文脈	CA	音声	発音
allgone	ミニフード	ミニフードのジュースを飲もうとするが中身が入っていなくて	1:3 (20)	ないない	nainai
		〈お茶かな，何だった？〉と聞かれてミニフードのジュースに中身が入っていないことを伝える	1:3 (20)	ないない	nainai
		転がったミニフードのみかんを取ろうと手を伸ばしながら	1:3 (20)	あ	a
		ミニフードのみかんが転がっていって	1:3 (20)	あれ	are
			1:3 (20)	て	te
			1:8 (14)	わ	wa
	財布	玩具のコインが床に落ちていって探しながら	1:8 (1)	たー	ta:
			1:8 (1)	あった	atta

bye'	びっくり箱	Mo.がびっくり箱の蓋を〈ばいばーい〉と閉めようとすると，ぬいぐるみに手を振って	1:7 (18)	ばいばーい	baiba:i
peekaboo	びっくり箱	びっくり箱の中にミニフードのクッキーを入れようとするが飛び出てきて	1:2 (22)	お	o
		びっくり箱のぬいぐるみが出てきて	1:2 (22) 1:3 (20) 1:8 (14)	ばあ ばあ うわー	baa baa ɯwa:
		びっくり箱の蓋を開けながら	1:3 (20)	ばあ	baa
		ぬいぐるみをびっくり箱へ押して飛び出させて	1:5 (23) 1:8 (14)	びよ ば	biyo ba
		びっくり箱からぬいぐるみが飛び出てくるのを予想して	1:7 (18) 1:8 (14) 1:8 (14)	ばー た ば	ba: ta ba
		なかなかびっくり箱が開かなくて，待てなくて蓋を叩きながら	1:7 (18) 1:7 (18)	うわー んー	ɯwa: n:
	身体的動き	Mo.の膝の上に座っていて落ちることを予想して	1:4 (19)	ぱ	pa

表4-15 E児の反復の側面における音声

McCune(2008)の分類	玩具・遊び	文脈	CA	音声	発音
again	ミニフード	手を上下に振りながらミニフードのみかんを転がすことを要求する	1:3 (20)	あーあー	a:a:
	ツールボックス	玩具のツールボックスを開けようとしながら	1:6 (7)	開けて	akete
	びっくり箱	びっくり箱のオルゴール部分を回したくて	1:2 (22) 1:2 (22)	ん え	n e
		びっくり箱ができなくて	1:3 (8)	あー	a:
		びっくり箱が飛び出てきてほしくて蓋を叩く	1:3 (20)	にゃは	ɲaha
		びっくり箱をしてもらおうとMo.の方に持って行きながら	1:5 (3) 1:5 (23) 1:5 (23)	ん んー，んー あああああ ああああ	n n:¦n: aaaaa aaaa

表 4-15 続き

McCune (2008)の分類	玩具・遊び	文脈	CA	音声	発音
			1:5 (23)	これ	kore
		びっくり箱のオルゴール部分を回してほしくて	1:6 (7) 1:6 (7) 1:6 (7)	んー ん, ん えー	n: n|n e:
		びっくり箱を開けてもらおうとして, びっくり箱を持ちながら	1:5 (23)	ブーン	buː:n
		びっくり箱をしようとしながら叩いて	1:6 (20)	こー	ko:

表 4-16 E児の否定（反転）の側面における音声

McCune (2008)の分類	玩具・遊び	文脈	CA	音声	発音
no	ミニフード	Mo. がミニフードの蓋を閉めようとしていると手を払いのけて	1:8 (1)	あー	a:
		Mo. がミニフードのみかんをE児から取ると取り返そうとして	1:8 (14)	ん	n
		ミニフードの蓋をひっくり返すのを繰り返しながら	1:8 (14)	ん, ん, ん ん, ん, ん	n|n|n n|n|n
	ツールボックス	Mo. がE児の真似をしてE児の足を玩具の金槌で叩くと手で払いのけながら	1:4 (4)	あー	a:
	びっくり箱	Mo. のびっくり箱のオルゴール部分を回している手を払って	1:8 (14)	あ	a

〈経路・目的終了〉は，玩具の包丁でミニフード魚が切れたときに「いぇーい」や「できたー」がみられた。「いぇーい」は，玩具のサングラスを操作しているときにも出現した。

〈図と地・包含〉では，ミニフードの入れ物を開けてほしいとき，1歳5か月13日には「え」と「開け」が出現していたが，1歳8か月7日には，「開けて」がはっきりみられるようになった。1歳8か月7日には，入れ子

に蓋をする要求においても「開いて」が出現した。ミニフードの入れ物からミニフードを取り出すときには、「え」または「これ」がみられた。反対に物を入れる場面では、びっくり箱の中にぬいぐるみをしまう状況が、「お」（1歳4か月2日）や「う、う」（1歳6か月25日）によって表現された。

〈図と地・付着〉では、擬音語がみられた。例えば、玩具の金槌で叩く際に「トントントントン」や「ががが」である（1歳8か月17日）。ミニフードの入れ物の蓋がはずれたときには、「わ」がみられた。自らミニフードの蓋を外すことができた1歳5か月13日には「ん、でったー」が出現した。

〈移動出来事・閉塞〉では、持っていたミニフードを落としたときに「あー」や「わー」がみられた。反対に物を見つけたときには「あった」が出現した。また、1歳8か月17日には、ミニフードを片づけながら「なーいない」がみられた。

〈移動出来事・反復〉では、ジュースを要求するときに1歳4か月16日では「ジュース」の名称による表現に加えて、「あーわー」や「いー」といった発声が出現した。もう一度繰り返してほしいことの要求は、びっくり箱を渡すことによって示され、1歳4か月2日には「はい」、1歳5か月13日には「あっあっ」や「あ、が」がみられた。同じ場面において発話が出現した後も語になっていない発声による表現が継続してみられた。

〈移動出来事・否定（反転）〉では、母親にくすぐりをやめてほしいとき、1歳4か月16日には「や」や「あー」が出現した。1歳6か月11日では「や」、1歳8か月7日には「痛い」によって否定を示した。

D児では、力動出来事的な状況において発話が出現した後も「あ」や「ん」、「え」などの発声による表現が継続した。また、擬音語や幼児語による力動出来事の表現がみられた。

E児の〈経路・垂直的経路〉は、抱っこを要求する場面で、1歳3か月8日は「あー」、1歳5か月23日には「うー」と「お、おー」が出現した。1歳6か月7日と1歳7か月18日では「ママ」がみられた。1歳8か月1日に

は「こ」と「抱っこ」が出現した。

〈経路・直示的経路〉では，パズルを渡すとき「ん，ん」（1歳4か月19日）と「え，え，え」（1歳5か月23日）の発声がみられたが，1歳6か月7日には「ママ」が出現した。玩具を取ろうとする場面では，1歳4か月4日はミニフードの牛乳パックを取ろうとして「あ，あ」がみられた。1歳5か月3日には，母親の持つミニフードを取ろうとしながら「ほしーほしー」が出現した。また，ドアを指さして別の部屋を示す際に，1歳5か月23日は「あああー」や「んー」がみられていたが，1歳6か月7日には「パパ（父親が指をさしている部屋にいる）」が出現した。さらに，1歳6か月20日には「あっち」がみられた。

〈経路・目的終了〉では，1歳6か月7日に玩具の財布にコインを入れて「よし」が出現した。これは，犬のぬいぐるみをトラックに乗せたときにもみられた（1歳8か月1日）。

〈図と地・包含〉では，玩具のツールボックスを開けようとして「ばー」（1歳3か月20日）と「と，と」（1歳4か月19日）がみられた。1歳6か月7日には「開けて」が出現した。この「開けて」は，玩具の財布にコインを入れる場面でも出現した（1歳6か月7日）。びっくり箱の蓋を閉めようとするときには，「えー」（1歳2か月22日）や，「あー」，「えーあー」（1歳3か月20日）がみられた。1歳4か月19日には「よし」が出現した。

〈図と地・付着〉では，玩具のサングラスをつけてもらおうと母親に渡す場面があり，渡しながら1歳5か月23日には「ん」や「あ」が，1歳6か月7日には，「はい」が出現した。パズルのピースをはずすという場面では1歳4か月4日に「ばー」が出現した。

〈移動出来事・閉塞〉では，ミニフードのジュースに中身が入っていないことに対して「ないない」が出現した（1歳3か月20日）。また，ミニフードのみかんが転がったときには「あれ」がみられた（1歳3か月20日）。びっくり箱で遊ぶ場面では，ぬいぐるみが飛び出てくるのを予測して「ばー」が1

歳7か月18日に出現した。

〈移動出来事・反復〉は，びっくり箱をしてほしいときに，「ん」や「え」がみられた。1歳5か月23日にはびっくり箱のぬいぐるみのあおむしの意味である「ブーン」で反復の要求を示した。

〈移動出来事・否定（反転）〉では，母親の行動に対して発声がみられた。例えば，母親がミニフードの入れ物を閉めようとしていると，手を払いのけながら「あー」が出現した（1歳8か月14日）。

D児とE児では，物を渡す際（〈経路・直示的経路〉）に，「あー」や「ん」,「はい」が共通した。物を受け取るときは「はい」,物を取ってほしいときには取ってほしい物の名称を発話することがみられた。〈図と地・包含〉では，容器の蓋を開けたいときに「開け」や「んー」がみられた。〈図と地・付着〉は，くっ付けてほしいときに「んん」,物をくっ付けたときに「ちゅ」,はなしたときに「あー」,叩くときに「トントントン」が出現した。〈移動出来事・反復〉は，「あー」が遊びの反復の要求でみられた。〈移動出来事・否定（反転）〉においても，物を片づけてほしいときに「あー」による要求が出現した。D児，E児ともに，「あ」や「ん」は，語がみられた後も継続して出現した。また，擬音語や幼児語による表現が出現し，同じ状況において，さまざまな擬音語がみられた。

表4-17に，今回，力動出来事的な状況において出現した語をまとめた。力動出来事的な状況にみられた語には，物の名称や人の名前などが含まれていたが，それらは今回，力動出来事語として明確に示すためにはずした。両事例の力動出来事的な状況での発話には，共通したものがあった。〈経路・直示的経路〉は，「開けて」,「開け」,「うん」,「これ」,「はい」が物を渡す状況で出現した。その他の状況では，食べるふりの「まん」や「あん」の擬音語が出現した。〈図と地・包含〉での開ける要求のときは，「開け」,「開けて」が共通した。〈図と地・付着〉では，物を叩く場面で「トントン」が，〈移動出来事・閉塞〉では「あった」の語が2例で共通して出現した。

表 4-17　D児とE児において出現した力動出来事語

力動出来事語のカテゴリ		D児の発話	E児の発話
経路	垂直的経路	ねんね，ゴー，ないない	はい，開けて，ぽい，抱っこ，よいしょ，よし，たっち，あっち
		落ちた，プシー，あった，ねんね	ジャー，やー，ちーた，ジャン，おっと
	直示的経路	あい，どうぞ，これ，うん，はい，あーむ，<u>開けて</u>，<u>開け</u>，開ける，ここ	<u>開けて</u>，<u>開け</u>，うん，これ，はい，ばー
		これ，どうぞ，あい	はい，ほしい，あれ，開けて，ばあー，あった
		これ	あっち
		あむ，あん，<u>まんまんまん</u>，まま，出たー，シュー，あい	おいしー，どうぞ，あん，マンママンマ，<u>まん</u>，あらー，ブブー
	目的終了	いえーい，できた	よし
図と地	包含	開いたー，<u>開け</u>，<u>開けて</u>，出たー，どうぞ	ほしい，<u>開けて</u>，<u>開け</u>，ばー，ジャー
		開け	よし
		これ	あった，開けて
			はい，ジャー，よし，開けて
	付着	ちゅ，<u>トントントントン</u>，やー，よしし，でったー	はい，うん，ちゅ，<u>トントン</u>，タタタタタタタ，コンコン，痛い痛ーい
		でったー，プシー，<u>開いて</u>	痛い痛ーい，ポーン，これ，ある，ばあ，<u>開けて</u>
移動出来事	閉塞	あった，おしまい，ないない，これ	ないない，あれ，あった
		ないない，おしまい，ばいばい	
			ばあ，びよ
	反復	はい，ぐるぐる	開けて
	否定(反転)	ううん，嫌や，あい，痛い	

*下線は2例で共通して出現したものを示す。

第4節　考察

　今回対象とした期間において，力動出来事的な状況での発声および発話は，物を渡すとき（〈経路・直示的経路〉）に，「あー」や「ん」，「はい」が共通した。また，物を受け取るときには「はい」が，物を取ってほしいときには，その名称によって表された。〈図と地・包含〉では，容器の蓋を開けたいときに「開け」や「んー」が出現した。「開け」や「開けて」は，他の力動出来事語のカテゴリでも出現した。〈図と地・付着〉の側面では，くっ付けてほしいときに「ん」，物をくっ付けたときに「ちゅ」や，叩くときに「トントントン」といった擬音語がみられた。〈移動出来事・反復〉では，「あー」が，遊びの反復の要求で出現した。〈移動出来事・否定（反転）〉においても物を片づけてほしいときに「あー」によって要求することがみられた。2例ともに，力動出来事的な状況において擬音語や幼児語が出現した。また，同じ発声や発話が複数のカテゴリにおいてみられた。「あ」や「ん」，「え」は，語による表現がみられた後も，継続して出現した。

1．D児の力動出来事的な状況における音声

　D児の〈経路・垂直的経路〉の'up'における音声では，語になっていない発声と母親へ抱っこをしてほしいという意味での「ねんね」が出現した。「ねんね」は，'寝る'という意味だが，この場面では母親への抱っこの要求と考えられた。語による表現がみられた後も，「あ，あ，あ，あ」のような発声は続いた。これは他のカテゴリでもみられた。このような「あ」や「ん」，あるいは「え」といった簡単な音声によって，はじめは力動出来事的な意味を表現すると考えられた。その発声は母音のものが多く，同じ音の連続によって表現された。こういった発声による表現は，母親とのやり取りを繰り返すなかで語へと変化していくと考えられた。しかしながら，語がみら

れてもすべて語による表現へと置きかわるわけではなく，徐々に語へと変化していくことが示唆された。〈経路・垂直的経路〉の落ちる状況では，物が倒れたとき「あぁー」などの落ちたことに対する感嘆語が出現した（1歳5か月13日）。1歳8か月17日には「落ちた」がみられ，より場面を具体的に表す語になったといえる。このとき「ねんね」の発話も出現した。これは，D児がいつも寝るときの毛布を指さしながら発話された。そのため，抱っこの要求ではなく寝ることを指していると考えられた。さらに，玩具の包丁を振りおろしながら刺す擬音語の「プシー」が出現した。これは，〈図と地・付着〉とも考えられたが，今回は両方を示すものとした。このような，2つのカテゴリにわたった力動出来事に関する発話をどのように分類するのかについては，今後検討していく必要がある。D児の〈経路・垂直的経路〉は，幼児語，擬音語に加えて，感嘆語が含まれており，それらは力動出来事的な状況について表していると考えられた。

　〈経路・直示的経路〉は，力動出来事語のカテゴリのなかで，もっとも出現した。このカテゴリでは，1歳4か月16日に「あ，これちゅかう（「使う」の音韻未熟）」と1歳4か月16日に「ジュースごくごく」の2語発話がみられた。これらはいずれも同じ状況において，それ以前は，発話はみられていなかった。これらの2語は，McCune（2008）のいう，力動出来事的な意味と事物の意味とを別々に示すことができている状態といえるだろう（例えば，ジュース（事物）とごくごく（力動出来事語）の意味）。今回は，それ以前の事物の意味と力動出来事の意味を1語で表すものについて焦点をあてているが，力動出来事的側面について言及したものとしてすべて分類した。D児の〈経路・直示的経路〉は主に，物の受け渡し状況で出現した。例えば，ミニフードの梨を母親に渡すとき，1歳2か月0日は「はい」の音韻未熟である「あい」が，1歳2か月14日では「どうぞ」がみられた。これらは，McCune（2008）の示す力動出来事語の 'here' にあたるといえる。また，ミニフードのジュースを渡しながら「ジュース」が出現した。この「ジュース」は名

詞だが，ここでは'ジュースを渡す'という力動出来事的な意味が含まれている。同じ〈経路・直示的経路〉において，渡す玩具を開けてほしいという〈図と地・包含〉の意味が含まれる場面があった。例えば，ツールボックスを開けてほしくて渡しながら，「どーぞ」（1歳4か月2日）や「ん，ん」（1歳6か月11日），「開ける」（1歳8か月17日）が出現した。これは，〈経路・垂直的経路〉と同様に，日本語では今後どのように分類するかについて検討する必要があるといえる。母親から物を取ろうとする，あるいは置いてあるものを自分の方に引き寄せる場面も〈経路・直示的経路〉にあてはまる。例えば，母親からガラガラを取ろうとする場面で，1歳2か月0日では「あ」や「え」だったが，1歳2か月14日には「どうぞー」へ変化した。これは，一般的に主客の逆転といわれるが，物を渡されるときに母親から「どうぞ」と渡されるため，受け渡しをするという状況に対して適用されていたと考えられた。このような場面に適しているとは考えられない発話には，別の力動出来事的意味が含まれている可能性がある。また，ジュースがほしいときにジュースを指しながら「ジュース」と言うなど，名称による表現がみられた。その他にも，食べるふりなど擬音語によって示されることがあった。特に，それらは事例自身の動きに対するものが多く，そういった自分自身の動き，移動に対して自ら表現する際には，擬音語がよく使われると考えられた（例えば，食べるふりをしながら「あむ」など）。

〈経路・目的終了〉は，発声や発話自体が少なかった。しかし，「いぇーい」，「できたー」が出現した。これらは，行為の完了の状態を喜んでいることを表したものと考えられた。

〈図と地・包含〉における，'開ける'状況では，物の蓋を開けるときに出現した。ミニフードの蓋を開けてほしいとき，1歳5か月13日は「え」，1歳5か月13日は「開け」，1歳6か月11日は「ん，ん」がみられた。1歳8か月7日には「開けて」がみられたが，その後のセッションでも「あ，あ」や「えっえっ」といった発声がみられ，他のカテゴリと同様に一度ことばが

みられても発声などによる表現は継続すると考えられた。この「開ける」は，'閉める'状況においてもみられ（1歳8か月7日），この時期にはまだ，'開ける'ということだけでなく，開け閉めすること全体に適用されていたと考えられた。

〈図と地・付着〉では，玩具の金槌で叩きながら「トントントントントントン」や，ミニフードの魚の口を母親の口に近づけ「ちゅ」などの擬音語がみられた。それらは自らの行動を表すものであった。'はなす'状況では，「でったー」や「開いて」などの〈図と地・包含〉にあたる語が出現した。これらは，くっ付いていたものがはなれたということに対して全体的に使用されていたと考えられ，まだ〈図と地〉全体に適用されていることが考えられた。

〈移動出来事・閉塞〉の'なくなる'状況では，物を落としたり，なくなった際に「あー」や「わー」が出現した（1歳8か月7日）。なくなったことに対しては，「ないない」が出現した。これは，いなくなる状況でもみられ，なくなるという状況全体に適用されていたと考えられた。

〈移動出来事・反復〉では，物の名称による反復の要求がみられた。例えば，なくなったジュースがほしいときの「ジュース」である。このような表現は，〈経路・直示的経路〉でもみられた。一方で，行為の再現を要求するときは，「ぐるぐる」など，行為に関する擬音語がみられた。

〈移動出来事・否定（反転）〉では，「ううん」や「やや」に加えて，「痛い」が出現した。この「痛い」はやめてもらうことを意図しており，一般的な分類とは異なる使い方がされていた。また，「ママ」と呼びかける発話に以前あった状態に戻す意図が含まれており（リモコンを母親に取られて，自分の手元に戻す），同じ呼びかけであってもそのなかには様々な意味が含まれていた。

D児では，すべてのカテゴリにおいて，「あ」や「ん」,「え」によって，力動出来事的な状況を示すことがみられ，それは語が出現した後も続いた。

そのため，一度，語による表現がみられても，完全に語へと移行するわけではないと考えられた。また，「開ける」などひとつの力動出来事語のカテゴリだけでなく，いくつかのカテゴリにわたって使用されるものがあった。これは「開ける」という行為だけでなく，閉めることや，はずすことなど〈図と地〉すべてに適用されていた。このような発話は他にもあり，今後ことばがみられるにしたがい，それぞれの語へ変わることが示唆された。さらに，状況によっては語の意味が異なることもあり（例えば，「ジュース」の発話に，'ジュースちょうだい'の意味が含まれているなど），語をそのままの意味で捉えるだけではなく，力動出来事的意味に考慮する必要性が確認された。自らの行動に関しては，擬音語で表すことがあり，幼児語も出現した。これは，日本語の特徴からも考えられたように，こういった語が日本語においては力動力動出来事語に含まれるといえる。

2．E児の力動出来事的な状況における音声

　E児の〈経路・垂直的経路〉は，母親に抱っこしてほしいとき，1歳3か月6日では「あー」，1歳5か月23日には「うー」や「お，おー」がみられ，1歳6か月7日には「ママ」が出現した。これには'ママ抱っこ'の意味が含まれていると考えられた。1歳8か月には「抱っこ」がみられるようになり，より明確な力動出来事に対する発話が出現するようになった。E児も，D児と同様にさまざまなカテゴリにおいて，「あ」や「ん」などの発声が継続してみられた。これらは，母親とのやり取りを積み重ねていくなかで語としての力動出来事的な表現がみられると考えられた。'down'の状況では，「ちー」などの発声もみられたが，こけそうになったときに「おっと」の感嘆語が出現した。

　〈経路・直示的経路〉は，D児と同様に力動出来事語のカテゴリでもっとも出現を示した。E児の物の受け渡しの状況は，何か目的をもっての行動であった。例えば，びっくり箱をして遊びたくて「あっあっあー」や「これ」

などである。これらは,〈図と地・包含〉に分類される可能性も考えられ,今回は両方のカテゴリに分類した。物を要求する場面では,ほしい物の名称による表現がみられた。例えば,E児はみかんやたまごなどの丸いミニフードを「パン」と呼んでおり,ミニフードのみかんを探しながら「パンは」と発話した。また,「ほしーほしー」といった要求を示すことばによる表現がみられたが,「パンほしい」という発話まではみられなかった。これは,1語が事物の意味と力動的な意味両方を含んでいる（McCune, 2008）という特徴から,今後,2語発話が出現することによってみられるようになるだろう。〈経路・直示的経路〉では,行きたい方向を指さしながら「あっち」だけでなく,その方向にいる人の名前によって表現されることもみられた（「パパ」）。こういった,人の名前や場所の名前も,〈経路・直示的経路〉にみられると考えられた。その他,〈経路・直示的経路〉を表しているものとして,D児と同様に食べるふりをすることがみられた（「おいしー」）。また,ふりの擬音語がみられ,E児からも日本語における力動出来事語に擬音語が含まれることが示唆された。

　〈経路・目的終了〉では,完了したことに対して「よし」がみられた。これは,D児と同様に,完了したことを喜んでいる表現と考えられた。

　〈図と地・包含〉では,玩具を開けてほしくて,母親に玩具を渡すときに,発声や発話がみられた。E児では,'開ける'の状況において,最初の方は,「あ」や「え」の発声がみられていたが,「開けて」が出現するようになった。びっくり箱を開けてほしいときには,開けたときの状態を示す「ばー」がみられた。ほしいことを示す「ほしーしー」も出現した。これは,物がほしいときだけではなく,何かしらの要求を母親にするときのものと考えられた。'閉める'においても「開け」がみられ,D児と同様に開けるということだけではなく玩具操作全体に「開ける」が適用されていたと考えられ,取り出すときや入れるときにも「開けて」がみられた。お茶をカップにそそぐふりをしながら「ジャー」の擬音語や,「ブーン（虫）」と操作する物の名称（び

っくり箱のぬいぐるみのあおむしを示す）もみられた。こういった，ふりをするときの擬音語や操作する物の名称，あるいはしてほしい物の名称によって表現することは他のカテゴリでもみられた。

〈図と地・付着〉では，E児の行動に伴った擬音語がみられた。玩具の金槌で叩きながら「トントン」や「コンコン」である。擬音語は，同じ行動でもさまざまな表現がみられた。また，パズルのピースをはずすときに「ばー」が出現した。このように同じ表現が複数のカテゴリでみられても，それらは意味する力動出来事は異なることがあると示唆された。

〈移動出来事・閉塞〉は，中身がなくなっている状態に「ないない」がみられ，McCune（2008）のallgoneと共通すると考えられた。びっくり箱の遊びの場面では，「ばあ」や「うわー」と驚いた表現をすることがあり，これも英語と共通していた。

〈移動出来事・反復〉では，他のものと同様に，「あ」や「ん」に加えて，遊びの名称による表現がみられた（例えば，びっくり箱は虫の意味の「ブーン」で表す）。また，「開けて」によってツールボックスを再び開ける要求がみられた。これは〈図と地・包含〉と重複しており，今後，検討していく必要がある。

〈移動出来事・否定（反転）〉は，「あ」や「ん」の発声のみであった。しかしながら，他の表現と同様に徐々に語へと移行していくと考えられた。

E児の力動出来事的な状況における音声では，D児と同様にすべてのカテゴリで「あ」や「ん」，「え」といった発声が継続して出現した。こういった母音による発声は簡単であり，発声のみでも母親とのやり取りのなかで要求が伝わるため継続してみられていたと考えられた。今後このような音声は，継続して出現し続けるのか，あるいは語へと完全に置きかわっていくのかについて，継続してみていく必要がある。また，E児でも同じ発話が複数のカテゴリでみられた。特に「開ける」は，D児と同様に物を開けるときだけではなく，閉めるとき，さらには物を取り出すときや入れるときなどの複数の

力動出来事的な状況において出現した。これは，「開ける」という行動だけではなく，玩具を操作すること全体に適用されていたと考えられ，今後それぞれ別々の語へと分化していくことが示唆された。E児では，D児と比べても擬音語がみられ，それらは特にE児自身による行動に対するものであった。こういった擬音語も力動出来事語に含まれることが確認された。また，名称によって力動出来事について表現することがあった（例えば，「パン」といいながら，玩具を探すなど）。このような発話は，動詞や名詞といったこれまでのカテゴリでは分類できない，両方の意味を持ったものであったといえよう。

3．力動出来事的な側面における発声と発話の出現順序

力動出来事的な状況における発声および発話では，D児は1歳2か月0日に，〈経路・垂直的経路〉，〈経路・直示的経路〉，〈図と地・包含〉，〈図と地・付着〉，〈移動出来事・反復〉，〈移動出来事・否定（反転）〉が出現し，1歳5か月13日に〈移動出来事・閉塞〉，1歳6か月11日に〈経路・目的終了〉が出現した。発声と発話の両方を含んだ出現では，早い段階からほとんどのカテゴリで出現を示したが，〈移動出来事・閉塞〉と〈経路・目的終了〉は，他のカテゴリと比べて遅かった。

E児では，1歳2か月10日に〈経路・垂直的経路〉と〈経路・直示的経路〉が出現した。つぎに，1歳2か月22日に〈図と地・包含〉，〈図と地・付着〉，〈移動出来事・閉塞〉が出現し，1歳4か月4日に〈移動出来事・否定（反転）〉が，1歳5か月23日に〈移動出来事・反復〉，1歳6か月7日に〈経路・目的終了〉がみられた。発話だけでなく発声も含めると，今回の2例では，〈経路・垂直的経路〉，〈経路・直示的経路〉は早い段階から発声や発話がみられると考えられた。つぎに，〈図と地・包含〉，〈図と地・付着〉が出現することが示唆された。また，〈経路・目的終了〉の側面に対する表現は，他のカテゴリと比べて出現が遅いと考えられた。

力動出来事的な状況における発話では，D児は1歳2か月0日から〈経

路・直示的経路〉，〈移動出来事・反復〉，〈移動出来事・否定（反転）〉が出現した。そして，1歳4か月2日に〈図と地・包含〉，1歳4か月16日に〈経路・垂直的経路〉，1歳5か月4日に〈図と地・付着〉と〈移動出来事・閉塞〉がみられ，〈経路・目的終了〉は1歳6か月11日に出現した。一方で，E児では1歳2か月22日に〈経路・直示的経路〉，〈移動出来事・閉塞〉，〈移動出来事・反復〉が出現し，1歳3か月20日に〈経路・垂直的経路〉，〈図と地・包含〉，〈図と地・付着〉がみられた。〈経路・目的終了〉は1歳6か月7日に出現したが，〈移動出来事・否定（反転）〉は，対象とした期間に発話はみられなかった。

D児とE児の力動出来事的な状況における発話は，〈経路・直示的経路〉と〈移動出来事・反復〉は早期から出現することが示唆された。これらは，母親との直接的なやり取りのなかで生じやすいものと考えられた。反対に，〈図と地・付着〉と〈経路・目的終了〉の語は，比較的出現が遅かった。〈図と地・付着〉は，自分の行動に関する擬音語が出現しており，他のカテゴリでは母親に対する要求をするときに出現しているのに対して，自己の行動に関する発話であったためと考えられた。また，〈経路・目的終了〉も事例自身が喜ぶような表現だったため同様に遅い出現であったと考えられる。これらのことから，母親との直接的なやり取りのなかで力動出来事語が生じやすいことが考えられ，〈経路・直示的経路〉や〈移動出来事・反復〉が出現しやすいことが示唆された。特に，〈経路・直示的経路〉に関する発話は，他のカテゴリと比べても多く出現した。

4．力動出来事的な状況における音声の発達

力動出来事的な状況における音声の変化について図4-7から図4-26に示した。力動出来事的な状況における発声では，語とはまだいえない語以前の段階から語による表現へと移行し，さらに助詞を含む発話や2語発話へと変化していくことが示唆された。

〈経路・垂直的経路〉では，D児とE児に共通したものはみられなかった。D児では，物が倒れそうになったときに「落ちた」，抱っこしてもらいたいときに「ねんね」，物をのせるときに「ここ」，よじ登るときに「あった」がみられた。一方で，E児では倒れそうになったときに「おっと」，抱っこしてもらいたいときに「はい」，「よし」，「ママ」，「抱っこ」がみられた。また，垂直面において指示するときに天井を指さしながら「あっち」や指し示す先にあるもの（E児の場合は，虫が天井にとまっていた）の名称（「ブーン（虫の意味）」）がみられた。物を上に投げる際には，「ポイ」の擬音語が出現した。〈経路・垂直的経路〉では，2例に共通した発話はみられず，今後も継続してみていくことが必要である。

〈経路・直示的経路〉では，2例ともに物の受け渡し場面で「はい」が出現した。D児では「どうぞ」，「これ」，「ここ」が，E児では「ほしい」が物の受け渡し場面で出現した。これらは，日本語でも直示的な移動を表していると考えられた。物の受け渡しや要求では，物の名称によって表されることがあった。こういった場面における物の名称は，力動出来事的な意味を含んでいると考えられた。例えば，D児では物を取ってほしい場面において「ジュース」の語がみられたが，これには「ジュースちょうだい」や，「ジュースほしい」といった意味が含まれている。このことからも，日本語において発話された語をそのままの品詞に当てはめることは，力動出来事的側面を見落としてしまう可能性がある。また，E児では自分自身の移動の要求がみられ，その際に「あっち」がみられた。これは，McCune（2008）における'there'にあたる。同じ場面において行きたい場所にいる人の名前（E児では「パパ」）によって示すこともみられ，名称による表現に力動出来事的な意味が含まれていた。

〈経路・目的終了〉は，しようとしていることができたときに出現し，D児では「いえーい」，「できたー」が，E児では「よし」がみられた。これらは終了したことを示すだけでなく，できたことに対する感情を表す表現であ

第4章　力動出来事的な状況における音声の発達　99

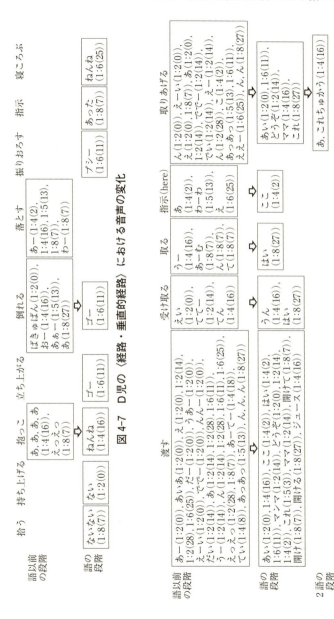

図 4-7　D児の〈経路・垂直的経路〉における音声の変化

図 4-8　D児の〈経路・直示的経路〉における音声の変化 1

	指示(there)	食べる	飲む	走らせる	歩く	取りあげる
語以前の段階	わ(1:4(2)), あ(1:4(16)), あーうー(1:4(16)), あーわー(1:4(16)), いー(1:4(16)), え(1:8(7))	やあ(1:2(0)), あーあ(1:6(11)), でたー(1:6(11)), んーん(1:6(11)), あーい(1:8(7)), はーあー(1:8(27))		たー(1:8(27))	うえー(1:2(0)), あ(1:5(13))	
	⇩	⇩		⇩		
語の段階	ジュース(1:4(16)), これ(1:8(7)), アンパ(1:8(27))	あむ(1:2(0), 1:8(7), 1:8(27)), あん(1:6(11)), まんまんまんまんまん(1:8(7)), まままま(1:8(7))		シュー(1:8(27))		ジュース(1:4(16))
2語の段階			ジュースごくごく(1:5(13))			

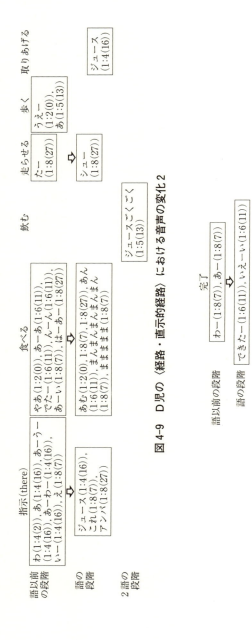

図 4-9　D児の〈経路・直示的経路〉における音声の変化 2

	完了
語以前の段階	わー(1:8(7)), あー(1:8(7))
	⇩
語の段階	できたー(1:6(11)), いえーい(1:6(11))

図 4-10　D児の〈経路・目的終了〉における音声の変化

第4章　力動出来事的な状況における音声の発達　　101

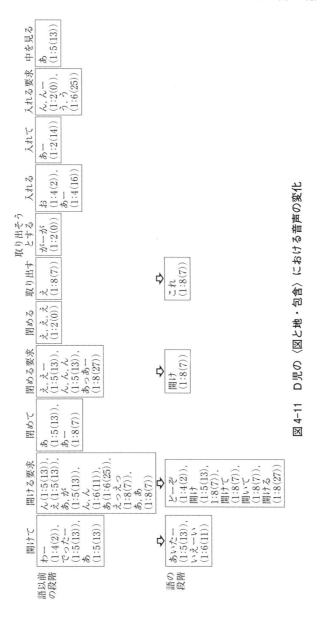

図4-11　D児の〈図と地・包含〉における音声の変化

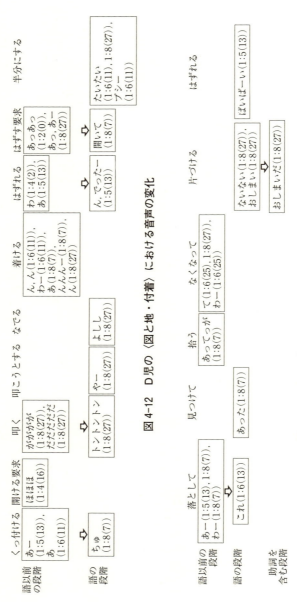

図4-12 D児の〈図と地・付着〉における音声の変化

図4-13 D児の〈移動出来事・閉塞〉における音声の変化

第 4 章 力動出来事的な状況における音声の発達　103

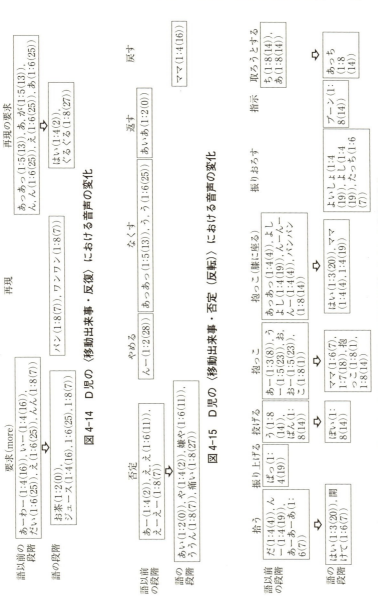

図 4-14 D児の〈移動出来事・反復〉における音声の変化

図 4-15 D児の〈移動出来事・否定（反転）〉における音声の変化

図 4-16 E児の〈経路・垂直的経路〉における音声の変化 1

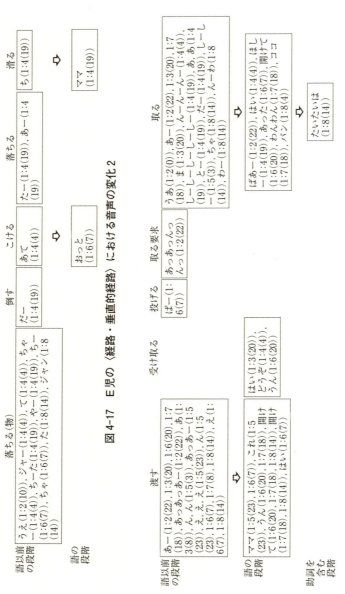

図 4-17 E児の〈経路・垂直的経路〉における音声の変化 2

図 4-18 E児の〈経路・直示的経路〉における音声の変化 1

第 4 章 力動出来事的な状況における音声の発達　105

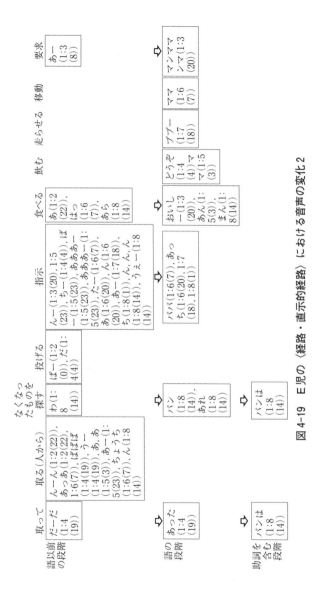

図 4-19　E 児の〈経路・直示的経路〉における音声の変化 2

	行為の完了
語以前の段階	
語の段階	よし(1:6(7), 1:8(1))

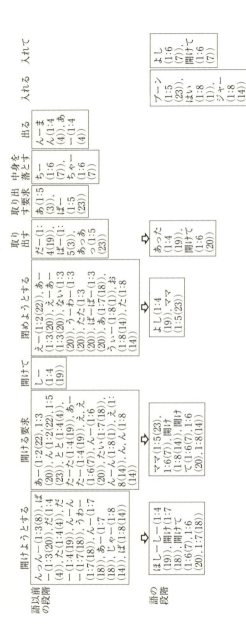

図 4-20　E 児の〈経路・目的終了〉における音声の変化

	開けようとする	開ける要求	開けて	閉めようとする	取り出す	取り出す要求	中身を落とす	出る	入れる	入れて
語以前の段階	んっんー(1:3(8)), ばー(1:3(20)), だ(1:4(4)), た(1:4(4)), だー(1:4(19)), んーんー(1:7(18)), うわー(1:7(18)), んー(1:7(18)), あー(1:7(18)), じゃー(1:8(14)), ば(1:8(14))	あー(1:2(22), 1:3(20)), ん(1:2(22), 1:5(23)), とと(1:4(4)), たーた(1:4(19)), あーたー(1:4(19)), え, え(1:6(7)), んー(1:6(20)), たい(1:7(18)), んーん(1:8(1)), え(1:8(14)), ん, ん(1:8(14))	しー(1:4(19))	えー(1:2(22)), あー(1:3(20)), えーあー(1:3(20)), ない(1:3(20)), うーわー(1:3(20)), たた(1:3(20)), ばーばー(1:3(20)), あ(1:7(18)), うぃー(1:8(1)), お(1:8(14)), た(1:8(14))	だー(1:4(19)), ばー(1:5(3)), あっあっ(1:5(23))	あ(1:5(3)), ぱー(1:5(23))	ちー(1:6(7)), ちゃー(1:6(7))	んーまん(1:4(4)), あー(1:4(4))		
	⇩	⇩		⇩	⇩					
語の段階	ほしーしー(1:4(19)), 開け(1:7(18)), 開けて(1:6(7), 1:6(20), 1:7(18))	ママ(1:5(23), 1:6(7)), 開け(1:8(14)), 開けて(1:6(7), 1:6(20), 1:8(14))		よし(1:4(19)), ママ(1:5(23))	あった(1:4(19)), 開けて(1:6(20))				ブーン(1:5(23)), はい(1:8(1)), ジャー(1:8(14))	よし(1:6(7)), 開けて(1:6(7))

図 4-21　E 児の〈図と地・包含〉における音声の変化

第4章　力動出来事的な状況における音声の発達　107

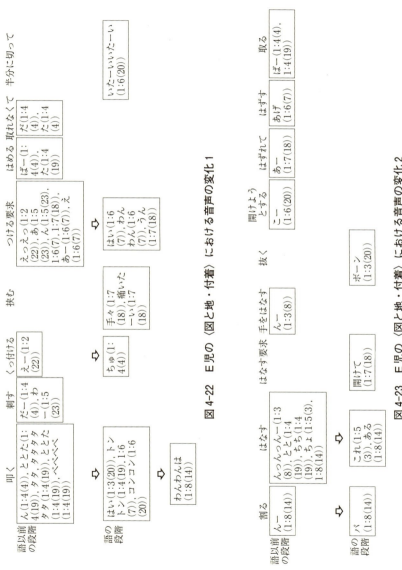

図4-22　E児の〈図と地・付着〉における音声の変化1

図4-23　E児の〈図と地・付着〉における音声の変化2

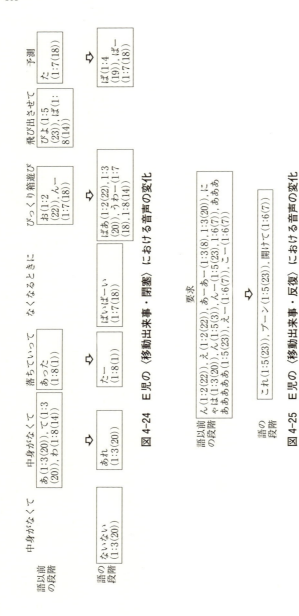

図 4-24　E児の〈移動出来事・閉塞〉における音声の変化

図 4-25　E児の〈移動出来事・反復〉における音声の変化

図 4-26　E児の〈移動出来事・否定（反転）〉における音声の変化

った。

〈図と地・包含〉では，容器の蓋を開け閉めするときや，その要求でみられた。例えば，開け閉めをしてほしいものを母親に差し出しながら要求を示した。そのなかでみられた表現は，〈経路・直示的経路〉と〈図と地・包含〉に明確には分類できなかったため，今回，両方のカテゴリに分類した。そのため，D児の「どうぞ」やE児の「ほしい」など，〈経路・直示的経路〉と共通するものがあった。同じ表現であっても，その状況によって日本語では分類されるカテゴリが異なると考えられた。D児，E児では〈図と地・包含〉において「開け」が共通してみられた。この「開け」は，容器の蓋を開けるときや開いたときだけでなく，D児では閉めたいときに，E児では容器を開けてその中に物を入れるときにみられた。つまり，容器の蓋を開け閉めすることに加えて，その中に物を入れるといったことも含む包含関係における表現と考えられ，この語は包含関係に関して子どもが言及する初期の語といえる。こういった場面における発話が今後どのように変化していくのかについては継続してみていく必要がある。D児では，容器の蓋を開けることに対して「でったー」，容器の蓋を閉めることに対しては「おしまい」，容器から物を取るときに「はい」がみられた。E児では，容器の蓋を開ける際に「ばあ」，蓋を開けたいときに「ほしい」や母親にそれを要求するために「ママ」と呼びかけることがみられ，閉めたいときにも「ママ」がみられた。また，容器に物を入れたいときには入れる物の名称で表現することがあった。物を入れたときに「よし」など〈経路・目的終了〉と，場面および分類が重複するものがあった。こういった重複するものに関しては，今後どのように発話場面が分化していくのかをみていく必要がある。玩具のポットでカップにそそぐふりをするときには，「ジャー」という擬音語や「はい」がみられた。日本語では複数のカテゴリにおいて重複する発話がみられると考えられた。

〈図と地・付着〉では，玩具の魚の口元と合わせる際に「ちゅ（擬音語）」

が共通してみられた。また，玩具と玩具を離す，またははがすときには「開けて」が共通した。玩具の金槌で叩くときには，「トントン」が出現した。D児では，玩具と玩具を離すときに「でったー」や離したものの名称の「たいたーい（魚）」，玩具の包丁を玩具に刺すときに「プシー」の擬音語がみられた。E児では，挟まったものが離れたときに「痛ーい痛ーい」と挟まったことに関する表現が出現した。これは，実際に挟まったときにもみられ，この場面では手が挟まったため，「手手」と挟まった箇所によって示された。これらは挟まったという事象を言及していると考えられ，力動出来事的な意味を含んでいると考えられた。また，叩く際には，「トントン」以外に「コンコン」といった擬音語がみられ，擬音語のさまざまなバリエーションがこのカテゴリに入ると考えられる。

〈移動出来事・閉塞〉では，D児は目の前になかったものが現れたときに「わー」，反対になくなったときにも「わー」や「えー」がみられた。びっくり箱からぬいぐるみが飛び出た際にも「わー」が出現した。片付けの際には，「ないない」の幼児語がみられた。E児でも「ないない」はみられたが，あったものがなくなったときに出現した。同様の場面で「はい」，「ばー」，「ばいばーい」，「わ」，「あれ」，「ない」がみられた。なかったものが現れた際には，「あった」が出現した。自分の行為に伴うものについては，語として（幼児語ではあるが）出現する一方で，何か閉塞の状況を目の当たりにした際は，母親に知らせることを意図した注意を引くようなものが出現したと考えられる。

〈移動出来事・反復〉では，物を再び要求する際，物の名称によって表現された。遊びの反復の要求においても，その遊びを表す名称，あるいは擬音語がみられた（例えば，D児では「ばいばーい」，「ぐるぐる」でびっくり箱を元の状態に戻すこと，あるいはびっくり箱をして遊ぶことを表し，E児では虫を意味する「ブーン」でびっくり箱をすることを要求した）。これらのように，〈移動出来事・反復〉や〈経路・直示的経路〉における物の要求などの，何かを母親に

要求するときは，物の名称によって力動出来事的な状況を示していると考えられた。また，要求をしていることを母親に伝える注意を引くような発声や発話がみられた。こういった注意を引く表現は，D児では「ねーねー」の呼びかけによって出現した。名称や擬音語による表現は，今後継続してみていくことで，これらの語がどのようなことばに変わっていくのか検討できると考えられる。

〈移動出来事・否定〉は，D児では，首を振ることや「あい（「はい」の音韻未熟)」とともに物を返す行為によって表現された。また，母親にくすぐりをやめてほしいときに「や」がみられた。同じ場面で「痛い」によってやめてほしいことを知らせることもあった。〈移動出来事・否定〉は，首を振ることや逃げること，手を払いのけるなどの行動を伴って出現した。この「痛い」には，「痛い」ということでやめてもらえるというD児の考えがあったと思われる。母親が出したものをしまってほしいときには，「ばいばーい」がみられた。この〈移動出来事・否定（反転）〉のカテゴリは，今ある状況とは反対の状況を望むことや元に戻すという意味合いも含む（McCune, 2008)ため，否定的な語「嫌」や「ううん」だけでなく，「ばいばーい」もみられたと考えられた。E児では，〈移動出来事・否定（反転）〉は「あー」がみられた。

両事例において力動出来事的な状況では，始めは「あ」や「ん」といった発声が中心であった。これらの表現は，簡単な母音による表現でありながらも，母親へ要求が伝わるものであったと考えられる。そして，ことばになる以前からこういった力動出来事的な状況に関して子どもは発声によって表現していることが示唆された。このような表現は，力動出来事的な状況において発話がみられた後も出現した。しかしながら，「あ」や「ん」といった発声を中心としていたものが，今後，語彙の増加や母子とのやり取りを通してそれぞれ別々の語へと分化していくものと考えられる。また，「しー」と発声していたものが，同じ状況において「ほしー」の語へと変化することや

「こ」が「抱っこ」の語へと変化することがみられた。このように，発声のなかには，語の一部であるものがある。それらの発声が母親とのやり取りを通して，語へと移行していくこともみられるだろう。語が出現したものに関しても，同じ語が複数のカテゴリにおける状況で使用されていた。例えば，「開ける」は，2例に共通して出現しており，〈図と地・包含〉の面だけでなく，玩具を中に入れる〈図と地・付着〉の場面などの複数のカテゴリにおいて出現した。そのため，'開ける'といった力動出来事的な状況だけでなく，玩具を操作すること全体に使用されていたと考えられ，今後は別の語へとそれぞれ変化していくことが示唆された。このように，同じ語が複数の場面において使用されることは，動詞は適切なものをマップすることが難しい(Imai, Haryu & Okada, 2005)ことからも，複数の力動出来事語のカテゴリにおいてみられることや，間違った使い方がされたといえる。しかしながら，このような誤用と考えられる使用も，語彙の増加に従い減っていくと考えられる。

　今回，対象とした期間の力動出来事的な状況において出現した語(表4-17)が，日本語における力動出来事語と考えられた。これらの結果は，本研究における2例の個人差や家庭環境などについて考慮に入れる必要はあるが，〈経路・直示的経路〉における「どうぞ」や〈図と地・包含〉の「開けて」など，McCune (2008)での力動出来事語と共通した表現もあった。さらに，McCune (2008)と共通したものに加え，日本の子どもの表出語彙の特徴としてあげられているような幼児語や動作名詞(小椋，1999)もみられた。特に擬音語による表現が多く，事例自身の行動やふりをする際に出現していた。このような動作に対する擬音語は，力動出来事的な意味を含んでおり，力動出来事語に含まれると考えられる。しかしながら，その擬音語は事例によって多様であり，さらに動作によって複数あげられるためすべてをあげることは難しい。また，物の名称(あるいは人の名前)によって力動出来事を示すことがいくつかみられた。例えば，「ジュース」で'ジュースちょ

うだい'を意味する場面や「ママ」で'ママそれちょうだい'を意味する場面などがあり，これらの名称による発話には力動出来事的な意味が含まれているといえよう。こういった物の名称も場面によって多様にありうるため，すべてをあげることはできない。名称による力動出来事を示すことは，名詞が動詞に比べて獲得しやすい（小椋，2007）ことからも，力動出来事を表す際にも使用しやすいということが示唆された。そして，擬音語と同様に，力動出来事的な側面において発話された名称には力動出来事的な意味が含まれているといえるだろう。今回，力動出来事的な状況における発話を分類する際に，複数のカテゴリにあてはまるものがあった。今回は，2つのカテゴリにあてはまるものとして両方のカテゴリに重複して分類した。この点に関しては，今後検討していく必要がある。

　力動出来事的な状況における発話と発声を両方含んだものと，発話のみでは，出現する順序が異なった。しかしながら，2例で〈経路・直示的経路〉と〈移動出来事・反復〉の発話が他のカテゴリよりも早く出現し，〈移動出来事・閉塞〉と〈経路・目的終了〉が遅く出現する共通した部分があった。これらのことから，事例自身の目の前で移動が生じること，事例が母親へ要求することに関わる語は比較的早期から出現し，反対に，移動した状態について言及するものは出現に時間がかかると考えられた。本研究の2例の結果だが，日本語における力動出来事語の発達の特徴であることが示唆された。

　本研究では，玩具を用意したうえで母子の自由遊び場面を対象とした。そのため，2例の普段の生活の様子，ことばすべてについては捉えきれていない部分があるだろう。また，事例によっては観察状況に対する慣れなども影響している可能性があった。しかしながら，同じ状況においてどのような変化があったのかについて検討するには有用であったと考える。今回用意した玩具については，力動出来事的な状況が予想されるものと，子どもにとってなじみのあるものとして Herr-Israel & McCune（2006），McCune（1995，2008）を参考に選んだ。特に，2例でミニフード，ツールボックス，びっく

り箱，玩具の財布とお金に対する興味が高かった。これらには，渡す，開ける，閉める，要求するといった力動出来事的な状況がみられ，力動出来事語の出現について検討するために，適していたと考えられた。しかし，先に述べたように本研究では，事例の生活全体を捉えられているとはいえないため，今後母親の観察記録の導入や日常生活場面での観察等を検討していきたい。

今回は，1歳2か月から1歳8か月の間であり，まだ語彙の産出も少ない時期であり，力動出来事的な状況における発話では，擬音語や幼児語を含むものや，複数のカテゴリにおいて重複するものがみられた。また，喃語による発声が多く含まれており，日本語による力動出来事語を分類していくには，今後も継続して検討していく必要があるといえる。力動出来事語は2語発話期において動詞へと移行していくことが指摘されている（McCune, 2008）。そのため，日本語では動詞への移行がみられるのかについても今後，検討していく必要がある。

第5章　日本語における力動出来事語の発達

第1節　目的

　本章では，定型発達の子ども2例の縦断的資料をもとに，日本語における力動出来事語の発達について明らかにすることを目的とする。力動出来事語は，2語発話出現期に動詞へと移行することが指摘されている（McCune, 2008）。そこで今回は特に，MLUの段階I初期から後期への移行期に着目し，1歳9か月から2歳にある子どもを対象に，まだ文法的ではない2語発話が出現し始める時期の力動出来事語について検討する。

第2節　方法

1．研究協力者

　研究協力者は，生後1歳9か月の子ども2例（男児1例：E児，女児1例：D児）とその20代の母親である。研究協力者の家族構成および，乳児期の発達の様子は第4章の通りである。母親には，事前に本研究がことばの発達に関するものであることを説明し，了承を得た。詳しくは，第4章に示した。

　D児の1歳10か月15日時の新版K式発達検査2001の結果は，P-M：2歳0か月，C-A：1歳11か月，L-S：1歳11か月，全領域1歳11か月，DQ：102であった。

　E児の1歳9か月12日時に実施した新版K式発達検査2001の結果は，P-M：2歳3か月，C-A：1歳7か月，L-S，1歳11か月，全領域：1歳9か

月，DQ：97であった。また，2歳0か月6日に実施した結果では，P-M：2歳3か月，C-A：1歳11か月，L-S：1歳11か月，全領域：2歳0か月，DQ：98であった。このとき実施したKIDSの結果は，運動：2歳4か月，操作：2歳6か月，言語理解：2歳0か月，表出言語：2歳4か月，概念：2歳6か月，対子ども社会性：2歳4か月，対成人社会性：2歳4か月，しつけ：2歳4か月，食事：2歳6か月であった。

2．観察期間

それぞれの子どもの生後1歳2か月から2歳までの間（D児：20XX年X月12日～20XX＋1年X月15日，E児：20XX年X＋3月26日～20XX＋1年X＋1月22日），原則として月2回観察を行った。本研究において対象としたのは，1歳9か月から2歳までである（D児：20XX年X＋7月23日～20XX＋1年X月15日，E児：20XX＋1年X＋10月16日～20XX＋1年X＋1月22日）。D児に関しては，D児の病気，あるいは母親の都合により4回，E児は8回のセッションが対象となっている。

3．手続き

研究協力のための訪問は，原則として月2回，2週間に1度のペースで行い，D児は母親の実家（毎週末実家に訪問している）に，E児は家庭に観察者（筆者・女性）が訪問し，遊んでいる様子をビデオカメラによって30分間撮影を行った。1回当たりの訪問時間は約1時間から1時間30分であった。ビデオは，家に訪問し，玩具とビデオカメラの用意ができ，子どもが落ち着いたところで撮影を開始した。ビデオカメラ及び，観察者は部屋の隅に位置した。部屋は，D児は6畳程度，E児は8畳程度の居間で行った。録画は，研究協力者が部屋を離れたり，母親が電話に出たり，誰かが部屋に入ってきた際は，一時的に中断した。

遊びは，母子が座った状態で玩具を提示し，観察者が録画を開始した。玩

具は第4章に示した通りである。

撮影は，母子から1.5m程度の距離をとり，子どもの体が画面全体に写るように行った。観察者は部屋の端に座り，母子が働きかけてきた際は不自然でないように最小限の応対を行った。

D児には生後1歳10か月時に，E児には生後1歳9か月時と2歳0か月時に新版K式発達検査2001を行った。また，E児ではKIDSも2歳0か月時に実施した。

4．発話分析

発話は，VTRをもとに各事例の発話場面および発話内容についてトランスクリプトを作成した。

トランスクリプトをもとに，MLU，力動出来事的な状況における発話，1語発話，2語発話，多語発話に着目し，分析を行った。分析の際，不明瞭な発話，無意味発声，模倣は分析から外した。模倣については，親の発話のすぐ後に続いて発話された場合，模倣として捉えた。

研究協力者が部屋の外へ出たり，母親が電話に出たりしている場面は，分析から外した。

力動出来事語は，McCune（2008）を参考に，自発的な語，現実または潜在的な状況について言及する発話を分析の対象とし，対象や人，出来事の変化について言及する発話を協議して分類した。分類のカテゴリは，第4章に示した通りである。分類は，協議しながら行った。

第3節　結果

1．MLU

今回対象とした期間におけるD児のMLUは，1.38～1.49の間にあり，

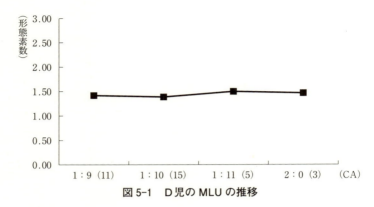

図 5-1　D児のMLUの推移

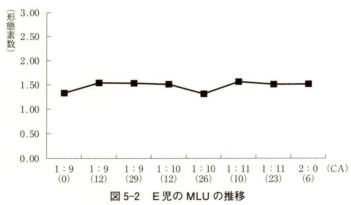

図 5-2　E児のMLUの推移

Brown (1973) のMLUの段階の段階Ⅰ初期であった（図5-1）。

　E児のMLUは，1.31〜1.56の間にあった。E児はBrown (1973) の段階では，段階Ⅰ初期から後期の間にあった（図5-2）。

2．発話数

　各セッションにおける1語発話数，2語発話数，多語発話数の推移について，それぞれ図5-3，図5-4に示す。

　D児では，初回である1歳9か月11日では96の発話が出現し，そのうち2

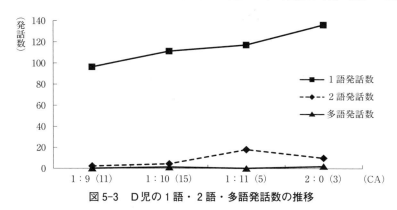

図 5-3　D児の1語・2語・多語発話数の推移

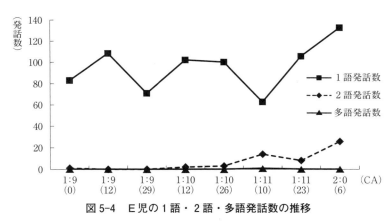

図 5-4　E児の1語・2語・多語発話数の推移

語発話は2であった。このとき，総発話数にしめる1語発話は97％，2語発話は2％であった。また，1歳10か月15日と最後のセッションである2歳0か月3日では，多語発話が出現した。このとき，総発話数にしめる1語発話は91％，2語発話は8％であった。

　E児では，初回の1歳9か月0日には84の発話が出現し，そのうち2語発話は1のみだった。E児において多語発話が出現したのは，1歳11か月10日のみだった。このときの2語発話は，78の発話のうち，14であった。最後の

セッションである2歳0か月6日では，159の発話のうち1語発話が133，2語発話は26であった。このとき，総発話数にしめる1語発話数は84％，2語発話は16％だった。

2例とも2語発話が出現し，多語発話がみられ始めた時期にあった。

3．語彙

各セッションにおける語彙数，および新出語彙数について，それぞれ図5-5，図5-6に示す。D児では，初回である1歳9か月11日では25語の異

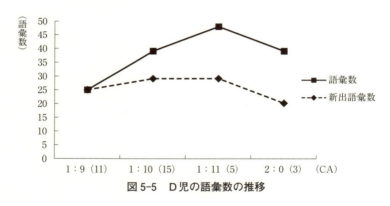

図5-5　D児の語彙数の推移

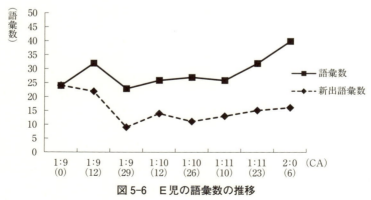

図5-6　E児の語彙数の推移

なりの語彙が出現した。その後のセッションでも20語以上の異なりの新出語彙を示し，対象とした期間内に語彙の増加がみられた。D児では，対象とした期間内に，103語の異なりの語彙が出現した。

E児では，初回の1歳9か月0日では，24語の異なり語彙が出現した。その後のセッションでは，毎回9語以上の異なり語彙が出現していた。最後のセッションである2歳0か月6日では，40語の異なり語彙の出現を示した。対象とした期間内にE児では，124語の異なりの語彙がみられた。

4．力動出来事語

それぞれの力動出来事語のカテゴリにおける発話と，その文脈について表に示す（D児：表5-1から表5-8，E児：表5-9から表5-16）。

4－1．D児の力動出来事語

D児の〈経路・垂直的経路〉では，玩具のコインが落ちた際に，「あ，落ちたね」がみられた（1歳11か月5日）。また，落ちたことに対して「わ，びっくりした」も出現した（2歳0か月3日）。ここでは，「びっくり」+「した」となっており，2語によって表されるようになっていた。

〈経路・直示的経路〉は，食べるふりの音（1歳9か月11日:「あーん」,「あむ」,「まんまんまん」，1歳10か月15日，2歳0か月3日:「あむ」）や玩具の車を走らせるふりの音（1歳9か月11日:「プップー」,「ピピピピ」，1歳10か月15日「プープープー」）が出現した。玩具を渡すときには，「はい」（1歳10か月15日，1歳11か月5日，2歳0か月3日）や「はい」の音韻未熟の「あい」（1歳10か月15日），「これ」，（1歳10か月15日），「はいどうぞ」（1歳10か月15日，1歳11か月5日）がみられた。1歳10か月15日では，絵本を見ながら「見て」が出現した。2歳0か月3日では，玩具を渡しながら遊びを要求する「する」と，ミニフードの魚を飛ばせるふりをしながら「お魚とんでいけー」がみられた。

〈経路・目的終了〉は，「できた」の意味の「でった」が1歳9か月11日に

表 5-1　D児の垂直的経路場面の発話

McCune(2008)の分類	玩具・遊び	文脈	CA	発話
down	財布とコイン	コインが落ちて	1:11 (5)	あ, 落ちた あ, 落ちたね
	ポット	ポットの蓋が落ちて	2:0 (3)	わ, びっくりし わ, びっくりした

表 5-2　D児の直示的経路場面の発話

McCune(2008)の分類	玩具・遊び	文脈	CA	発話
here/thanks	ミニフード	スプーンをMo.に渡そうとしながら	1:10 (15) 2:0 (3)	あい あい, どうぞ はい
		Mo.にミニフードのトウモロコシを差し出しながら	1:11 (5)	はいどうぞ はい
		ミニフードのいちごをMo.に差し出しながら	1:11 (5) 2:0 (3)	はい はい
		Mo.にポットを渡そうとしながら	2:0 (3)	する はい
		半分にしたミニフードの魚の尻尾の方をMo.に渡しながら	2:0 (3)	はい
		Mo.にミニフードの豆を差し出しながら	2:0 (3)	あい はい
	びっくり箱	Mo.の膝の上にびっくり箱をのせて	1:10 (15)	はい
	財布	玩具のお札をMo.に渡しながら	1:10 (15) 1:11 (5)	あい はい はいどうぞ はい
		玩具の財布をMo.に渡しながら	1:10 (15)	あい
		Mo.に玩具のコインを渡しながら	1:11 (5)	はい
	ガラガラ	ガラガラをMo.に渡しながら	2:0 (3)	はい

第5章　日本語における力動出来事語の発達　　123

mine	ミニフード	ミニフードを返してもらおうと手を伸ばしながら	2:0 (3)	はい
		ミニフードの豆を返してもらおうと手を伸ばしながら	2:0 (3)	はい
	財布	Mo. が持っている玩具のお札を取りながら	1:10 (15)	あい
		Mo. が持っている玩具の財布を取ろうとしながら	1:10 (15)	はい
eat	ミニフード	ミニフードのいちごを食べるふりをして	1:9 (11) 2:0 (3)	あーん あむ
		ミニフードのバナナを食べるふりをしながら	1:9 (11) 1:10 (15)	まんまんまん あむ
		ミニフードのぶどうを食べるふり	1:9 (11)	あーむ
		ミニフードのりんごを食べるふり	1:9 (11)	あーむ あむあむあむあむ
		ミニフードの魚を食べるふりをして	2:0 (3)	あむ
		ミニフードの豆を食べるふりをして	2:0 (3)	あむ
		スプーンで食べるふりをして	2:0 (3)	あむ
drink	哺乳瓶	玩具の哺乳瓶を飲むふりをして	1:9 (11)	あー，おいちー
feed	ミニフード	ミニフードのドーナツを Mo. に向けて食べるふりをさせようとしながら	1:9 (11)	あーん
		Mo. にミニフードのバナナを差し出しながら（食べるふりをしてもらおうとして）	1:10 (15)	あむ
go	ミニフード	ミニフードの魚を右から左に飛ばせるようにして	2:0 (3)	お魚とんでいけー
	アイロン	玩具のアイロンを動かしながら	1:9 (11) 1:10 (15)	プープープープー プープープープー
	トラック	トラックを動かし走らせながら	1:9 (11)	プップーしよ プップー プッププップー プップープ

表 5-2 続き

McCune(2008)の分類	玩具・遊び	文脈	CA	発話
	ミニカー	ミニカーを走らせながら	1:9(11)	ブー ブップー
			1:10(15)	ブップー ブープープー
		郵便トラックのミニカーを走らせながら	1:9(11)	ブブブブ ピピピピ
look		絵本を見ながら	1:10(15)	見て

表 5-3 D児の目的終了場面の発話

McCune(2008)の分類	玩具・遊び	文脈	CA	発話
there/here	ミニフード	ミニフードのぶどうをお皿の上にのせて	1:9(11)	よし
		お皿の上にのせたミニフードのいちごを見ながら	1:9(11)	あったー
		入れ子に玩具の哺乳瓶からそそぐふりをした後、哺乳瓶を玩具入れにしまって	1:9(11)	よし
		カップにポットからそそぐふりをした後に	1:9(11)	よし
		茶碗の蓋を閉めて	1:10(15)	できた
	入れ子	入れ子を重ねることができて	1:9(11)	よし
	財布	玩具のカードの上にコインを置いて喜びながら	1:9(11)	でったー（できた） でったでった（できた） でった（できた） でったでったでった（できた）
	くし	くしでといた後に	1:9(11) 1:9(11)	よし よししし

表 5-4　D児の包含場面の発話

McCune (2008)の分類	玩具・遊び	文脈	CA	発話
open	ミニフード	ミニフードの入れ物を開けてほしくて	1:9 (11)	開け，あ，開け 開けて
			1:10 (15)	開ける
			1:11 (5)	開ける
			2:0 (3)	開ける開ける
		蓋を閉めた茶碗が開かなくなって Mo. に持って行きながら	1:10 (15)	開け
	ツールボックス	玩具のツールボックスを開けてほしくて	1:10 (15)	開け開け 開ける
			1:11 (5)	開ける 開いてる
			2:0 (3)	開ける
	びっくり箱	びっくり箱を開けてほしくて	1:10 (15)	開ける 開け
			1:11 (5)	お，しょー
	財布	お財布を開けてほしくて	1:9 (11)	あ，あ，開けて 開けあー 開けー
			1:10 (15)	これ開ける 開け 開ける
			1:11 (5)	開けてくー 開けてくれ
	ガラガラ	ガラガラを開けてほしくて	2:0 (3)	開ける 開ける開ける
closed	ミニフード	ミニフードの入れ物の蓋を閉めながら	2:0 (3)	ないない
		ポットの蓋をしてほしくて	2:0 (3)	これする
		ポットの蓋を閉めることができて	2:0 (3)	できた
		茶碗の蓋を閉めようとしながら	1:10 (15)	開け
	ツールボックス	ツールボックスの蓋を閉めながら	1:11 (5)	開ける
	財布	開いた財布を見ながら	1:11 (5)	開けてく

表 5-4 続き

McCune (2008)の分類	玩具・遊び	文脈	CA	発話
out	財布	玩具の財布からお札を取ろうとしながら	1：10（15） 2：0（3）	開けた わーお
	財布	玩具のコインを財布から見つけて	1：11（5）	出ておいでー 出てくるね
in	財布	玩具のお札を財布に入れようとして	1：10（15）	開ける
	財布	玩具の財布を Mo. に渡してお札を入れてもらおうとして	1：10（15）	開けて

表 5-5　D児の付着場面の発話

McCune (2008)の分類	玩具・遊び	文脈	CA	発話
stuck/fitted	ミニフード	ミニフードのバナナを手に刺しながら	1：10（15）	ちく
	ツールボックス	玩具の金槌で打つふりをしながら	1：10（15）	トトト
		たまごを玩具の金槌で打っていて手にあたって	1：11（5）	あー痛かった
		玩具の金槌でたまごを叩きながら	1：11（5）	コンコンコンコンコン
	びっくり箱	びっくり箱を回すふりをしながら	1：10（15）	持ってー
	財布	財布から取り出したカードとお札を床に置きながら	2：0（3）	はい
	入れ子	入れ子のカップを重ねようとしながら	1：9（11）	よし
		入れ子のカップを Mo. に重ねてもらおうとして	1：9（11）	これはこれ これ これこれこれー これこれこれこれ
	パズル	パズルを触りながら	1：11（5）	出ておいでー 開ける
	絵本	本を開こうとしながら	1：10（15）	開けて

unstuck (invented)	入れ子	重ねた入れ子からひとつ取り出そうとして	1:9 (11)	開けてーす
	絵本	本のカバーがはずれてしまってつけてほしくて Mo. 見ながら	1:10 (15)	開ける
	人形	女の子の人形を指さしながら靴下が脱げていることを Mo. に伝えて	1:11 (5)	靴下脱げ

表 5-6　D児の閉塞場面の発話

McCune (2008) の分類	玩具・遊び	文脈	CA	発話
allgone	その他	ジュースを全部飲んで	2:0 (3)	ピカピカ
bye'	びっくり箱	Mo. がびっくり箱を閉めるのを見ながら	2:0 (3)	ばいばーい
peekaboo	びっくり箱	びっくり箱を Mo. が回していると飛び出てくることを予測して	2:0 (3)	怖いね やだ びっくりした
		飛び出してきたびっくり箱を見て	2:0 (3)	わーお 出たー あおむし ちょうちょ

表 5-7　D児の反復場面の発話

McCune (2008) の分類	玩具・遊び	文脈	CA	発話
more	ミニフード	カップを Mo. から取ろうとしながら Mo. に聞く	2:0 (3)	おかわり
again	びっくり箱	びっくり箱をしてほしくて	1:11 (5) 2:0 (3)	もっかい これす はい
	その他	〈もういい？〉と Mo. が音楽を止めようとすると	1:11 (5)	もっかいして
		おむつを再び替えてほしくて	2:0 (3)	おむつ 替える このする

表 5-7 続き

McCune（2008）の分類	玩具・遊び	文脈	CA	発話
				うんこした おむつ替えていい
		Mo. がおむつを取り替えようとしてくれて	2：0（3）	おむつあったー

表 5-8　D児の否定（反転）場面の発話

McCune（2008）の分類	玩具・遊び	文脈	CA	発話
no	びっくり箱	Mo. がびっくり箱をしていると Mo. に向かって	1：11（5） 2：0（3）	やだ やだ やーだ
		びっくり箱をやってごらんと言われて	2：0（3）	やだ
	財布	Mo. がコインを〈入れて〉と玩具のお財布を出すと断って	1：9（11）	やーだ
		Mo. が玩具の財布を渡そうとすると	1：10（15）	やだ
		〈入れるの？〉とMo. が聞いて財布をD児から取ろうとすると	1：10（15）	やだ
	その他	Mo. が服のフードをかぶせようとすると	2：0（3）	やだ
		Mo. がD児の髪を結ぼうとしていると	2：0（3）	やだ やーだ

出現した。また，「よし」や「あったー」もみられた。1歳10か月15日には，「でったー」ではなく，「できた」が出現した。

〈図と地・包含〉は，「開け」，「開けて」，「開ける」が主にみられた。1歳9か月11日では玩具を提示しながら「開けて」と「開け」が出現した。1歳10か月15日では，「開け」と「開ける」，「開けて」，「開けた」，「これ開ける」がみられた。これらはすべて玩具を開けてほしいときに出現した。1歳11か

月5日では，「開ける」，「開いてる」，「開けてくれ」，「お，しよー」，「出ておいでー」，「出てくるね」が出現した。「開ける」は閉める場面でも出現した。「出ておいでー」は，玩具の財布から中身を取り出したいときにみられた。その他の「開ける」は，玩具を開ける要求において出現した。

〈図と地・付着〉は，1歳9か月11日に，入れ子のカップを重ねようとしながら「よし」，入れ子のカップが重ねられなくてそれを要求しながら「これはこれ」や「これ」が出現した。また，重ねた入れ子をはずそうとしながら「開けてーす」，「開けたーす」がみられた。1歳10か月15日では，「開けて」が絵本を開こうとするときに発話された。絵本のカバーがはずれて，それをつけてほしいという意味でも「開ける」が出現した。さらに，びっくり箱のオルゴールを回すふりをしながら「持ってー」やバナナを手に刺すふりをしながら擬音語の「ちく」，玩具の金槌で打つふりをしながら「トトト」の擬音語が出現した。1歳11か月5日では「開ける」がパズルのピースを持ちながら発話された。パズルを触りながら「出ておいでー」もみられた。玩具の金槌でミニフードのたまごを叩きながら「コンコンコンコンコン」も出現した。玩具の金槌が手にあたって「あー痛かった」もみられた。女の子の人形の靴下が脱げていることを「くした脱げ」と母親に知らせることがあった。2歳0か月3日では，玩具のカードを置きながら「はい」が出現した。

〈移動出来事・閉塞〉は，2歳0か月3日にびっくり箱の遊びでみられた。びっくり箱からぬいぐるみが飛び出してくることを予想して「怖いね」，「びっくりした」，「やだ」がみられた。また，びっくり箱を見ながら「わーお」，「ちょうちょ」，「あおむし」，「出たー」が出現した。びっくり箱を閉める場面ではびっくり箱に向かって「ばいばーい」がみられた。ジュースを飲み切ったときには，「ピカピカ」と母親に知らせることがあった。

〈移動出来事・反復〉では，1歳11か月5日にびっくり箱をしてほしいときに「もっかい」が出現した。2歳0か月3日では，同じ場面で「これす」と母親にびっくり箱を渡しながら「はい」がみられた。母親が流していた音

楽をもう一度かけてほしいときにも「もっかいして」が出現した。カップにポットからお茶をそそぐ遊びでは、「おかわり」が発話された。おむつを替えてもらった後に、再びおむつを替えてほしくなって「うんこした」、「おむつ替えていい」、「おむつ」、「おむつあったー」、「このする」、「替える」が出現した。

〈移動出来事・否定（反転）〉では、「やだ」がすべてのセッションでみられた。これは、母親からの提案や母親の行動に対して発話された。

4－2．E児の力動出来事語

E児の〈経路・垂直的経路〉では、1歳9か月0日にくまのぬいぐるみを抱っこしようとしながら「ワンワン」、「抱っこ」が出現した。1歳9か月12日では、飛んで行ったミニフードを拾いながら「はい」や、入れ子を高く重ねて「高い」が出現した。1歳10か月26日では、玩具のコインやお札を物の上に置きながら「はい」や「これ」、そして置く音としての「ぴ」が出現した。1歳11か月23日では、玩具のお金が落ちて「落ちた」がみられた。

〈経路・直示的経路〉では、1歳9か月0日に母親に玩具を取ってほしくて「ママ」や取ろうとしている物の名称「ブブ」、「ジュース」が出現した。ほしいものがあるときには、「ほしー」がみられた。1歳9か月12日では、母親の持つ玩具がほしいとき「ほしい」や「貸して」、「はい」が出現した。「貸して」と「はい」は、玩具を渡すときにもみられた。また、投げるふりの音の「ポン」や食べるふりの「あん」が出現した。1歳9か月29日には、食べるふりの「あん」と、玩具を取ろうとしながら「これ」が発話された。1歳10か月12日は、母親の持つ玩具がほしいときや、物を投げた後に「取って」、母親に渡そうとしながら「ママ」、玩具を持ちながら「あった」がみられた。1歳10か月26日は、食べるふりの音「まん」や、ほしいものを指さして「取って」、物を渡す際に「はい」、そして物を指し示して「ここ」や「あっち」が出現した。1歳11か月10日は、ほしいものに手を伸ばして「ほし

第 5 章　日本語における力動出来事語の発達　131

表 5-9　E 児の垂直的経路場面の発話

McCune (2008) の分類	玩具・遊び	文脈	CA	発話
up	ミニフード	飛んで行ったぶどうを拾いながら	1:9 (12)	はい
	財布	玩具のコインをトレーにのせながら	1:10 (26)	はい
		玩具のお札をトラックの上に置きながら	1:10 (26)	ぴ これ
		玩具のコインをトラックの上に置きながら	1:10 (26)	ぴ
	入れ子	入れ子を高く重ねて指をさしながら	1:9 (12)	高い
	その他	くまのリュックを抱っこしようとして	1:9 (0)	ワンワン 抱っこ
down		お金を取ろうとして落として	1:11 (23)	落ちた

表 5-10　E 児の直示的経路場面の発話

McCune (2008) の分類	玩具・遊び	文脈	CA	発話
here/thanks	ミニフード	ミニフードのホットドッグを Mo. に差し出しながら	1:10 (26)	はい
		ミニフードのパンを Mo. に渡しながら	2:0 (6)	はいどうぞ
		スプーンを観察者に渡そうとしながら	1:10 (26)	はい
	ツールボックス	Mo. に玩具の金槌を渡しながら	1:9 (12)	貸して
		Mo. に玩具のペンチを渡そうとしながら	1:9 (12)	はい
		玩具の金槌を受け取りながら	1:9 (12)	はい
	サングラス	サングラスを Mo. の方に差し出しながら	1:10 (12)	ママ
	財布	玩具のカードを渡そうとしながら	1:10 (26) 2:0 (6)	はい はいどうぞ

表 5-10　続き

McCune (2008)の分類	玩具・遊び	文脈	CA	発話
				はーい
		玩具のお札を渡そうとしながら	1：10（26） 2：0（6）	はい はいどうぞ はい
		玩具のコインを渡そうとしながら	1：10（26） 2：0（6）	はい はい どうぞ はいどうぞ
		玩具の財布の中にコインがあることを Mo. に伝える	1：10（26）	ここ
mine	ミニフード	Mo. からミニフードのたまごを取ろうとしながら	1：9（12）	ほしい
		Mo. の持つミニフードの魚がほしくて	1：9（12）	ほしい
		Mo. からミニフードのドーナツを取ろうとしながら	1：10（12）	取って
		Mo. が持っているミニフードのパンを取ろうとしながら	1：11（23）	あった
		ミニフードのジュースがほしくて	1：9（0）	ジュース ほしい
		ミニフードのきゅうりを取ろうとしながら	1：11（23）	あった
		ミニフードの入れ物を見つけて自分の方に持って行きながら	1：11（23）	こっち
		ミニフードのホットドッグを取りながら	2：0（6）	はい
		ミニフードのチョコを取ろうとしながら	2：0（6）	チョコ これ
		ミニフードのきゅうりを取ってほしくて	1：11（23）	ママヘビ ヘビ
		ミニフードの入れ物を取ってほしくて	1：10（26） 1：11（23）	取って これ こっち ママこっち

第5章 日本語における力動出来事語の発達　133

	その他	おやつの袋に手を伸ばしながら	2:0 (6)	おやつ
	ツールボックス	Mo.の持っている玩具ののこぎりを取ろうとしながら	1:9 (12)	ん，貸して
		玩具の金槌がほしくて	1:9 (12)	貸して
	びっくり箱	びっくり箱を見つけて取りに行きながら	1:9 (0)	ほしー
	財布	Mo.のてのひらから玩具のお金を取りながら	1:11 (23)	はい
	トラック	バケツに手を伸ばしてトラックを取りながら	1:9 (0)	ブブ
	人形	女の子の人形を取ろうとバケツに手を伸ばしながら	1:9 (0)	ほしー ほしーほしー
	玩具入れ	玩具入れのバケツの方を手で指し，Mo.に何かを取ってほしいことを要求する	1:9 (0)	ママ，ママママ
		玩具のバケツから何かを取ろうとしながら	1:9 (29)	これ
		玩具入れのバケツから入れ子を取ろうとしながら	1:9 (29)	これ
	その他	水筒を取ってほしくて指さしながら	1:10 (12)	取って
		テーブルの上にあるものに手を伸ばしながら	1:11 (10)	ほしい
there	ミニフード	ミニフードのポテトチップスを投げながら	1:9 (12)	ポン
		スプーンを投げて	1:10 (12)	あった
	ぬいぐるみ	〈ワンワンどこ行った？〉の答えで，Mo.とは反対側を指さしながら	1:10 (26)	あっち
	その他	指さしながら	1:10 (26)	あっち
		壁に飾ってある写真を指さしながら	2:0 (6)	ワンワン ○ちゃん（兄の名前）
その他　eat	ミニフード	ミニフードのポテトチップスを食べるふりをして	1:9 (12) 2:0 (6)	あん あん

表 5-10 続き

McCune (2008) の分類	玩具・遊び	文脈	CA	発話
		ミニフードのドーナツを食べるふりをしながら	1:9 (29)	あん
		ミニフードの肉を食べるふりをしながら	2:0 (6)	あむ
	その他	おやつを食べながら	2:0 (6)	まんま あむ
feed	ミニフード	ミニフードのいちごを Mo. の口に近づけて	1:10 (26)	まん
		Mo. におやつをあげながら	2:0 (6)	はいマンマ

表 5-11　E児の目的終了場面の発話

McCune (2008) の分類	玩具・遊び	文脈	CA	発話
there/here	ミニフード	ミニフードの魚を玩具の包丁で切ることができて	1:9 (12)	たー
		玩具のペンチの持ち手部分でみかんを挟んで取ることができて	1:11 (23)	ママきた（できた） きた（できた） きたね（できた） 取れた
	入れ子	入れ子の中にコインを入れてその上から他の入れ子で蓋をして	1:10 (12)	できた
	財布	コインを入れた入れ子の蓋を取って	1:10 (12)	できた

表 5-12　E児の包含場面の発話

McCune (2008) の分類	玩具・遊び	文脈	CA	発話
open	ミニフード	ミニフードの入れ物を開けてほしくて	1:9 (0) 1:9 (12) 1:9 (29) 1:11 (10)	開けて ほしい 開け 開けて これ

第 5 章　日本語における力動出来事語の発達　135

		2：0（6）	これが これ 開ける，て
	ミニフードの入れ物が開いて	1：11（23）	開いた
	ミニフードのジュースを Mo. に提示して	1：9（0）	開けて
	ミニフードのおやつの箱を手に 持ちながら	1：9（29）	開けて
	ミニフードの缶詰を Mo. に渡 しながら開けてもらおうとして	1：9（29）	開けて
	玩具の哺乳瓶を開けようとしな がら	1：9（0） 1：9（29） 1：10（12）	開けてー 開けて 開けて
ツール ボックス	玩具のツールボックスを開けて ほしくて	1：9（12）	開けて 開け はい ば
		1：9（29） 1：11（10） 1：11（23）	開けて 開けて 開けて 開け
びっくり箱	びっくり箱を開けてほしくて蓋 を触りながら	1：9（0）	開けて ちょうちょ
財布	玩具の財布を開けてほしくて	1：9（0） 1：10（12） 2：0（6）	開けて 開け あか
	玩具の財布を開けようとしなが ら	1：9（0）	ジー
	玩具の財布を開けることができ て	1：10（26） 2：0（6）	開いた でた
ミニカー	ミニカーのドアが開いて	2：0（6）	開いたぞ 開けた 2つ
	ミニカーのドアを開けようとし て	2：0（6）	あれこっち 2つ
	ミニカーのドアを開けてほしく て	2：0（6）	開けて ママ開けて

表 5-12　続き

McCune (2008) の分類	玩具・遊び	文脈	CA	発話
		乗ろうとしたミニカーのドアと反対側のドアを指さしながら	2:0 (6)	こっち
	アイロン	玩具のアイロンを操作しながら	1:9 (29)	開けて
	電話	玩具の携帯電話を開いてほしくて	1:9 (29)	開けて 開け
	その他	リュックのチャックを開けながら	1:9 (0)	ジー
close	ミニカー	ミニカーのドアが閉まって走らせようと床に下ろしながら	2:0 (6)	開いたぞ
	その他	リュックのチャックを閉めようとしながら	1:9 (0)	ジー
in	ミニフード	ポットからそそぐふりをしながら	1:9 (0) 1:9 (12) 1:10 (26)	ジャー ジャー ジャー
		茶碗の中にカップを入れてカップを氷に見立てて，入れたことを Mo. に知らせる	1:10 (26)	氷
		玩具の哺乳瓶でそそぐふりをして	1:9 (12)	ジャー
	財布	玩具のコインを財布に入れようとしながら	1:10 (12)	あった
	その他	こたつの中に入ろうとしながら	1:9 (0)	開ける
out	ミニフード	ミニフードのなすをリュックから取り出して	1:9 (0)	ポン あ，じー
	びっくり箱	びっくり箱からぬいぐるみが飛び出てきて	1:11 (23)	出たー
	財布	玩具の財布の中からコインを取ろうとして	2:0 (6)	これ

表 5-13　E児の付着場面の発話

McCune (2008)の分類	玩具・遊び	文脈	CA	発話
stuck/fitted	ミニフード	ミニフードの魚をくっ付けてほしくて	1：9（12）	したい して ごっちん（擬音語） ぺち ぺっちん
			1：10（12）	がっちんこ（くっ付ける意味の擬音語）
		ミニフードのホットドッグを押さえつけてつぶしながら	2：0（6）	ぺっちゃんこ
	ツールボックス	玩具の金槌で叩きながら	1：9（12）	かん コンコン コン
		玩具の金槌で自分の頭を叩きながら	1：9（12）	コンコンコンコン
		玩具のペンチを開いたり閉じたりしながら	1：11（10）	チョキチョキ
	びっくり箱	びっくり箱に挟まったぬいぐるみの触角を触りながら	1：11（10）	耳痛い痛い 耳痛 耳 耳が痛い痛い
	人形	赤ちゃんの人形のお腹を触りながら	1：9（29）	ぽんぽん
		赤ちゃんの人形のお腹を叩きながら	1：9（29）	ぺん
		女の子の人形に靴下をはかせようとしながら	1：10（12） 2：0（6）	足 はいどうぞ
	サングラス	Mo. にサングラスをつけようとしながら	1：10（12）	ママ
		女の子の人形の靴下を取りながら	1：9（0）	ほしー
		くまのぬいぐるみのお腹を叩きながら	1：9（0）	ぽんぽん
unstuck (invented)	ミニフード	ミニフードのたまごを割ってほしくて	1：9（12）	開けて

表 5-13　続き

McCune (2008) の分類	玩具・遊び	文脈	CA	発話
		くっ付いているトマトのミニフードをはなしてほしくて	1：10（12）	開けて
		ミニフードのレタスをはがしてほしくて Mo. の方に向けて要求	1：10（12）	開けて
		半分になるミニフードの魚を半分にして	1：11（10）	ぽん
	ツールボックス	玩具のツールボックスの留め具が外れて	1：11（10）	あーあ

表 5-14　E 児の閉塞場面の発話

McCune (2008) の分類	玩具・遊び	文脈	CA	発話
allgone	ミニフード	こたつの中にミニフードの魚を隠して	1：9（12）	ない
		ミニフードの魚を投げた後に	1：9（12）	ないない
		玩具の哺乳瓶を Mo. に見せながら（中身が消えるタイプ）	1：9（12）	あれ
		何かを探しながら（お皿）	1：9（12）	あれ
		ミニフードの入れ物を探しながら	1：11（23）	あれ
		持っていたミニフードのウインナーを投げて探しながら	1：11（23）	あれー
		ミニフードのウインナーを見つけて	1：10（12） 1：11（23）	あったー あった
		ミニフードの入れ物の中を覗きながら	1：11（23）	ヘビが
		ミニフードの入れ物の中を探りながら	1：11（23）	行っちゃったヘビちゃん
	ツールボックス	玩具のペンチを探しながら	1：11（23）	あれ，あれあれ
		玩具のペンチを見つけて	1：11（23）	あったー

第5章 日本語における力動出来事語の発達

	財布	玩具の財布の中を見て	1:9 (29)	ない
		玩具の中を何かを探しながら	1:10 (12)	ない
		玩具の中から何かを見つけて	1:10 (12)	あった
		玩具の財布の中に手を入れながら	1:10 (12)	ない
		玩具を探しながら	1:11 (10) 1:11 (23)	あれ あれ
		玩具のお金を見つけて	1:11 (23)	あったー
		玩具のお金を取った後に	1:11 (23)	あったー
		玩具のお札がなくなったことを Mo. に知らせる	1:10 (26)	ない
		玩具の財布の中を覗くとコインがなくなっていて	2:0 (6)	もうない ない
	ぬいぐるみ	犬のぬいぐるみがどこにあるのか Mo. に聞く（犬のぬいぐるみにご飯をあげたくて）	1:9 (12)	ワンワンは
	その他	床の上を何か探しながら	1:9 (29) 1:10 (12)	あれ ない
		水筒の中身が入っていなくて	1:10 (12)	ない
		おやつがなくなって	2:0 (6)	ない なくなった
bye'	びっくり箱	ぬいぐるみが飛び出てきて	1:9 (29)	ばーばい ばいばーい
		びっくり箱を閉めながら	1:11 (10) 2:0 (6)	ばばーい ばいばーい
	その他	Mo. に向かって手を振りながら	2:0 (6)	ばいばい
peekaboo	びっくり箱	びっくり箱から飛び出てきたぬいぐるみを見て	1:9 (0)	わ 出た
		びっくり箱をしようとしながら	1:9 (0)	ほしー
	その他	E児が顔を隠していて〈いなーい〉といないいないばあを言うと真似て	1:9 (29)	ばぁ
		Mo. がくすぐってこなくて	1:10 (12)	あれ

表 5-15　E児の反復場面の発話

McCune (2008)の分類	玩具・遊び	文脈	CA	発話
again	びっくり箱	びっくり箱をしてほしくて	1:9 (29) 1:11 (10)	にゃー ちゅちゅちゅー（オルゴールの音真似） んーママたたら（オルゴールの音真似）

表 5-16　E児の否定（反転）場面の発話

McCune (2008)の分類	玩具・遊び	文脈	CA	発話
no	その他	〈後で〉と言われて	1:9 (29)	やー
		Mo. に高いたかいをされておろしてほしくて	1:9 (29)	やーやー
		抱っこした状態からおろそうとすると	1:9 (29) 2:0 (6)	いやー やだ
		Mo. が〈チョウダイ〉と手を出すと	1:10 (26)	嫌
		〈しっこでた？〉と聞かれて返事をして	1:11 (10)	まだ
		おやつの袋を〈置いといたら？〉と言われて	2:0 (6)	やだ
		〈はいどうぞ，入れて〉と Mo. が空になった玩具の財布にお金を入れようとすると	2:0 (6)	やだ

い」がみられた。1歳11か月23日では，取ってほしいものを指さしながら「こっち」や「ママこっち」が，実際に取りながら「こっち」や「これ」，「あった」が出現した。母親から玩具を取るときには「はい」や「あった」がみられた。母親が片づけている物がほしいときはその名称での要求がみられた（「ママヘビ（ヘビはきゅうりのこと）」，「ヘビ」）。2歳0か月6日は，食べるふりの音「あん」や「あむ」，玩具を渡しながら「はい」や「どうぞ」，

「はいどうぞ」が出現した。物を取るときにも「はい」はみられた。物の名称の「チョコ」や「おやつ」，代名詞の「これ」も発話された。反対に渡すときにも名称を含めて「はいマンマ」の発話がみられた。他にも，玩具を取りながら「はい」，おやつを食べながら「マンマ」，指さしながら，名称の「ワンワン」や「○ちゃん（兄の名前）」が出現した。

〈経路・目的終了〉は，1歳9か月12日にミニフードの魚を切って，できたの「たー」が出現した。1歳10か月12日では，入れ子に蓋をしたり，外したりすることができて「できた」がみられた。1歳11か月23日では，玩具のペンチでミニフードを挟むことができたときに「ママきた（できた）」，「きた（できた）」，「きたね（できたね）」が出現した。玩具のペンチでミニフードを取ることができたときには，「取れた」が発話された。

〈図と地・包含〉は，1歳9か月0日にポットでカップに入れるふりの音「ジャー」やチャックを開け閉めする音「ジー」，物を取り出すときの音「ポン」が出現した。玩具を開けてほしいときには「開けて」や物に描かれている絵の「ちょうちょ」，こたつの中に入ろうとして「開ける」が出現した。1歳9か月12日は，玩具を開けてほしいとき「ほしい」，「開けて」や，自分で開けながら「ば」や「はい」が出現した。カップにそそぐふりの音の「ジャー」もみられた。1歳9か月29日は，玩具を開けてほしいときや，玩具操作をしながら「開けて」がみられた。1歳10か月12日にも，玩具を開けてほしいときに「開けて」が出現した。玩具のコインを見つけて玩具の財布に入れようとしながら「あった」もみられた。1歳10か月26日には，玩具の財布を開けることができて「開いた」が，カップにそそぐふりの音「ジャー」やカップに氷に見立てた物を入れたことを知らせる「氷」が出現した。1歳11か月10日は，玩具を開けてほしいときに「これ」と「開けて」が出現した。1歳11か月23日にも「開けて」，「開け」が出現し，さらに開いたものを見ながら「開いた」が発話された。びっくり箱からぬいぐるみが飛び出て「出たー」も出現した。2歳0か月6日にも，玩具を開けてほしいときに「これ」，

「これが」,「開ける」,「ママ開けて」が出現した。自分で開けようとしながら「開け」や,開けることできたときに「出た」,開けてもらった後に「開いたぞ」もみられた。他にもミニカーで開けるドアを探しながら「あれこっち」や「こっち」,開けたドアの数を「2つ」と発話することがあった。玩具の財布からコインを取り出そうとしたときには「これ」が出現した。

〈図と地・付着〉は,1歳9か月0日では,人形の靴下を取りながら「ほしー」やぬいぐるみのお腹を叩きながら「ぽんぽん」が出現した。1歳9か月12日では,ミニフードのたまごを割ってほしくて「開けて」,魚をくっ付けてほしくて「したい」と擬音語の「ごっちん」と「ぺっちん」が出現した。玩具の金槌を叩く音の「コンコン」と「カンカン」もみられた。1歳9か月29日は,赤ちゃんの人形のお腹を触りながら「ぽんぽん」,叩きながら「ぺん」がみられた。1歳10か月12日は,くっ付いているミニフードのトマトやレタスをはなしてほしいときに「開けて」,母親にサングラスをつけようとしながら「ママ」,ミニフードの魚をくっ付けようとしながら「がっちんこ」が出現した。人形の靴下をはかせようとしながら「足」もみられた。1歳11か月10日には,びっくり箱のぬいぐるみが挟まったことに「耳痛い」,「耳」,「耳が痛い痛い」が出現した。玩具のペンチを閉じながら「チョキチョキ」,ミニフードの魚をはなして「ぽん」も発話された。玩具のツールボックスの留め具が外れたことに対して「あーあ」が出現した。2歳0か月6日は,ミニカーに乗れなくてドアを指しながら「こっち」が,ミニフードのホットドッグをつぶしながら「ぺっちゃんこ」,女の子の人形に靴下をはかせようとしながら「はいどうぞ」が出現した。

〈移動出来事・閉塞〉は,1歳9か月0日では,びっくり箱で驚いた「わ」と,遊びたくて「ほしー」,びっくり箱のぬいぐるみを抑えながら「出た」が出現した。1歳9か月12日は,玩具を隠したり,投げたりした後に「ない」,「ないない」,なくなったものを探しながらその名称「ワンワン」,や「あれ」がみられた。1歳9か月29日は,あるはずの物がないときに「ない」

や探しているときに「あれ」，びっくり箱を閉めようとしながら「ばいばーい」，そしていないいないばあ遊びで「ばぁ」が出現した。1歳10か月12日は，何かを探すときや，なくなったときなどに「ない」，見つかったときには「あった」が発話された。母親とのくすぐり遊びで，くすぐりがこないときに「あれ」がみられた。1歳10か月26日では，玩具がないことを知らせる「ない」が出現した。1歳11か月10日は，びっくり箱を閉めながら「ばばーい」や玩具を探しながら「あれ」が出現した。1歳11か月23日では，玩具を探しながらの「あれ」，見つけたときに「あった」がみられた。あったものがなくなったときには，その名称「ヘビちゃん」や「行っちゃった」と発話した。2歳0か月6日は，びっくり箱を閉じるときや，部屋から出ようとするときに「ばいばい」が発話された。おやつがなくなった際は「ない」，「なくなった」，「もうない」と母親に知らせることがあった。

〈移動出来事・反復〉は，1歳9か月29日に，びっくり箱の反復を求めて「にゃー」が，1歳11か月10日では，びっくり箱のオルゴールの音を真似ながら「ちゅちゅちゅー」や「んーママたら」と要求することがみられた。

〈移動出来事・否定（反転）〉は，1歳9か月29日では，母親に断られたときや，高い高いをやめてほしいときに「やー」が，抱っこから降ろそうとしたときには「いやー」が出現した。1歳10か月26日は，母親がE児の持っている玩具をちょうだいと言うと「嫌」がみられた。1歳11か月10日は，母親におしっこが出たか聞かれ，「まだ」と答えた。2歳0か月6日は，母親からの提案や抱っこから降ろされたときに「やだ」が出現した。

5．動詞

各セッションにおいて出現した動詞数，新出動詞数について，それぞれ図5-7，図5-8に示した。動詞は，大久保（1984）を参考に分類した。D児では，対象とした期間内に13語の異なりの動詞が出現した。初回のセッションの1歳9か月11日では4語の動詞が出現し，その後のセッションでも3〜

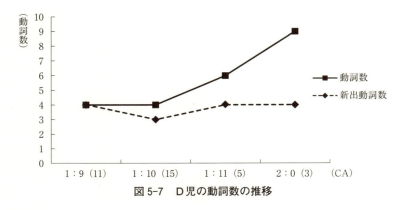

図5-7　D児の動詞数の推移

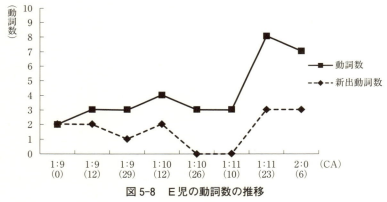

図5-8　E児の動詞数の推移

4語の新出動詞が出現した。初回のセッションの語彙数のうち動詞は16％であったが，最後のセッションでは語彙数のうちの23％が動詞であった。

　E児の動詞は，対象とした期間内に13語出現した。初回のセッションでは，語彙数のうち8％が動詞であった。最後のセッションでは，18％が動詞になった。

　また，各事例で出現した語彙を表5-17（D児），表5-18（E児）に示した。D児では，「開ける」，「あった」，「しよ（しよう）」，「でった（できた）」，「見て」，「持って」，「落ちた」，「来る」，「出て」，「脱げ」，「行け」，「変える」，

第 5 章　日本語における力動出来事語の発達　145

表 5-17　D 児の出現動詞

CA	動詞
1：9（11）	開けて，あった，しよ（しよう），でった（できた）
1：10（15）	開け，できた，見て，持って
1：11（5）	あった，落ちた，来る，する，出て，脱げ
2：0（3）	開ける，あった，行け，変える，した，できた，出た，飛んで，待って

表 5-18　E 児の出現動詞

CA	動詞
1：9（0）	開けて，出た
1：9（12）	開けて，貸して，したい
1：9（29）	開けて，あった，して
1：10（12）	開けて，あった，できた，取って
1：10（26）	開けて，あった，取って
1：11（10）	開けて，あった，きた（できた）
1：11（23）	開けて，あった，行っちゃった，落ちた，きた（できた），出た，取れない，見て
2：0（6）	開ける，あった，おらん（いない），来た，出た，走る，見て

「出た」，「飛んで」，「待って」が出現した。

　E 児では，「開けて」，「出た」，「貸して」，「したい」，「あった」，「できた」，「取って」，「行っちゃった」，「落ちた」，「見て」，「おらん（いない）」，「来た」，「走る」が出現した。

第 4 節　考察

1．D 児の発話と力動出来事語

　D 児は，対象とした期間は，MLU1.38〜1.49にあり，Brown（1973）のいう初期の語結合がみられ始める時期にあった。このとき，D 児では 2 語発話が出現し始め，まだ 1 語発話が中心となる時期であった。力動出来事語では 2 語による表現や助詞を含む表現がみられ始めていた。この期間，D 児では

103語の異なりの語彙が産出され，そのうち動詞は13語であった。

力動出来事語における〈経路・垂直的経路〉では，物が落ちたときに「あ」や「わ」といった感嘆語に加えて，「落ちたね」や「びっくりした」という発話がみられるようになった。落ちる事象に対して言及することに加えて，「びっくりした」という気持ちによって表現されることがみられ，2語によって力動出来事を示すことばがみられ始めた。特に，「わ，びっくりした」では，「びっくり」と動詞の「する」が結合していた。日本語では，人称を文に必ず入れて発話するわけではなく，2語発話がみられても事物の意味と力動的な意味を別々に示しているとは限らないことが考えられた。

〈経路・直示的経路〉では，「はい」や音韻未熟の「あい」が，出現していたが，それらに加えて「どうぞ」がみられ始め，より場面に適した発話がされるようになったといえる。食べるふりをする場面では，ふりの音に加えて，「あー，おいちー」の発話もみられるようになった。また，遊びの提案として「プップーしよ」と事物の意味と力動出来事の意味が別々に示されることがみられ始めた。このことから，〈経路・直示的経路〉においても力動出来事語から動詞への移行が始まってきていると考えられた。このような，2語発話においても擬音語は継続して使われており，擬音語や幼児語による表現は力動出来事語を表すものといえ，日本語の特徴として今回も確認された。

〈経路・目的終了〉は，「よし」と完了について喜ぶ表現に加えて，「でったー（できた）」や「あったー」とその状態について発話することがみられ始めた。

〈図と地・包含〉では，「開ける」の語が〈図と地・包含〉の状況全体において出現した。この「開ける」の語が，実際に'開ける'状況だけではなく，閉めることや取り出すこと，入れることにおいてみられた。それは，母親に対して要求する場面であった。それ以外の自己の行為に関しては，閉める状況では，「ないない」や「できた」の語がみられていた。さらに，「これする」によって示されることがあった。しかしながら，「閉める」の語は出現

しなかった。開ける状況においても「これ開ける」や「開けてくれ」といった2語によって表現されることがみられ始めており，開ける状況ではこれまでの表現である「開ける」に他の語が結合することがみられた。物を取り出す場面では，「開けた」だけでなく，「出ておいでー」や「出てくるね」が出現した。このように，1語によって表現されていたものがそのまま2語へと直接結合するものだけでなく，新たに「出る」といったより場面に適した語によって表現されるようになるものがあることが明らかとなった。

〈図と地・付着〉においては，擬音語や「開けて」による表現がみられた。それに加えて，「あー痛かった」と付着したことに対してや，「靴下脱げ」と靴下が脱げたことに対する発話がみられた。入れ子を重ねてもらおうとして「これはこれ」がみられ，「どうぞ」や「はい」と渡すことだけでなく，具体的な発話に変わったといえる。しかしながら，まだ「これもして」のような，2語による発話には至らなかった。

〈移動出来事・閉塞〉は，ジュースがなくなったことに関して「ピカピカ」と擬音語による発話がみられた。また，「ばいばーい」やびっくり箱の遊びのなかで，「怖いね」，「やだ」，「びっくりした」，「わーお」，「出たー」，「あおむし」，「ちょうちょ」の語が出現し，同じ状況に対してもいろいろな表現がみられた。「びっくりした」という2語による表現もみられた。さまざまな語がみられることによって，より場面に適した語が発話され，さらにそれらが2語発話へとつながっていくことが考えられた。

〈移動出来事・反復〉の状況では，食べ物に対しては「おかわり」，遊びのときでは「もっかいす」や「もっかいして」と場面によって反復を示す発話を使い分けることがみられた。おむつを再度替えてほしいときには，「おむつ」を始めとして「おむつ替えていい」によって示された。これらは，おむつを替えてほしくて母親にアピールするために発話されたものであった。このように，誰かに伝える，要求をするといった場面ですぐに伝わらない場合や，要求が受け入れてもらえない場合に，受け入れてもらおうとしていたこ

とがうかがわれ，発話における試行錯誤を繰り返しながら，より場面に適した発話がみられるようになることが考えられた。

〈移動出来事・否定（反転）〉は，「やだ」の語が遊びのなかで，母親の提案や行動に対して出現した。この語は，簡単で伝わりやすいものだと考えられた。しかしながら，この語についても今後，場面によって別の語が使用される可能性はあるだろう。

D児では，2語によって，力動出来事と事象を別々に示す語，つまり，動詞によって力動出来事を示すことがみられ始めていた。また，力動出来事における発話に関して，より具体的な発話や場面に適した発話がみられ始めた。それらは，新たに動詞が発話されており，動詞が獲得されたことによって力動出来事がより明確に示されるようになったといえる。それは，2語発話によって表現されることにもつながっており，日本語においても力動出来事語から動詞への移行，そして2語発話との関連性が示唆された。

2．E児の発話と力動出来事語

E児は，対象とした期間，MLU1.31～1.56にあり，初期の語結合から屈折辞がみられ始める時期（Brown, 1973）にあった。このときE児では，2語発話が徐々にみられ始めた。力動出来事語では，2語による表現や擬音語によって表されることがみられた。この期間，E児では124語の異なりの語彙が産出された。そのうち，動詞は13語であった。

E児の〈経路・垂直的経路〉では，物をのせながら「はい」や擬音語の「ぴ」，「これ」が出現した。物が落ちた際には，「落ちた」がみられた。E児では，〈経路・垂直的経路〉においてはまだ語結合はみられず，今後出現してくると考えられた。物を拾う場面では「はい」，玩具を高く重ねて「高い」，ぬいぐるみを抱っこしながら「ワンワン」や「抱っこ」が出現した。要求や自らの行動に対してだけではなく「高い」は状況に対して発話されており，自己以外のものに対する力動出来事の言及がされるようになったといえる。

〈経路・直示的経路〉は，物を渡す場面で「はい」だけでなく，「はいどうぞ」がみられるようになった。また，母親に玩具を渡しながら「貸して」の語がみられた。これは，主客が逆転している発話だが，このような間違った使用をしていくことも，力動出来事を示すことばが増えていくことに通じると考えられた。また，母親に物を渡そうとするときには「ママ」と名前を呼ぶこともみられた。これには，'ママどうぞ'といった意味が含まれていると考えられ，今後2語発話へと移行していくだろう。玩具を要求する場面では，「ほしい」に加えて「取って」や「貸して」が出現し，場面によって使い分けることがみられ始めたといえる。「チョコ」や「ヘビ」など名称によって要求を示すこともみられ，発話のなかに力動出来事的な意味が含まれていると考えられた。さらに，「ママヘビ」と名称同士の語結合によって要求を示すことがみられ始めた。これには，「ママヘビ取って」の意味が含まれていると考えられ，名称同士の語結合がさらに，多語発話へとつながっていくことも示唆された。遠くを指し示す際は，指し示すものの名称や「あっち」のように指示語が出現した。その他の状況では，食べるふりの「あん」や「まん」，「あむ」が，さらにおやつを食べさせる状況で「はいマンマ」の語結合がみられ始めた。こういった，擬音語による力動出来事語も語結合に移行することがわかった。

〈経路・目的終了〉では，遊びの完了に対して，その状態について言及することがみられた（「できた」，「取れた」），さらに「ママきた（できたの意味）」の語結合がみられた。これは，できた状態について母親に知らせようとすることによって出現したと考えられた。

〈図と地・包含〉は，物を開けてほしいときに「開けて」や「ほしい」，「これ」または，名称が発話された。また，開いたときには「開いた」，「開いたぞ」，「開けた」が，開けてほしいときには「開けて」，あるいは「開ける」など，場面によって発話のされ方が変わり始めたといえる。そのなかで「ママ開けて」といった2語発話も出現しており，徐々に，力動出来事語か

ら，事物の意味を含まずに動きを示す動詞へと移行していく時期にあったといえる。そそぐふりをする状況では，「ジャー」と擬音語による表現に加え，入れるふりをした物の名称の「氷」を発話することもみられた。

　〈図と地・付着〉では，くっ付ける状況で「したい」，「して」や擬音語が出現した（「ごっちん」，「ぺっちん」，「がっちんこ」）。叩く場面や開く場面などはそれぞれ「コンコン」や「チョキチョキ」といった擬音語がみられ，〈図と地・付着〉の状況では，擬音語が使われやすいことが示唆された。挟まった状態に対して「耳痛い痛い」と挟まったぬいぐるみの状態を示すこともみられた。ここには'挟まって虫が，耳が痛いって言っている'という意味が含まれていると考えられた。このように，状態に対する思いによって〈図と地・付着〉を示すこともあるとわかった。くっ付いているものをはなしたいという状況においても「開けて」がみられており，2語発話がみられ始めた段階では，状況によって語の使い分けができるようになる一方で，〈包含〉状況全体に「開けて」の語が発話されるなど，まだ未分化な使用がみられた。

　〈移動出来事・閉塞〉は，物がなくなった状況で「ない」や「あれ」，「行っちゃった」がみられた。この「行っちゃった」はMcCune（2008）の'all-gone'と共通した表現と考えられた。「もうない」についても'allgone'にあたると考えられた。〈移動出来事・閉塞〉の状況においても，なくなった物の名称によって力動出来事を示すことがあり，この時期では名称によって力動出来事を示すことは，名詞が獲得されやすいという特徴からもうかがわれる。反対になくなったものが再び現れた場面では「あった」の語が出現していた。びっくり箱のような遊びの場面では，出てくる予想としての「ばあ」や予想に反したときの「あれ」，実際に予想通りのときには「わ」，「出た」が出現した。こういった場面では感嘆語が出やすいことや，遊びの状態について示す語（びっくり箱から飛び出たことを示すなど）が出現すると考えられた。

　〈移動出来事・反復〉は，遊びの反復の要求を示す擬音語が出現した。E

児の場合は，びっくり箱のオルゴールの音を「にゃー」や「ちゅちゅちゅー」の擬音語によって示していた。さらに，「ママたたら（オルゴールの音）」と語結合においても擬音語によってびっくり箱を示すことがみられた。このように，擬音語による表現は語結合期においても継続して出現することが，〈移動出来事・反復〉からもいえる。

〈移動出来事・否定（反転）〉は，母親からの遊びの提案に対して「やだ」と答えることがみられた。また，母親からの質問に対して「まだ」と返すこともみられ，母親からの問いかけによって発話内容が異なることがみられ始めた。これらは母親とのやり取りのなかで，より適した語が適用され始めていたためだといえる。

E児の力動出来事語では，語彙が増えたことに伴い，力動出来事的な状況においても，発話される語のバリエーションが徐々に増えていった。また，同じ状況においても別々の語が発話されることがみられた。E児でも，語結合がみられ始めており，そのなかには，力動出来事と事物の意味を別々に示しているものだけでなく，名称による語結合もみられた（例えば，「ママヘビ」で'ママヘビ取って'の意味）。こういった，名称によって力動出来事について示すことは，日本語における特徴といえる。さらに，擬音語による表現は語結合においてもみられており，擬音語によって力動出来事を示すことも日本語における特徴といえよう。

3．2語発話出現期の力動出来事語

今回対象とした2語発話出現期における力動出来事語では，同じ力動出来事的な状況においてもさまざまな語がみられた（例えば，ミニフードの蓋を開けてほしいときに「開けて」，「ほしい」，「これ」など）。また，小林・麦谷（2007）の指摘にあったように，この時期には音声と動作の対応付けがみられていた。そのため，母親とのやり取りのなかで伝えようと子どもが試行錯誤すること（例えばおむつを替えてほしいときに「おむつ」，つぎに「替えていい」，さらに「お

むつ替えていい」の語に変わるなど）によって，より場面に適した語が発話されることがみられた。さらに，それらの語が2語発話で使用されることが示唆された。

　今回の2語発話出現期においては，力動出来事語がそれぞれD児では異なりで41語，E児では異なりで60語が出現した。このとき，本研究で設定した場面での力動出来事的な状況において2語発話がみられ始めており，それらの発話は McCune（2008）の指摘しているような，事物の意味と力動的な意味をそれぞれ示すことがみられていた。つまり，力動出来事語から事物の意味を含まない力動的な意味を示す動詞への移行がみられ始めているといえよう。D児，E児では，それぞれ13語ずつ異なりの動詞が出現したが，このうち，9語の動詞が共通していた。これらは，玩具が共通している影響も考えられるが，基礎的な動詞と考えられた。実際に，「開けて」の語は，玩具の財布を開けてほしいときに「これ開ける」（D児）や母親にミニカーのドアを開けてほしいときに「ママ開けて」（E児）が，「する」ではびっくり箱の遊びで「びっくりした」や再現の要求で「もっかいして」（D児）と語結合がみられた。力動出来事的な状況において発話される語のバリエーションが増えること，そしてそれによって誤用が少なくなることは，動詞の発達につながるといえる。しかしながら，今回出現した動詞は，まだ事物の意味を含む力動出来事語の段階にあるものがほとんどといえ，語結合期では名詞優位から動詞優位へと変わる（小椋，2007）という指摘からも，今後，2語発話がみられることによって，事物の意味を含まずに力動的な意味を示す動詞へと移行していくと考えられる。また，力動出来事的な状況における発話にバリエーションがみられたこと（例えば，表5-6で示したように，同じ状況でD児では「怖いね」や「やだ」，「びっくりした」と発話したことや，表5-10のように，E児では開ける要求で「取って」，「これ」，「こっち」，「ママこっち」と発話するなど）も動詞の発達に関連していると示唆される。

　擬音語による表現は，2語発話に含まれるなど継続して出現した。日本の

第5章 日本語における力動出来事語の発達 153

子どもでは，早期に表出する語に幼児語のオノマトペや動作名詞といったものが多く出現することが指摘されており（小椋，2007），擬音語や幼児語による表現は，子どもが獲得している語彙のなかで力動出来事語を表すものと考えられた。このような擬音語や幼児語による表現は，語獲得の傾向からも日本語の力動出来事語の特徴として今回も確認された。

　今回，対象とした期間においても，名称によって力動出来事的な状況を示すことがみられており，日本語においては発話された状況において力動出来事語に分類される名詞が出てくるであろう。また，E児の「ママヘビ」など'ママヘビ取って'の意味が名称同士による語結合によって発話されるものがあった。このことから語結合がみられても，力動出来事と事物の意味が別々に示されるというわけではなく，多語発話によって力動出来事と事物の意味を別々に示すようになる場合もあることが示唆された。しかしながら，日本語においては，状況によって主語や目的語を省略することがある一方で，英語ではほとんど省略されないという違いがある（針生，2004）。そのため，日本語では，力動出来事と事物の意味が未分化なまま発話され続けるものがある可能性もある。このことからも，すべての力動出来事語が動詞へと移行するとは限らないと考えられる。動詞の学習に関しては，Tomasello（2003）の動詞の島仮説では，動詞が使用されている文脈でその動詞を使用したなかで学習されることが指摘されている。しかしながら，今回，力動出来事を名詞によって示すことがみられ，さらに「ママヘビ」のように名詞同士で発話されることや「ママこっち」など必ずしも従来の動詞を必要としない発話がみられた。もちろん，動詞の島のように軸となる可能性が考えられる語（「開けて」など）もあったが，今回対象とした期間では，「これ開けて」や「開けてくれ」といった使用の仕方が異なっていたため，軸語を中心とした動詞の使用はみられなかった。

　本章において，設定した力動出来事的な状況において2例で発話された動詞は，2語での発話がみられ始めており，単一の語による力動出来事語から

動詞として発話される段階へと移行し始めていたことが示唆された。語結合期に入ると動詞が優位になるという指摘もあるように（小椋，2007），これには，2語発話の発達が関連しており，今後さらに増えていくことが予想される。

第6章　自閉症スペクトラムの子どもの2語発話期における力動出来事語

第1節　目的

　第6章では，1語発話期から2語発話期への移行期にある自閉症スペクトラムの事例に協力を得て，力動出来事語の発達について，第4章，第5章の日本語における力動出来事語の発達の結果から，検討を行うことを目的とする。これらのことから，自閉症スペクトラムの子どもの力動出来事語の特徴について明らかにする。

第2節　方法

1．研究協力者

　第3章での研究協力者であるB児を本章においても対象とした。B児は，大学での教員による言語発達支援にことばの遅れを主訴として来所し，月1回，原則として60分間の支援が行われている4歳5か月9日の自閉症スペクトラムの事例である。筆者は，ボランティアとして支援場面に参加し，B児の保護者に研究協力の了承を得た。

2．手続き

　今回，筆者が対象とした期間は，4歳5か月9日から5歳1か月4日までの7セッションである。発達支援については，第3章に示した通りである。

発話は，発達支援場面を保護者の同意を得てVTRに録画した。録画の開始は入室から5分以内，原則として60分間行った。発話分析は，録画した毎回のVTRを再生し，50分間について自発的発話についてトランスクリプトを作成した。

3．分析の方法

トランスクリプトをもとに，MLU，力動出来事語，動詞，2語発話，多語発話に着目し分析を行った。分析の際は，不明瞭な発話，無意味発声，模倣，歌は分析から外した。分析は協議しながら行った。模倣は，療育者らの発話にすぐ続いての発話を模倣として捉えた。また，B児では発話に英語の発話やフレーズがみられていた。そのため，それらの発話は1語と数えた。

MLUは，Brown (1973) の基準をもとに算出した。力動出来事語は，McCune (2008) を参考に，協議して分類を行った（第4章に示した通りである）。

第3節　結果

1．MLU

各セッションにおけるB児のMLUの推移を図6-1に示した。B児のMLUは1.20～1.57を推移しており，Brown (1973) のMLUの段階では，段階Ⅰ初期から後期の間にあった。

2．1語・2語発話

B児の各セッションの1語発話数と2語発話数の推移は，図6-2の通りである。発話数は，セッションごとでばらつきがあった。初回のセッションでは，1語発話数が46，2語発話数は2であった。最後のセッションである5歳1か月4日では，1語発話数が89，2語発話数は12であった。2語発話は

第6章　自閉症スペクトラムの子どもの2語発話期における力動出来事語　　157

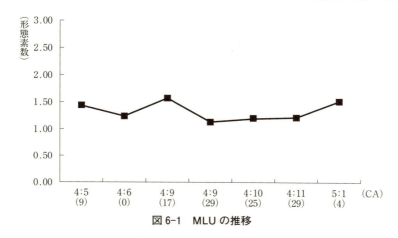

図6-1　MLUの推移

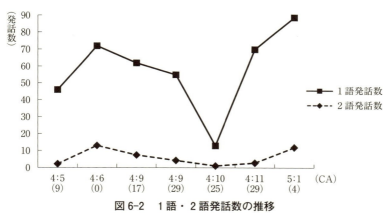

図6-2　1語・2語発話数の推移

みられ始めた時期にあり，もっとも2語発話が出現したのは4歳6か月0日で，13の発話がみられた。今回対象とした期間では，多語発話はみられなかった。

3．力動出来事語

各セッションで出現した力動出来事語とその状況について表6-1に示した。

表6-1　B児の力動出来事語とその文脈

CA	発話	文脈	力動出来事語のカテゴリ
4：5（9）	出来ない	アイスを重ねようとしたが崩れて	経路・垂直的経路
	ぱたぱたー	わしの人形をT1に渡されて，人形をゆらしながら	経路・垂直的経路
	ぱたぱたぱたー	わしの人形をT1に渡されて，人形をゆらしながら	経路・垂直的経路
	ぱたぱたぱたぱたばたぱたー	わしの人形をT1に渡されて，人形をゆらしながら	経路・垂直的経路
	アイスくださーい	お店屋さんごっこをしながら	経路・直示的経路
	アイス	お店屋さんごっこをしながら	経路・直示的経路
	チキン	お店屋さんごっこをしながら	経路・直示的経路
	アイスクリーム	お店屋さんごっこをしながら	経路・直示的経路
	アイス下さい	お店屋さんごっこをしながら	経路・直示的経路
	チーズ	アンパンマンの絵本でキャラクターを探しながら	経路・直示的経路
	ママ	Mo.のところに走っていって	経路・直示的経路
	あった	バイキンマンのミニ人形を見つけて	経路・直示的経路
	どうぞ	T1がびっくり缶をB児に〈どうぞ，Bちゃん開けて〉と渡すと	経路・直示的経路
	おしまい	アンパンマンの本をすべてめくり終わって	経路・目的終了
	開けて	びっくり缶をT1に渡して，逃げた後に	図と地・包含
	開けて	Mo.がびっくり缶を〈開けるの？〉と聞くと	図と地・包含
	ばいばーい	お店屋さんから帰るときに	移動出来事・閉塞
	パン	びっくり缶をT1が開けようとすると逃げていって	移動出来事・閉塞
	ばいばーい	びっくり缶を見て	移動出来事・閉塞
	ヘビちゃん*	びっくり缶を見て	移動出来事・閉塞
	ヘビさん*	びっくり缶を見て	移動出来事・閉塞
	わー	外を見ながら	移動出来事・閉塞
	うーわー	T1に上に持ち上げられるのを繰り返すと	移動出来事・閉塞
	わー	上に持ち上げられると	移動出来事・閉塞
	あー	上に持ち上げられると	移動出来事・閉塞
	ばいばい	外にいる人のことをみんなに〈バイバイしてるよ〉と言われて外に向かってバイバイしながら（どこでバイバイされてるのかは気づいていない）	移動出来事・閉塞
	キャ	びっくり缶が開いて	移動出来事・閉塞
	ケーキ	びっくり缶からミニフードのケーキが出てくると	移動出来事・閉塞
	あと1回	T1に上に持ち上げられるのを繰り返すと	移動出来事・反復
	やー	お店屋さんごっこをしながら	移動出来事・否定（反転）
	やだー	びっくり缶を持って	移動出来事・否定（反転）
4：6（0）	ぱたぱた	わしの人形を振りながら	経路・垂直的経路
	飛んだ	抱っこされて	経路・垂直的経路

第 6 章　自閉症スペクトラムの子どもの 2 語発話期における力動出来事語　　159

	ジャーンプ	ミニ人形を階段からジャンプさせながら	経路・垂直的経路
	ブーン	〈ブランコ〉と T1 に揺らされながら	経路・垂直的経路
	落ちたー	カードがテーブルの上から落ちて	経路・垂直的経路
	ジャーンプ	ミニ人形を階段からジャンプさせながら	経路・垂直的経路
	てくてくてくジャーンプ	ミニ人形を階段からジャンプさせながら	経路・垂直的経路
	てくてくてくてくてくてくてくてく	ミニ人形を階段からジャンプさせながら	経路・垂直的経路
	ジャーンプ	ミニ人形を階段からジャンプさせながら	経路・垂直的経路
	ジャーンプ	T1 が〈次 B ちゃんです〉と言っていると自ら T1 のところに行き	経路・垂直的経路
	てくてくてく	T1 が〈次 B ちゃんです〉と言っていると自ら T1 のところに行き	経路・垂直的経路
	てくてく	走りながら	経路・直示的経路
	てくてくジャーンプ	走りながら	経路・直示的経路
	せーの	レゴを持って T1 のところに行って	経路・直示的経路
	てくてくてく	ミニ人形を歩かせながら	経路・直示的経路
	できない	椅子を取ろうとして取れなかったとき	経路・目的終了
	おしまい	カードを全部見終わって	経路・目的終了
	開けて	びっくり缶を開けてほしくて	図と地・包含
	カーン	バットでボールを打ちながら	図と地・付着
	あーし	手が抜けなくなって	図と地・付着
	ジャーン	ボールを打ちながら	図と地・付着
	かっとばせ B ちゃん	ボールをバットに当てながら小さい声で	図と地・付着
	かっとばせ	ボールをバットに当てながら小さい声で	図と地・付着
	カーン	ボールをバットに当てながら小さい声で	図と地・付着
	たたたーたっち	タンバリンを叩いた後バットを持って	図と地・付着
	ドキンちゃん	ドキンちゃんの人形をテーブルの下に落として探しながら	移動出来事・閉塞
	あれー	ドキンちゃんの人形をテーブルの下に落として探しながら	移動出来事・閉塞
	あれー	水道を出そうとするが出ないとき	移動出来事・閉塞
	ぱ	びっくり缶を見て Mo. のところに逃げる	移動出来事・閉塞
	ばーいばいばーい	びっくり缶のヘビをしまうときに	移動出来事・閉塞
4 : 9 (17)	てくてくてく	T1 が〈てくてくてく〉と言うと	経路・垂直的経路
	てくてくてくてくジャーンプ	指人形を階段を上らせた後ジャンプさせながら	経路・垂直的経路
	いっぱーい	ミニフードのアイスクリームを高く積み上げて	経路・垂直的経路
	てくてくて	指人形を階段を上らせた後ジャンプさせながら	経路・垂直的経路

表 6-1 続き

CA	発話	文脈	力動出来事語のカテゴリ
	てくてくてくてくジャーンプ	指人形を階段を上らせた後ジャンプさせながら	経路・垂直的経路
	ジャーンプ	指人形を階段を上らせた後ジャンプさせながら	経路・垂直的経路
	アイスクリーム	ミニフードのたまごを Mo. のところに持って行って	経路・直示的経路
	お風呂行ってきまーす	ごっこ遊びのなかで	経路・直示的経路
	見てー	ミニフードのたまごを持って走りながら	経路・直示的経路
	まてー	走りながら	経路・直示的経路
	Bちゃん見てー	ミニフードのたまごを持って走りながら	経路・直示的経路
	先生	T1がお店屋さんで〈ハンバーガーいかがですか〉と言うとT1の方に走りながら	経路・直示的経路
	なんですか	メニューを指さしながら	経路・直示的経路
	開けて	ミニフードのたまごの玩具を持って	図と地・包含
	ガッチャン	T1が〈シートベルトガッチャン〉と言うと笑いながら	図と地・付着
	ガッチャン	T1が〈シートベルト〉と言うと	図と地・付着
	シート	T1が〈シートベルトするよ〉と言うと	図と地・付着
	シートーガッチャン	椅子に座って	図と地・付着
	シートベルトガッチャン	椅子に座って	図と地・付着
	ただいま	ホワイトボードを消しているときに〈バイバーイ〉とT2が言うと	移動出来事・閉塞
	わー	びっくり缶を見て	移動出来事・閉塞
	だめー	T1がホワイトボードに書こうとすると	移動出来事・否定（反転）
	嫌	遊びに対して	移動出来事・否定（反転）
4:9(29)	てくてくてくてく	指人形を歩かせて	経路・垂直的経路
	てくジャーンプ	指人形を歩かせて階段からジャンプさせる遊び	経路・垂直的経路
	ジャーンプ	指人形を歩かせて階段からジャンプさせる遊び	経路・垂直的経路
	てくてくジャーンプ	指人形を歩かせて階段からジャンプさせる遊び	経路・垂直的経路
	ぱたぱたー	T1がわしの人形を出して〈ぱたぱた〉と言うと	経路・垂直的経路
	ぱたぱた	T1がわしの人形を出して〈ぱたぱた〉と言うと	経路・垂直的経路
	たまご	T2が〈たまご〉と渡すと	経路・直示的経路

第6章　自閉症スペクトラムの子どもの2語発話期における力動出来事語　　161

	てくてく	ミニ人形を玩具の消防署の中に並べて（移動のときに歩かせる）	経路・直示的経路
	てくてくてく	ミニ人形を玩具の消防署の中に並べて（移動のときに歩かせる）	経路・直示的経路
	てく	ミニ人形を玩具の消防署の中に並べて（移動のときに歩かせる）	経路・直示的経路
	おしまい	ミニ人形を並べ終わって	経路・目的終了
	ぽん	玩具のバスケットゴールにボールを入れながら	図と地・包含
	のせてー	指人形をレゴの電車に乗せようとして	図と地・付着
	コンコン	ミニフードのたまごをわるまねをしながら	図と地・付着
	ぽん	野球のバットで打ちながら	図と地・付着
	コーン	ミニフードのたまごをわるまねをしながら	図と地・付着
	バイバイ	びっくり缶からヘビを出して，しまおうとする	移動出来事・閉塞
	バイバーイ	びっくり缶からヘビを出して，しまおうとする	移動出来事・閉塞
	嫌	T2が〈電話だよ〉というと	移動出来事・否定（反転）
4:10(25)	落ちた	魚釣りゲームでT1が魚が落ちたかと聞くと	経路・垂直的経路
	落ちたー	ミニ人形が落ちたときに拾いながら	経路・垂直的経路
	ここ	T1が〈ここ？〉とブロックを置く場所を聞くと	経路・直示的経路
	ハンバーガ	T1がりかちゃん人形を持って〈ハンバーガーちょうだい〉と言うと人形に食べさせながら	経路・直示的経路
	ちょうだい	〈りかちゃんがハンバーガーちょうだいって〉とT1が言うと	経路・直示的経路
	バットある	Mo.が〈Bちゃんバットは？〉と聞くと	経路・直示的経路
	開ける	T2が蓋を開けるか聞くと	図と地・包含
	握手	りかちゃん人形に対して	図と地・付着
	かっとばせー	野球遊びでT1が〈かっとばせ〉と言っていると	図と地・付着
	握手	T1が〈Bちゃんと握手〉と人形を持って言うと	図と地・付着
	もう1個	レゴのトンネルを作っていてMo.が〈もう1個？〉と聞くと	移動出来事・反復
4:11(29)	おちたー	人形が電車から落ちて	経路・垂直的経路
	取って	T1が〈Bちゃん取って〉とボールを取って言うと	経路・直示的経路
	アンパンマン	アンパンマンの絵を描き終わって	経路・目的終了
	乗せてー	T2がレゴの人形に〈乗せてー〉と言うと，しばらくして	図と地・付着
	乗せてー	人形をレゴの電車に乗せながら	図と地・付着
	ガッチャン	〈シートベルト〉とT1が言うと	図と地・付着
	ガッチャン	椅子に座りシートベルトをつけるふり	図と地・付着
	シートベルトガッチャン	椅子に座りシートベルトをつけるふり	図と地・付着
	アンパンマンバイバーイ	アンパンマンの人形に向かって	移動出来事・閉塞

表 6-1 続き

CA	発話	文脈	力動出来事語のカテゴリ
	乗せてー	T1が〈ハム太郎乗せてー〉と言うと	移動出来事・閉塞
	もう1個	人形を探して	移動出来事・反復
	これ	T1が〈これ？〉と聞くと,首を振りながら	移動出来事・否定(反転)
	ちぇちぇちぇ	T1に〈Bちゃんも〉とマイクを向けられて嫌ということを表現して	移動出来事・否定(反転)
5:1 (4)	チョコボール落ちた	T1が〈チョコボール落ちた〉と言うと	経路・垂直的経路
	チョコボール落ちた	チョコボール（玩具）が落ちて	経路・垂直的経路
	ポテトー	お店屋さんごっこでポテトがほしいという意味で	経路・直示的経路
	チョコボール下さい	チョコボール（玩具）の要求	経路・直示的経路
	チョコボール	チョコボール（玩具）の要求	経路・直示的経路
	ちょうだいチョコボール	チョコボール（玩具）の要求	経路・直示的経路
	ぱく	食べるふり	経路・直示的経路
	取って	T1が〈ポッキーどうぞ〉と言うと	経路・直示的経路
	プップー	自動車に見立てた椅子に乗って	経路・直示的経路
	そーれ	ダーツで遊びながら	経路・直示的経路
	トマトあげよ	ミニフードで遊びながら	経路・直示的経路
	キャベツあげよ	ミニフードで遊びながら	経路・直示的経路
	きゅうりあげよ	ミニフードで遊びながら	経路・直示的経路
	遅れそう	走りながら	経路・直示的経路
	どーぞ	T2が〈どうぞ〉と言って玩具のカップを渡すと	経路・直示的経路
	どうぞ	玩具のカップを受け取りながら	経路・直示的経路
	チョコボール	エルモの人形に食べさせながら	経路・直示的経路
	チョコボールとアイスクリーム	チョコボール（玩具）の要求	経路・直示的経路
	それ	ダーツで遊びながら	経路・直示的経路
	キャッチ	T1が〈キャッチ〉と言いながらボールを投げると	経路・直示的経路
	ジャー	T2が〈ジャー〉と言ってお茶を入れるふりをすると	図と地・包含
	ジャー	お茶を入れるふりをしながら	図と地・包含
	開けて	T2にびっくり缶を渡して	図と地・包含
	開けて	びっくり缶を開けてほしくて	図と地・包含
	開けて	T2が〈開けて〉と言うと	図と地・包含
	開けて	T1が〈開けて〉と言うと	図と地・包含
	開かない	びっくり缶を開けようとして	図と地・包含

第6章　自閉症スペクトラムの子どもの2語発話期における力動出来事語

開け	びっくり缶を開けようとして	図と地・包含
バイバイ	びっくり缶のヘビを戻してほしくて	移動出来事・閉塞
バイバイ	ヘビをびっくり缶に戻しながら	移動出来事・閉塞
さよなら	遊びのなかで	移動出来事・閉塞
もっかい	びっくり缶をしてほしくて	移動出来事・反復
嫌	歌に対して	移動出来事・否定（反転）
やーだ	遊びのなかで	移動出来事・否定（反転）

塗りつぶしは，定型発達の子どもと共通のものを示す。
＊は類似状況における，類似表現を示す。
Mo.：母親，T1：療育者，T2：補助を示す。

B児では，定型発達の子どもでもみられたように，物の名称（あるいは人の名前）によって力動出来事を示すことがあった。力動出来事を示す語と考えられたものについては，名称も各カテゴリに分類した。

〈経路・垂直的経路〉は，指人形を階段で歩かせてジャンプさせるという遊びのシークエンスで「てくてくてくてくジャーンプ」あるいは，「てくてくてく」，「ジャーンプ」が何度も出現した。これらはフレーズとして発話されていた。このような遊びとフレーズが結び付いたものとして，鳥の人形を飛ばすふりをしながら「ぱたぱた」と発話することがあった。B児の〈経路・垂直的経路〉では，ミニフードのアイスを重ねていたが崩れたことに対しては「できない」，玩具が落ちた際は，「落ちた」あるいは「チョコボール落ちた」の2語発話もみられた。この「落ちた」の表現は，定型発達の子どもと共通する表現だった。その他に，抱っこされて飛んでいるふりをしながら「飛んだ」や「ブーン」，高く積み上げたときに「いっぱーい」がみられた。

〈経路・直示的経路〉では，物の受け渡しにおいて「アイスくださーい」の2語発話が出現した。また，物の名称だけで表されることもあった。これは，定型発達の子どもでもみられたものである。さらに，「どうぞ」と受け取りながら発話することも共通していた。〈経路・垂直的経路〉でも発話さ

れた「てくてくてく」が，人形を歩かせる場面でみられた。事例自身が走る移動のなかで「待てー」も出現した。ごっこ遊びのなかでは「お風呂行ってきまーす」の発話がみられた。「見て」と「取って」も定型発達の子どもと共通したものだった。

〈経路・目的終了〉では，遊びが終了したときに「おしまい」がみられた。終了した遊びの名称で表すこともあった（アンパンマンの絵を描き終わって「アンパンマン」）。

〈図と地・包含〉では，びっくり缶の遊びのなかで「開けて」の語が出現した。開けようとしたが開かないときには「開かない」がみられた。お茶を入れるふりをするときには，療育者らの真似をしながら「ジャー」の擬音語が発話された。この擬音語と「開けて」の語は，定型発達の子どもでもみられたものである。

〈図と地・付着〉では，椅子に座りシートベルトをしめるふりをするという遊びのシークエンスのなかで「シートベルト」，「ガッチャン」の語が何度も出現した。これらは，〈経路・垂直的経路〉でみられたものと同様に遊びのなかでフレーズ化されたものであった。野球遊びのなかで「かっとばせ」や「カーン」といった語も同様に，遊びと結びついたものであった。ミニフードのたまごをわるふりをしながら「コンコン」の擬音語は定型発達の子どもでもみられたものであった。人形を電車に乗せる場面で「乗せてー」の語が〈図と地・付着〉では，出現した。

〈移動出来事・閉塞〉は，お店屋さんごっこで帰るときや，びっくり缶のヘビをしまうときに，「ばいばーい」の語が出現した。びっくり缶で驚くという場面で「わー」や「うわー」，「キャ」といった感嘆語も出現した。予想と違う場面で「あれー」の語も出現した。これらの表現は，日本語における力動出来事語と共通していた。同じビックリ缶（定型発達の子どもでは，びっくり箱）では，その中身の名称によって閉塞について示すことも共通した。

〈移動出来事・反復〉は，遊びの繰り返しの要求や玩具の要求の際に，「も

う1回」や「もう1個」の語が出現した。この「もう1回」についても，日本語における力動出来事語でみられたものであった。

〈移動出来事・否定（反転）〉は，療育者らの提案に対して「嫌」や「だめ」と答えることがみられた。B児特有の表現としては，「ちぇちぇちぇ」が出現した。

4．動詞

各セッションにおける，新出語彙数と新出動詞数の推移について，図6-3にまとめた。

初回のセッションでは，20語の語彙のうち動詞は4語であった。最後のセッションである1歳5か月4日では，34語の新出語彙のうち動詞は3語であった。全セッションを通して，「ください」，「できない」，「あった」，「開けて」，「飛んだ」，「落ちた」，「見て」，「いる」，「乗せて」，「入ります」，「取って」，「どいて」の12語の異なりの動詞が出現した。

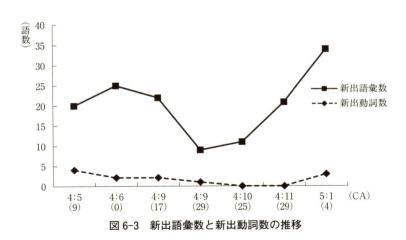

図6-3　新出語彙数と新出動詞数の推移

第4節　考察

　本章において対象とした期間は，B児は2語発話が出現し始める時期にあり，第4章，第5章において検討したD児，E児とMLUの段階において同じ時期にあったといえる。発話数からみても多語発話は未出現であり，2語発話が出現し始めた時期であった。動詞に関しても，出現数は定型発達の子どもと同程度（12語）であった。B児にみられた力動出来事語は，日本語における力動出来事語と共通する語と，遊びのなかでB児のみに出現した語があった。また力動出来事に関して言及するときに，フレーズ化された表現がみられた。

1．力動出来事語

　今回対象とした期間，力動出来事的な状況において出現した語は，日本語における力動出来事語と共通したものと，定型発達の子どもではみられず，B児のみで出現したものがあった。
　〈経路・垂直的経路〉では，人形を歩かせてジャンプさせるという遊びのなかで「てくてくてくてく」，「ジャンプ」あるいは，「てくてくてくてくジャーンプ」がフレーズ化され出現した。また，わしの人形を飛ばせるふりをしながら「ぱたぱた」の発話も同様であった。このような，フレーズ化されパターン化した表現が力動出来事においても，自閉症スペクトラムの子どもではみられた。力動出来事語は語結合において動詞へと移行することが指摘されているが（McCune, 2008），このようなパターン化された語は移行しにくいと考えられた。反対に，定型発達の子どもでみられた日本語の力動出来事語と共通した語として「落ちた」があった。この語は，「チョコボール落ちた」と語結合にも含まれており，こういった共通してみられる語は2語発話へと移行しやすいことが示唆された。これらのことが，自閉症スペクトラム

の子どもの2語・多語発話の発達に関係していることが考えられた。また，「いっぱーい」も日本語の力動出来事語には含まれていなかったが，同様に玩具を積み上げて「高い」という発話が日本語の力動出来事語には含まれている。これらは，語は違うが同じことについて表していると考えられた。また，「出来ない」が同じように積み上げたが崩れ落ちた場面でみられた。「出来た」の語は，〈経路・目的終了〉に分類されるが，今回は崩れたことに対して言及しているため〈経路・垂直的経路〉に分類した。

〈経路・直示的経路〉においても，「てくてくてくてく」と「ジャーンプ」あるいは，「てくてくてくジャーンプ」のパターン化された発話がみられた。一方で，日本語の力動出来事語と共通した発話としては，「見て」，「取って」，「どうぞ」があった。ほしい物をその名称によって示すことも共通してみられた。こういった語は，「Bちゃん見てー」のように，語結合へと移行しやすいことが考えられた。ふりの擬音語が違うものの，食べるふりをしながら「ぱく」ということも定型発達の子どもと共通しているといえるだろう。また，ほしいものに関して「チョコボールください」や「ちょうだいチョコボール」の発話がみられた。同じ状況で定型発達の子どもでは，「はい」や「ほしい」の語が示されたが，今回B児でみられた「ください」の語の方が成人の語に近い形であるといえる。こういったことばは，「遅れそう」や「キャッチ」などの発話とともに，療育者らのことばをそのまま取り入れていたためだと考えられる。このような，他者のことばをそのまま取入れることで，場面に適した発話がみられたと思われる。B児のように，他者のことばをそのまま取り入れることを通して，語彙が増えていくこともあるだろう。しかしながら，それらのことばが他の場面や状況へと広がらないという可能性もあり，そのことが，自閉症スペクトラムの子どもの2語発話の発達に影響していると考えられる。

〈経路・目的終了〉においては，「おしまい」と「できない」に加えて，完了した物の名称によって示すことがみられた。定型発達の子どもの〈経路・

目的終了〉では，行為の完了について喜び，母親に伝えるような表現であった。そのため「よし」や「できた」，「いえーい」といった発話がみられていたが，B児では，遊びの完了で片づける，遊びを終了する意味での発話と考えられた。

〈図と地・包含〉では，日本語力動出来事語と同じ「開ける」とお茶を入れるふりの音「ジャー」，入れるときの擬音語「ポン」が出現した。しかしながら，'出す'や'閉める'の状況について言及されることはなかった。また，定型発達の子どもでは閉める状況や〈包含〉を表すものすべてにおいて「開けて」の語が適用されることがみられたが，B児ではみられなかった。これは，「開ける」という状況が，びっくり缶の蓋を開けるという状況に限定されていたためだと考えられ，語が獲得された後，同じ力動出来事のカテゴリを示す他の状況へと広がりにくいことが関係していると考えられた。

〈図と地・付着〉においては，〈経路〉でみられたような，遊びのなかでパターン化された「ガッチャン」，「シートベルトガッチャン」，「かっとばせ」といった語が出現した。しかしながら，自己の行為に関して，擬音語による表現がみられるところは共通していた。例えば，ミニフードのたまごをわるふりをしながら「コンコン」や，野球のバットで打つふりをしながら「カーン」や「ポン」などである。擬音語には多くのバリエーションがあるため，全く同一のものとはいえないが，擬音語表現という部分では共通しているといえよう。その他には，人形をレゴの電車に乗せようとして人形のふりをして「乗せてー」の語や，人形と握手をしながら「握手」が出現した。これらは，療育者らのセリフやことばを取り入れているものであり，今後使用される場面が増えてくることがキーとなるだろう。

〈移動出来事・閉塞〉の場面では，「ばいばーい」に加えて「あれ」や「わー」，「あー」といった感嘆語が日本語の力動出来事語と共通してみられた。これらは，びっくり缶の遊びのなかで出現し，遊び場面も共通したものであった。しかしながら，〈移動出来事・閉塞〉においても，発話される状況が

びっくり缶の遊びにほぼ限定されていた。その他の状況に広がっている場面では，ぬいぐるみに向かって「アンパンマンバイバーイ」と語結合がみられており，使用場面が増えてくることが必要であることが，このことからも示唆された。

〈移動出来事・反復〉では，「あと1回」，「もう1個」，「もっかい」がB児で発話された。「もう1回」は，日本語の力動出来事語にもみられたものであり，これらの表現については人形を探しながらや，遊びの要求などの場面で発話されていた。定型発達の子どもでは，物の名称や擬音語などによって表されることがあったが，B児では場面にあった語で表されていた。

〈移動出来事・否定（反転）〉では，「やだ」や「嫌」，「だめ」，「これ」，首を振りながら「ちぇちぇちぇ」が出現した。「やだ」，「嫌」は日本語の力動出来事語と共通したものである。これらの〈移動出来事・否定（反転）〉を示す語は，療育者らの提案や行動に対して言及していた。こういった面は，定型発達の子どもでもみられたものであった。

2．自閉症スペクトラムの子どもの2語発話期における力動出来事語

今回，対象としたB児の力動出来事語では，日本語の力動出来事語と共通するものとB児のみで出現したものがあった。さらに，動詞においても11語出現したうちの5語が定型発達の子ども2例に共通してみられた動詞であった。そして，それらの動詞では力動出来事的において，語結合がみられる傾向が少数ながらも示唆された。

今回，力動出来事語のすべてのカテゴリにおいて発話が認められたが，力動出来事語におけるカテゴリのなかで，開けると閉めるのような反対の方向性を示すものや〈経路・直示的経路〉における，近い距離と遠い距離などでは，一方しか言及されなかった。自閉症スペクトラムの子どもでは，こういった空間関係における理解の困難さがあるため（Fonseca, 2010），このような一方向的な語がみられたと考えられた。そして，こういった空間や可逆性と

いったものに対する認識の範囲の狭さといった部分が，自閉症スペクトラムの子どもにおいて力動出来事語の発達に影響していることが示唆された。

また，B児の力動出来事語は遊びや場面に強く結びついたものがいくつかあり，その使用場面が限定されていることが考えられた。第1章であげた高須賀（1992b）は発話の多様性と多語発話の関連性を指摘していたが，本研究の結果，なかでも力動出来事語の使用場面の広がりや，さらに可逆性について言及することがB児の力動出来事語の発達において必要となることが考えられた。

力動出来事語の出現については，〈経路・直示的経路〉がもっとも多いという点は，定型発達の子どもと共通していた。〈経路・垂直的経路〉も多くみられていたが，これらの発話にはパターン化されたものが多く含まれていたため多くみられたと考えられる。定型発達の子どもで多く出現した〈図と地・包含〉については，B児では少なかった。

今回，B児では，定型発達の子どもにみられたような複数のカテゴリにわたって同じ語が発話されることはなかった。そのため，より場面に適した語を使用していた。しかしそれらの発話は，保護者や療育者らの言ったことばをそのまま取り入れていたためという可能性がある。しかしながら，それによって語彙が増えていくことにもつながると考えられる。そのため，今回，力動出来事語の使用場面の狭さという特徴がB児ではみられたが，語彙の使用の場面が広がっていくことが，力動出来事語の発達においても自閉症スペクトラムの子どものことばの発達において重要となってくると示唆される。

もっとも，定型発達の子どもにおいてみられた日本語の力動出来事語とは，遊びや場面設定の違いから出現する力動出来事語は異なってくるだろう。しかしながら，自閉症スペクトラムの子どもでは，力動出来事の言及がみられても，その語の反対を意味する語（例えば，開けるに対して閉めるなど）の出現に困難さがみられるといえよう。それらが，力動出来事語の発達に影響していることが考えられた。また少数ながらも定型発達の子どもで出現した力動

出来事語では2語発話で発話される傾向も示唆されたことから，2語・多語発話の発達に力動出来事語の発達が影響を与えていることが考えられる。こういった使用場面の広がりや出現した力動出来事語の反対の方向性の語の使用といった面について着目していく必要性が示唆された。

第7章　総合的考察

第1節　自閉症スペクトラムの子どもにおける2語・多語発話期の力動出来事語

　第1章では，自閉症スペクトラムの子どもの2語・多語発話の発達について展望した。2語・多語発話の発達について定型発達の子どもでは，初期の統語の発達において，近年，動詞が注目されており，自閉症スペクトラムの子どもの2語・多語発話の発達を考えるうえで重要であると考えられた。しかしながら，自閉症スペクトラムの子どもでは動詞の発達に困難さがみられ（辰巳・大伴，2009），動詞の発達と関連して動詞の基礎となる語である力動出来事語（McCune, 2008）が注目される。力動出来事語は，空間における可逆的な移動について示す語（McCune, 2008）であり，自閉症スペクトラムの子どもでは力動出来事語の獲得に困難さを示すことが示唆された。そして，このことが動詞の発達，さらには2語・多語発話の発達に関連していると考えられた。

　そこで，第1章の展望の結果，自閉症スペクトラムの子どもの2語・多語発話の発達において，力動出来事語という観点から自閉症スペクトラムの子どもにおいて困難さが指摘されている空間的な語や可逆的な出来事に関する語の獲得，さらに動詞の発達について検討していく必要性が明らかとなった。

　第2章では，自閉症スペクトラムの子どもの1語発話期から2語発話期にある事例A児の協力のもと，自閉症スペクトラムの子どもの2語・多語発話の発達について検討を行った。その結果，A児においてもこれまで指摘されていたように動詞の発達に困難さが示され，パターン化された発話が語彙の

広がりにくさにつながっている可能性が示唆された。また，軸語を中心としたパターン化された発話に変化がみられたとき動詞を伴う2語発話が出現したことから，自閉症スペクトラムの子どもの2語・多語発話の発達について明らかにするにあたって，動詞の発達について検討する必要があることが明らかになった。そのためにも，まずは動詞発達における基盤，つまり力動出来事語の発達について明らかにしていく必要性が示された。

　第3章では，自閉症スペクトラムの子どもでは獲得に困難さがあると考えられる力動出来事語の発達について，1語発話期から2語・多語発話期への移行期にある自閉症スペクトラムの事例，B児とC児の2例を対象にMcCune（2008）によって提示されている英語における力動出来事語から，その出現について検討した。その結果，McCune（2008）の力動出来事語をそのまま訳したもので検討した場合，〈経路・直示的経路〉，〈移動出来事・否定（反転）〉に関する語は早期から出現し，〈図と地・包含〉，〈経路・垂直的経路〉の語は獲得に時間がかかることが示唆された。また，力動出来事語を含む語結合についても，定型発達の子ども（McCune（2008）の事例）と比較して少ない傾向が示され，自閉症スペクトラムの子どもでは力動出来事語の出現において偏りがあることが示唆された。このことは，力動出来事語が他の語で表されている可能性や，発話された語のフレーズ化，パターン化によって他の語へ広がりにくいことが考えられ，より豊かな発話には力動出来事語のカテゴリといった語やその使用の広がりが関わると考えられた。また，他の語で表されている可能性があることからも，新たに日本語での力動出来事語の発達について検討する必要性が示された。

第2節　定型発達の子どもによる日本語の力動出来事語の資料から

　日本語においては，力動出来事語の獲得に関する資料がまだ十分ではない。そのため第4章では，定型発達の子どもD児，E児を対象に，力動出来事的

な状況における音声の発達について検討した。また，力動出来事的な状況における音声の出現順序についても着目した。その結果，〈経路・直示的経路〉の「どうぞ」や〈図と地・包含〉の「開けて」などMcCune（2008）の分類と共通した表現がみられた。日本語の特徴として，擬音語や幼児語によって力動出来事を示すことが明らかとなった。さらに，物の名称によって力動出来事を示すことがあり，そのなかには力動出来事的な意味が含まれると考えられた。力動出来事語の出現順序に関しては，〈経路・直示的経路〉と〈移動出来事・反復〉が他のカテゴリに比べ早く出現し，〈移動出来事・閉塞〉と〈経路・目的終了〉は出現が遅い傾向が示された。このことから，事例自身の目の前で移動が生じること，事例の要求に関する語は比較的早期から出現し，反対に移動した状態について言及するものは出現に時間がかかると考えられた。

　さらに，第5章では2語発話がみられ始める時期における日本語の力動出来事語の発達について，引き続き定型発達の子どもD児，E児を対象に検討を行い，この時期の力動出来事語について明らかにした。その結果，2語発話出現期においては，同じ力動出来事的な状況でさまざまな語がみられた。この時期には，本研究において設定した力動出来事的な状況において2語発話がみられ始め，それらの発話はMcCune（2008）の指摘する事物の意味と力動的な意味をそれぞれ示すものであった。それらの割合は，2語発話のうち81％と71％であり，D児，E児で出現した2語発話のうち半数以上が力動出来事語を含むものであった。それらには「ママヘビ」のような名称同士の語結合も含まれていたが，「見てパン」や「あったワンワ」，「パパ来た」，「ママ開けて」のような発話が中心となっていた。つまりこれらの発話においては，力動的な意味と事物の意味の両方を含むものではなく，力動的な意味と事物の意味をそれぞれ記号化しているものであったといえよう。しかしながら，まだこの時期には1語発話が2語発話に比べて多く，この時期に出現した動詞は，力動出来事語の段階（事物の意味を含む段階）であると考えら

れた。これらの語は，2語発話の増加にしたがい，動詞としての使用が増えていくだろう。今回，D児とE児において，力動出来事的な状況における表現にバリエーションがみられてきたこと（例えば，同じ状況で「開けて」，「ほしい」，「これ」などが発話されるなど）も動詞の発達につながったと考えられた。また，擬音語による表現は2語発話に含まれるなど継続してみられた。そのため，擬音語の力動出来事語は，日本語における特徴だということが明らかとなった。名称によって力動出来事を示すこともみられ，名称同士による語結合も出現した。つまり，語結合がみられても力動出来事と事物の意味が別々に示されるというわけではなく，力動出来事語は語結合がみられた後，動詞へと移行するものと移行しないものがあるということが示唆された。

　第4章，第5章の結果から，日本語における力動出来事語では，擬音語や幼児語が含まれており，さらに名称によって力動出来事が示されるという特徴が示された。第4章，第5章の期間を通して出現した力動出来事語について，表7-1に示す。これらは，発話された状況における力動的側面を示したものであることに注意する必要があるが，これらの語が本研究で出現した日本語における力動出来事語である。その結果，〈経路・直示的経路〉における「どうぞ」や〈図と地・包含〉における「開ける」などMcCune（2008）の分類と共通するものがみられた。また，複数の力動出来事語のカテゴリにおいて同じ語が出現することもあった。例えば「これ」は，'これちょうだい'や'これ開けて'などさまざまな場面で使われたためである。そのため，発話された状況に着目することは今後も必要である。しかし，2語発話が出現し始める時期になると，母親とのやり取りのなかで新たな語の提示がされることや伝えようとさまざまな語を使用することを通して，力動出来事的な状況において場面に適した語がみられるようになっていった。しかしながら，「開けて」の語はまだ使用が〈図と地・包含〉だけではなく〈図と地〉の状況全体で使用されており，くっ付いたものをはなす場面でも使用されていた（蓋を開けるなどもくっ付いているものをはなすため）。さらに，閉める状況でも

表7-1 定型発達の子どもで出現した力動出来事語

力動出来事語のカテゴリ		力動出来事語
経路	垂直的経路	だっこ, ねんね, たっち, よいしょ, よし, あっち, これ, あった, ないない, はい, 開けて, 高い, 落ちた, びっくりした, おっと, ねんね, 擬音語 (ポイ, ピ, ゴー, ブシー, ジャー), 名称 (ワンワン, ママ)
	直示的経路	どうぞ, はい, あい, これ, おいしー, うん, 開けて, ここ, 見て, する, 飛んでいけー, ほしー, 貸して, とって, あった, あっち, あれ, ばあ, 出た, 擬音語 (あむ, あん, まんまんまん, まままま, シュー, プーブープー, ピピピ, ポン, ブブー), 名称 (ママ, ヘビ, ジュース, おやつ, チョコ, ワンワン, ○ちゃん, マンマ)
	目的終了	いえーい, できた, よし, あった, 取れた
図と地	包含	開いた, 出た, どうぞ, これ, ほしい, ばー, よし, あった, はい, わーお, これ, する, できた, ないない, こっち, 擬音語 (ジャー, ジー, ポン), 名称 (ちょうちょ, 氷, ママ)
	付着	やー, よしし, でったー, はい, うん, 痛い, よし, これは, 開けて, 待って, 脱げる, 出ておいで, ほしい, して, こっち, 擬音語 (トントン, タタタタ, コンコン, ちゅ, ちく, トトト, ぽんぽん, ごっちん, ぺっちん, ぺち, かん, がっちんこ, チョキチョキ, ぽん), 名称 (ママ, 足, 耳)
移動出来事	閉塞	あった, おしまい, ないない, これ, あれ, ばいばい, ばあ, 怖いね, わーお, びっくりした, 出た, やだ, ほしー, 行っちゃった, なくなった, もうない, 擬音語 (ピカピカ), 名称 (ちょうちょ, あおむし, ワンワン, ヘビ)
	反復	はい, ぐるぐる, 開けて, もっかい, して, これ, はい, おかわり, あった, する, 変える, 擬音語 (にゃー, ちゅちゅちゅー, たたら), 名称 (ママ, おむつ, うんこ)
	否定 (反転)	ううん, 嫌や, あい, 痛い, やだ, まだ

「開けて」の語がみられていた。McCune (2008) においても 'open' の語は, 英語を学習している子どもに共通して出現する一方で 'close' の出現は稀であることが指摘されている。これは, 包含関係の理解自体に関連していることが考えられ, 日本語の力動出来事語においても同じ傾向がみられた。さらに動作をあらわすことばでは, 適切な動詞をマップすることが難しいという傾向は (Imai, Haryu & Okada, 2005), 力動出来事語においてもみられた。複数のカテゴリにおいて同じ語が出現することに加え, 明確に力動出来事語

のカテゴリに分類できないものもあったが（物を渡しながら「開けて」の語など），それらも発話の目的から分けていくことができると考えられる（先の例の場合，渡すというよりも，開けてもらうことを目的として渡しているため，〈図と地・包含〉に分類する）。

　McCune（2008）によると，2語発話が出現し始める時期になると，力動出来事と事物の語をそれぞれ別々に発話することがみられ始め，事物の意味を含まない動詞である真の動詞が出現し始めるという。本研究において，この時期にみられた動詞では，2例で出現した動詞のほとんどが共通していた。その一覧は，表7-2に示す。これらの語は，他の力動出来事語に比べ「ママ開けて」や「おむつあった」など2語発話がみられ，真の動詞（事物の意味を含まない動詞）へ移行しやすいことが示唆される。

　力動出来事語のカテゴリの出現に関しては，〈経路・直示的経路〉がすべての期間を通してもっとも出現を示した。直示的な方向性は，物のやり取りをはじめとして，目の前で生じやすく認識されやすいと考えられた。また，〈図と地・包含〉についても同様に子ども自身が〈包含〉の操作をしていたこと，さらに「開けて」の語がさまざまな場面で出現したため多く出現したと考えられる。一方で，〈経路・目的終了〉に関しては，すべての期間を通して出現数自体が少なかった。これは，目的が完了するということに関して，経路の方向性というよりも，完了を喜ぶ，それを伝える意味が含まれていたためだと考えられた。このように，力動出来事語ではカテゴリによって出現数は異なったが，すべてのカテゴリで発話がみられ，徐々に発話される語にバリエーションがみられることや，場面に適した語へと変化していくことがみられた。これらは，母親に伝えようとすることによって発話のバリエーシ

表7-2　定型発達の子どもでみられた動詞

動詞
開ける，ある，する，できる，見る，落ちる，来る，出る，行く

ョンが増え，それが2語発話につながる（「おむつ替える」など）ことが考えられた。そして発話のバリエーションが増えるなかには，動詞がみられ，それらが2語発話によって発話されるようになるなど相互に関連していくことが考えられた。

第3節　自閉症スペクトラムの子どもにおける力動出来事語と2語・多語発話の発達

　第6章では，第4章，第5章の結果をふまえたうえで，自閉症スペクトラムの子どもの力動出来事語の発達について検討した。その結果，McCune（2008）の示す，英語を対象とした力動出来事語におけるすべてのカテゴリで発話が認められた。これらの発話には，日本語の力動出来事語と共通する語の出現もみられた。この共通した語は少数ながらも他の語と比較して2語発話に含まれる傾向が示唆された。また，自閉症スペクトラムの子どもでは力動出来事に関する発話がみられても，その語の反対を意味する語（例えば，開けるに対する閉めるなど）の出現に困難さが示唆され，それらが力動出来事語の発達，さらに2語・多語発話の発達に影響を与えていることが考えられた。
　第3章で検討した自閉症スペクトラムの子どもにおける力動出来事語はMcCune（2008）による英語における力動出来事語のみを対象としている。そのため，第6章の結果と異なり，力動出来事語はカテゴリによって出現に偏りがみられた。今回，新たに日本語の力動出来事語として検討した結果では，すべての力動出来事語のカテゴリに出現が認められた。さらに，力動出来事語のカテゴリごとの出現数にばらつきがみられていたが，それらは定型発達の子どもにおいてもみられ，自己の行動や目の前で生じている力動出来事についての言及がされやすいといった点が共通していた。またMcCune（2008）の分類とは，今回の日本語における力動出来事語では「開ける」，

「あっち」,「嫌」など共通したものがあり，日本語における力動出来事語に含まれている。加えて，日本語では物の名称や擬音語によって力動出来事が示されることがある。

　第3章のC児は，2語発話期への移行期にあり，多語発話も出現していた。C児では，〈図と地・包含〉における「入る」,「出る」といった逆の方向性に関する発話がみられていたことや，空間関係に関する興味が高いことなど，第6章においてB児に困難さがみられたものでも出現を示し，こういった点が2語発話，さらに多語発話の発達に寄与したことが考えられた。さらに，C児では同じ事象に対する質問や確認，繰り返しや言い直しがみられていた。このようなことは定型発達の子どもにおいて2語発話がみられる際の語彙の広がりとも関連していたことから，2語・多語発話の発達において重要となるといえよう。また，C児では定型発達の子どもではみられなかった力動出来事語の軸語を中心とした2語発話が出現していた。定型発達の子どもでは同じ状況でさまざまな語が使用されるようになった一方で，C児では同じ発話あるいは同じ語を中心とした発話を別の場面で使用する，別の語と組み合わせた発話がされるようになるといったことが2語発話の発達に寄与したことが考えられた。

　自閉症スペクトラムの子どもでは，発話がフレーズ化パターン化し，ことばが広がりにくいことがあり，新奇の語に対しては療育者らのことばをそのまま場面に適用することがみられた。そのため，Oshima-Takane, Kobayashi, Chen, Tardif and Steinman（2012）の指摘にあったような新奇名詞，新奇動詞をそれぞれ行為者と行為へマップするというよりも，場面および状況にマップされていたといえる。このことは，第5章の結果から日本語では，その特徴から事物の意味と力動出来事の意味が未分化なまま発話され続ける可能性があるということが自閉症スペクトラムの子どもではあまりみられなかったことにも通じていると考えられる。それは，事物の意味と力動出来事の意味が未分化な発話というよりも場面に適した発話，つまり療育者らのこ

とばがそのまま発話されたためと考えられる。定型発達の子どもでは,「開ける」の語が〈図と地〉全体に適用されており,〈図と地・包含〉において出現した「開ける」についても,くっ付いているものがはなれるという意味で「開けて」の語が発話されていたことが考えられた(蓋を開けることは,くっ付いている蓋がはなれるという意味として捉えていた)。そのため,「開けて」の語などに誤用がみられたが,自閉症スペクトラムの子どもではこのような誤った使用はみられなかった。そこには,力動出来事語が場面に依存しており,力動的な動きというよりも出来事,遊びに適用されていたことが考えられる。それは,空間関係の理解や力動的な移動に関する理解の困難さによるものであると考えられた。このような空間的な枠組みに依存する発話の困難さはこれまでも指摘されており (Butterworth & Harris, 1994),場面に依存した発話によって力動出来事を示すことは自閉症スペクトラムの子どもの困難さである。定型発達の子どもでは,主に母親とのやり取りのなかで力動出来事語が出現しており,人とのやり取りのなかで力動的な認識がされるようになることが考えられた。このことも自閉症スペクトラムの子どもの力動的な移動の認識,そして力動出来事語の発達における困難さに繋がったのではないか。しかし,自閉症スペクトラムの子どもでは,場面や状況において発話がフレーズ化,パターン化し,そのようなパターン化された発話のなかで新たな語,2語発話,多語発話へと広がっていくこともC児の事例から考えられた。

　B児,C児で出現した2語発話では,事物と力動出来事が別々に発話されており(「チョコボール落ちた」や「Bちゃん見て」,「こっちにする」,「上行きたい」など),力動出来事語から事物の意味を含まない力動的な意味を示す動詞への移行がみられると自閉症スペクトラムの子どもでもいえる。これらの2語発話に含まれた動詞は,力動出来事語において以前にも出現していたものであった(例えば「開ける」など)。このことは,C児においても「行く」や「する」といった語でみられており,表7-2で示した定型発達の子どもで出

現した動詞が2語発話に含まれていた（行く，来る，見る，落ちる，する，ある，など）ことから，これらの動詞の出現は自閉症スペクトラムの子どもにおいても2語発話，多語発話の発達に関係していると考えられた。自閉症スペクトラムの子どもでは，これらの力動出来事語の獲得に困難さがみられることが考えられたが，今回の結果から事例自身が主体となるものは出現することが示唆された。

　今回，自閉症スペクトラムの子どもの力動出来事語と2語発話，動詞の発達といった観点から検討を行い，自閉症スペクトラムの子どもの2語・多語発話の発達について明らかにすることを目的としてきた。自閉症スペクトラムの子どもでは，パターン化された発話によって，発話される力動出来事が限られていることがあった，それは発話された力動出来事語が特定の場面，遊び（その力動出来事語が発話された場面）にしか言及されず，時間的空間関係の理解が十分に伴っていない可能性が考えられた。さらに，発話される語が限定されていることがみられた。これらは，力動出来事語の発話においても同様であった。それには，力動出来事語において反対の方向性に関する発話がみられない（例えば，「行く」に対する「来る」など）ことにもつながっていると考えられた。実際にB児では，〈経路・直示的経路〉の物の受け渡しでは，'渡す'という方向よりも，'取る'，'受け取る'といった一方向のものが主であった。しかしながら，力動出来事に関して反対の方向性に関して示す語が出現した事例（C児）は2語発話移行期にあり，多語発話が出現していた。この事例においてもパターン化された発話は出現していたが，その軸語を中心とした2語発話がみられており（「ここ」を軸に「こここれ外」や「もう1個ここに来た」，「ここいたね」など），力動出来事語を中心とした2語発話がみられていた。また，このように2語発話，多語発話がみられることによって力動出来事語として事物の意味も含まれて発話されていた語も事物の意味を含まない動詞として発話されるようになったといえる（「もう1個ここに来た」の「来た」は真の動詞といえる）。2語・多語発話にみられた動詞は，そ

れ以前に力動出来事語において発話されていた語であった。これらのことから，力動出来事語が発話される場面が広がること，そして力動出来事に関して，反対の方向性（つまり両方向，例えば，「上」に対する「下」など）についても言及することができるようになることが自閉症スペクトラムの子どもの2語・多語発話の発達において重要となるだろう。さらに，力動出来事について発話される語の広がりは2語発話に繋がり，さらに語の広がりのなかで従来の動詞がみられてくる。そして，それらの動詞は2語発話において発話される傾向があることからも自閉症スペクトラムの子どもにおいて，発話場面の広がり，発話される時間及び空間の方向性が広がること，そしてそれらが適切な語へと変化していくことが動詞の発達，そして2語・多語発話の発達へとつながることが明らかとなった。

第4節　今後の課題

　今回，定型発達の子どもの資料から，日本語の力動出来事語について明らかにし，自閉症スペクトラムの子どもにおける力動出来事語の発達について検討を行った。その結果，日本語の力動出来事語では，擬音語や幼児語，さらに名詞が含まれることが明らかとなった。そして，力動出来事語を検討するにあたっては，擬音語や幼児語，名詞は多様にあるため，文脈から検討する必要性が示された。また，日本語の特徴からも事物の意味と力動的な意味が未分化なまま発話され続ける可能性が示唆された。2語・多語発話期へと移行した後にも，このような傾向が実際みられるのかについては今後，検討する必要がある。

　自閉症スペクトラムの子どもでは，発話された力動出来事語は場面に依存したものや，療育者らのことばをそのまま取り入れていたため，定型発達の子どもでみられたような誤用が少なかった。一方で，発話される力動出来事の方向性が一方に限られるといった特徴があった。しかしながら，2語発話

期への移行期，さらに多語発話がみられた事例では，時間あるいは空間における言及が一方だけでなく両方向に関する力動出来事語がみられた（例えば，「行く」に対する「来る」など）。そのため，このような力動出来事語の意味において力動的な方向が一方だけでなく，両方向に発話されるようになることについて検討していくことは，さらに自閉症スペクトラムの子どもの力動出来事語の発達を明らかにしていくにあたって必要となってくると考えられる。

文　　献

American Psychiatric Association (2013) Diagnostic and statistical manual of mental disorders: DSM-5. American Psychiatric Publishing. 日本精神神経学会（監修）(2014) DSM-5　精神疾患の診断・統計マニュアル．医学書院．
Brain, M. (1963) The ontogeny of English phrase structure. *Language*, 39, 1-14.
Brown. R. (1973) A first language: The early stages. Harvard University Press.
Butterworth, G., & Harris, M. (1994) Principles of developmental psychology. Lawrence Erlbaum Associates Ltd, East Sussex, Hove, UK. 村井潤一（監訳）(1997) 発達心理学の基本を学ぶ―人間発達の生物学的・文化的基盤．ミネルヴァ書房．
Fonseca, V. R. (2010) Les difficultés concernant le pronom personnel et l'espace mental dans les troubles autistiques: Une hypothese. *Neuropsychiatrie de l'Enfance et de l'Adolescence*, 58, 145-151.
藤上実紀・大伴　潔 (2009) 自閉症児の語彙獲得に関する研究―知的障害児との比較による検討―．東京学芸大学紀要　総合教育科学系, 60, 487-498.
Gathercole, V. C. M. (2006) Special issue: Language- specific influences on acquisition and cognition: Introductory note to Part 2. *First Language*, 26, 139-140.
針生悦子 (2004) 動作をあらわすことばの学習―子どもはどうやってその意味を推論するのか．児童心理, 58-1, 113-119, 金子書房．
Herr-Israel, E., & McCune, L. (2006) Dynamic event expression of motion events and the transition to verb meanings. In Gagarina, N. & Gulgzow, I. (Eds), *Language specificity in the discovery of verb meaning, Kluwer Academic Publishers*, The Hague, The Netherlands, 124-149.
生澤雅夫・松下　裕・中瀬　惇 (2002) 新版K式発達検査2001実施手引書．京都国際社会福祉センター．
Imai, M., Haryu, E., & Okada, H. (2005) Mapping novel nouns and verbs onto dynamic action events: Are verb meanings easier to learn than noun meanings for Japanese children?, *Child Development*, 76-2, 340-355.
伊藤友彦 (1997) 言語理論を基盤とする言語獲得研究―二語発話段階から多語発話段階への移行について―．音声言語医学, 38-3, 291-296.
Johnson, M. (1987) The body in the mind: The bodily basis of meaning, imagina-

tion, and reason. The University of Chicago Press, Chicago, Illinois.

Kersten, A. W., & Smith, L. B.（2002）Attention to novel objects during verb learning. *Child Development*, 73, 93-109.

小林哲生・麦谷綾子（2007）乳児はいつ動詞を学び始めるか―音声と動作の対応づけ能力の発達過程―．電子情報通信学会技術研究報告書，53, 31-32.

小山　正（2000）子どもの発達とことばの獲得．小山　正（編）ことばが育つ条件―言語獲得期にある子どもの発達―．培風館，1-15.

小山　正（2009）言語獲得期にある子どもの象徴機能の発達とその支援．風間書房．

小山　正（2010）意味発達を支える象徴機能．秦野悦子（編）子どもへの発達支援のエッセンス　第1巻　生きたことばの力とコミュニケーションの回復．45-59, 金子書房．

小山　正（2012a）言語獲得初期における空間語彙と動詞の理解との関連―ダウン症の事例から―．音声言語医学，53, 148-152.

小山　正（2012b）初期象徴遊びの発達的意義．特殊教育学研究，50, 363-372.

McCune, L.（1995）A normative study of representational play at the transition to language. *Developmental Psychology*, 31, 198-206.

McCune, L.（2006）Dynamic event words: From common cognition to varied linguistic expression. *First Language*, 26, 233-255.

McCune, L.（2008）How children learn to learn language. Oxford University Press, New York. 小山　正・坪倉美佳（2013）子どもの言語学習能力―言語獲得の基盤―．風間書房．

三宅和夫（監）（1991）KIDS乳幼児発達スケール手引き．財団法人発達科学研究教育センター．

宮田Susanne（2012）日本語MLU（平均発話長）のガイドライン―自立語MLUおよび形態素MLUの計算法―．健康医療科学研究，2, 1-17.

守田貴弘（2006）空間移動表現の類型論的研究―直示移動表現を中心に―．日本言語学会第132回大会．

Naigles, L. R., Kelty, E., Jeffery, R., & Fein, D.（2011）Abstractness and Continuity in the syntactic development of young children with autism. *Autism Research*, 4, 422-437.

Nakazawa, T.（2007）A typology of the ground of deictic motion verbs as path-conflating verbs: the speaker, the addressee, and beyond. *Poznan studies in Contemporary Linguistics*, 43-2, 59-82.

二宮　昭（1985）1歳児の語彙発達．日本教育心理学会第27回総会．
小川詩乃・福島美和・田村綾菜・正高信男（2010）発達障害児の直示動詞の理解と心の理論の関連．日本発達心理学会第21回大会発表論文集，589．
小椋たみ子（1999）語彙獲得の初期発達．桐谷　滋（編）ことばの獲得，144-194．ミネルヴァ書房．
小椋たみ子（2006）言語獲得における認知的基盤．心理学評論，49-1，25-41．
小椋たみ子（2007）日本の子どもの初期の語彙発達．言語研究，132，29-53．
大久保愛（1984）幼児言語の研究―構文と語彙―．あゆみ出版．
Ogura, T., Dale, P. S., Yamashita, Y., Murase, T., & Mahieu, A. (2006) The use of nouns and verbs by Japanese children and their caregivers in book reading and toy-play contexts. *Journal of Child Language*, 33, 1-29.
Oshima-Takane, Y., Kobayashi, T., Chen, J., Tardif, T., & Steinman, C. (2012) Mapping of novels nouns and verbs in dynamic motion events in Japanese-, French- and English- speaking infants: a crosslinguistic study. *22nd Biennial Meeting of International Society for the Study of Behavioral Development Abstruct Book*, 180-181.
Parish-Morris, J. (2012) Relational vocabulary in preschoolers with autistic spectrum disorder: The role of dynamic spatial concepts and social understanding. Proquest Umi Pissertaton Publishing.
Piaget, J., & Inhelder, B. (1966) La Psychologie de L'enfant. Press Universitaires de France, Paris. 波多野完治・須賀哲夫・周郷博（訳）（1969）新しい児童心理学　白水社．
Tager-Flusberg, H. (1993) What language reveals about the understanding of minds in children with autism. Baron-Cohen, S., Tager-Flusberg, H., & Cohen, D. J. (Eds.). *Understanding other Minds perspective from Autism*, Oxford University Press, Oxford, UK, 138-157. 田原俊司（監訳）（1997）心の理論（上）―自閉症の視点から―．八千代出版．
Tager-Flusberg, H. (2007) Evaluating the theory-of-mind hypothesis of autism. *Current Directions in Psychological Science*, 16, 311-315.
高須賀直人（1992a）自閉児の初期2語発話の構文的構造．耳鼻咽喉科臨床，59，116-130．
高須賀直人（1992b）　自閉児の後期2語発話：その構文的構造．聴能言語学研究，9，21-25．

Talmy, L. (2000) Toward a cognitive semantics. *Concept Structuring Systems*, 1. MA: MIT Press, Cambridge.

辰巳朝子・大伴　潔（2009）高機能広汎性発達障害児における動作語の理解と表出：表現の適切性を含めた検討．コミュニケーション障害学, 26, 11-19.

Tomasello, M. (1992) First verbs: A case study of early grammatical development. Cambridge University Press, New York.

Tomasello, M. (2003) Constructing a language: A usage-based theory of language Acquisition. Harvard University Press, Cambridge, Massachusetts. 辻　幸夫・野村益寛・出原健一・菅井三実・鍋島弘治朗・森吉直子（訳）（2008）ことばをつくる―言語習得の認知言語学的アプローチ―．慶應義塾大学出版会．

津守　真・磯部景子（1965）乳幼児精神発達診断法．大日本図書．

綿巻　徹（1975）二語文期における乳児の文法発達．教育心理学年報, 15, 96.

綿巻　徹（1982）初語の発生から二語発話初期までの言語発達（1）―語彙項目の指示的意味と一語発話の実用機能に関する予備分析―．日本教育心理学会第24回総会発表論文集, 252-253.

綿巻　徹（1999）ダウン症児の言語発達における共通性と個人差．風間書房．

渡瀬弘子（2004）自閉症スペクトラムの子どもの遊びと言語の発達．小山　正・神土陽子（編）自閉症スペクトラムの子どもの言語・象徴機能の発達．ナカニシヤ出版, 88-110.

山梨正明（2009）講座認知言語学のフロンティア言語習得と用法基盤モデル．研究社．

初 出 一 覧

本書の一部は以下の既発表論文に，加筆修正したものである。

第1章　自閉症スペクトラムの子どもにおける2語・多語発話の発達
【初出論文】坪倉美佳（2015）自閉症の子どもにおける2語・多語発話の発達．特殊教育学研究，52-5，381-390．

第2章　自閉症スペクトラムの子どもにおける2語・多語発話出現期の発達
【初出論文】坪倉美佳（2014）2語，多語発話出現期における自閉症スペクトラムの子どもの心的状態語，心的動詞の発達．人間文化，34，51-66．

第3章　自閉症スペクトラムの子どもの力動出来事語の獲得 ―1語発話期から2語・多語発話期にある事例の縦断的検討―
【初出論文】坪倉美佳（2015）自閉症スペクトラムの子どもの力動‐出来事語 ―1語発話期から2語，多語発話期にある事例の縦断的検討―．人間文化，37，15-25．（第3章）

第4章　力動出来事的な状況における音声の発達
【初出論文】坪倉美佳（2015）1語発話期における力動‐出来事的側面に対する音声的表現．日本発達心理学会第26回大会発表論文集，P1-G-1．

あ と が き

　本書は神戸学院大学に学位論文として提出した「自閉症スペクトラムの子どもの力動出来事語と2語・多語発話の発達」を加筆修正したものです。2015年3月に博士（人間文化学）第二七号を授与されました。出版については，神戸学院大学人文学会の出版助成金を受けております。

　本論文の作成にあたり，多くの方々にご指導，ご協力，ご支援いただきました。

　本論文では，5名のお子さんに研究協力をしていただきました。彼らの研究協力なしでは，本論文を完成させることはできませんでした。研究協力者の5名のお子さん，そしてそのご家族の方々には，お忙しいなかお時間をとっていただき，研究協力にも快く了承していただき，心より感謝しております。

　本論文の執筆にあたって，指導教員の小山正教授には，学部生のころから，修士課程，博士後期課程と長年にわたり，ご指導，ご鞭撻をいただきました。小山正教授からは，研究に対する姿勢や考え方など，多くのことをご教授いただき，深く感謝申し上げます。

　学位論文の審査をしていただきました神戸学院大学人文学部人間心理学科の清水寛之教授，人文学部人文学科の野田春美教授，白百合女子大学大学院文学研究科発達心理学専攻の秦野悦子教授には，懇切なご助言やご指導をいただきました。謹んでお礼申し上げます。

　神戸学院大学人文学部人間心理学科の先生方には，いつも温かいおことばをかけていただき，ときにアドバイスをいただき，たいへん励まされました。厚くお礼申し上げます。そして，神戸学院大学人文学部人間心理学科の実習助手の方々，大学院の諸先輩方，大学院生の皆さんには，温かいおことばや，

ときにアドバイスをいただき本当にありがとうございました。

　また，本書の出版に際しては，風間書房社長の風間敬子氏には，多大なお世話をおかけいたしました。厚くお礼申し上げます。

　さいごに，大学院に進学し本論文を作成するにあたって，多くの方々にお世話になり，支えられてきました。心より感謝いたします。

　2018年1月

坪　倉　美　佳

資　　料

〈第4章　資料〉

資料1　D児の力動出来事的状況における音声

CA	音声	文脈	力動出来事語のカテゴリ
1:2(0)	ない	玩具の金槌を持ち上げて観察者に見せて	経路・垂直的経路
	ばきゅばん	立っているのを Mo. に支えられているが後ろに倒れそうになって	経路・垂直的経路
	あー	玩具のツールボックスの中身を渡すときに	経路・直示的経路
	うあー	玩具の金槌を Mo. に渡すときに	経路・直示的経路
	ん	渡したもの（玩具のツールボックスの中身）を返すように手を伸ばしながら要求して	経路・直示的経路
	あい	玩具の赤いレンチを Mo. に差し出して	経路・直示的経路
	あい	玩具の青いレンチを Mo. に渡しながら	経路・直示的経路
	あい	玩具のドライバーを Mo. に渡しながら	経路・直示的経路
	あい	Mo. の膝に座り，玩具のドライバーを手に取って渡しながら	経路・直示的経路
	んんー	玩具の赤いレンチを取り，上にあげ Mo. に渡して	経路・直示的経路
	あい	入れ子を上にあげて Mo. に渡して	経路・直示的経路
	あー	玩具の赤いレンチを見つけて Mo. の方を見て渡す	経路・直示的経路
	あい	ミニフードのチョコの箱を Mo. に渡しながら（Mo. はD児の斜め後ろ）	経路・直示的経路
	あ，あ	絵本を閉じて Mo. の方を振り向きながら渡して	経路・直示的経路
	あい	ミニフードの梨を Mo. の方に振り向いて渡す	経路・直示的経路
	あい	Mo. に〈いちごがあるよ〉と渡され，受け取り，笑顔で Mo. に見せ，食べるふりをした後返す	経路・直示的経路
	あー	ミニフードのチョコの箱を Mo. に渡しながら，大きな声で	経路・直示的経路
	あい	入れ子にミニフードのスイカを入れて食べるふりをした後に，Mo. にそれを渡しながら	経路・直示的経路
	あいあ	ミニフードのにんじんを食べるふりをした後 Mo. に差し出して	経路・直示的経路
	やあ	ミニフードのみかんを食べるふりをしがら	経路・直示的経路
	あ，あ	ミニフードのポテトを Mo. の方を見て渡しながら	経路・直示的経路
	あ，あ，あ，あ，あ	ガラガラを振って笑顔になった後，Mo. に渡して	経路・直示的経路
	ああーい	Mo. がガラガラを振っていると，Mo. の方に手を差し出して大きな声で	経路・直示的経路
	あい	ガラガラを振った後，Mo. に手渡しながら	経路・直示的経路
	あーい	Mo. がガラガラを振ると手を伸ばして，大きな声で	経路・直示的経路

ええーい	Mo.がガラガラを振っているとガラガラの方に手を伸ばして取りながら	経路・直示的経路
え	Mo.がガラガラを振るとそれを取りながら	経路・直示的経路
えーい	ガラガラを振った後，Mo.にガラガラを渡しながら	経路・直示的経路
えー	Mo.にガラガラを渡しながら	経路・直示的経路
え	観察者にガラガラを渡した後に観察者の方に手を伸ばしながら	経路・直示的経路
え	ミニフードのたまごをMo.に渡しながら	経路・直示的経路
え	ガラガラを観察者に渡してガラガラを振っていると手を伸ばして	経路・直示的経路
ああー	ガラガラを振った後，Mo.に渡して	経路・直示的経路
え，え	ガラガラをMo.がD児の上の方で振ると，ガラガラに手を伸ばしながら	経路・直示的経路
あ，あ	ガラガラをMo.がD児の上の方で振ると，ガラガラに手を伸ばしながら	経路・直示的経路
あーい	Mo.にガラガラを渡す（顔は観察者の方）	経路・直示的経路
あーい	玩具のカップをMo.に渡す	経路・直示的経路
あーい	玩具のカップの蓋をMo.に渡す	経路・直示的経路
うえー	Mo.の方に歩こうとしているが，Mo.に手で支えられて前に進めなくて	経路・直示的経路
うーあー	Mo.にガラガラを渡しながら	経路・直示的経路
えい	Mo.にミニフードのレモンを渡されて，受け取って	経路・直示的経路
あいあ	Mo.にミニフードのレモンを差し出しながら	経路・直示的経路
だー	ミニフードのにんじんを食べるふりをした後，Mo.の方に差し出して	経路・直示的経路
ああー	ミニフードの豆を食べるふりをした後Mo.の方に豆を差し出して	経路・直示的経路
あむー	ミニフードの豆を食べるふりをしながら	経路・直示的経路
ででー	ミニフードのレタスを食べるふりをした後Mo.の方にレタスを差し出して	経路・直示的経路
えええ	玩具のカップの蓋を閉めようとして	図と地・包含
がーが	玩具入れのバケツの中からガラガラを取り出そうと探りながら観察者の方を見て	図と地・包含
んんー	蓋付きのカップがカップに入らなくて，上にあげてMo.に渡しながら（Mo.はD児の後ろ）	図と地・包含―経路・直示的経路
あっあっ	玩具のカップの蓋が取れなくて，Mo.に渡しながら	図と地・付着―経路・直示的経路
お茶	玩具のカップで飲むふりをした後に，Mo.にカップを向けて	移動出来事・反復
あい	玩具の哺乳瓶を持っているところにMo.が赤ちゃんの人形を出して〈どうぞして〉と言うと，赤ちゃんの人形をMo.の方に戻しながら	移動出来事・否定（反転）

資料1　続き

CA	音声	文脈	力動出来事語のカテゴリ
	あいあ	Mo. がD児に玩具のサングラスをつけると，サングラスを外して，Mo. に渡しながら	移動出来事・否定（反転）―経路・直示的経路
1:2(14)	あっあっん	Mo. がD児の顔の周りでガラガラを鳴らしているとガラガラを取ろうとしながら	経路・直示的経路
	あーあーててー	玩具のアイロンをした後，観察者に差し出しながら	経路・直示的経路
	まんま	玩具のトレイを持ち上げ，Mo. に渡しながら	経路・直示的経路
		Mo. にガラガラを差し出されると，受け取りながら	経路・直示的経路
		ミニフードの入れ物からミニフードのスイカを取り出し，Mo. に渡して	経路・直示的経路
	あー	Mo. がガラガラを取ってD児の頭の上で振るとそれに手を伸ばしながら	経路・直示的経路
	あ	Mo. がガラガラを取ってD児の頭の上で振るとそれに手を伸ばしながら	経路・直示的経路
	あ	観察者の方にガラガラを差し出しながら	経路・直示的経路
	あー	観察者がガラガラを持っていると手を伸ばして	経路・直示的経路
	あー	Mo. が振っているガラガラを取ろうとして	経路・直示的経路
	でいっ	観察者がD児に返すためにガラガラを出すとそれを取ろうとしながら	経路・直示的経路
	ママ	玩具入れのバケツからミニカーを取り出しMo. の方に手を持って行って（顔はバケツの方に向いている）	経路・直示的経路
	えっえっ	トラックのミニカーを取ろうとしながら	経路・直示的経路
	えー	トラックのミニカーを取ろうとしながら	経路・直示的経路
	どーぞー	ミニフードの入れ物からミニフードの箱を取り出してMo. に差し出しながら	経路・直示的経路
	どーぞー	Mo. にミニフードの梨を差し出しながら	経路・直示的経路
	どーぞー	ミニフードの入れ物からミニフードのドーナツを取り出し，観察者に見せた後，Mo. の方に差し出して	経路・直示的経路
	え	観察者の方にミニフードの梨を差し出しながら	経路・直示的経路
	だい	ミニフードの梨を食べるふりをした後，Mo. に差し出して	経路・直示的経路
	ででー	Mo. の手からミニフードの梨を取りながら	経路・直示的経路
	うー	ミニフードの梨を口にくわえて手にミニフードのきゅうりを持ち，きゅうりをMo. の方に差し出して	経路・直示的経路
	どうぞ	食べるふりをしていたミニフードの梨を手に持ってMo. の方に差し出して	経路・直示的経路
	どうぞー	Mo. が振っているガラガラを取ろうとしながら	経路・直示的経路
	どうぞーん	観察者の方にガラガラを差し出しながら	経路・直示的経路
		パンを観察者の方に差し出しながら	経路・直示的経路

資料　197

	あ	Mo.がガラガラを取ってD児の頭の上で振るとそれに手を伸ばしながら	経路・直示的経路
	あー	玩具のポットの中にミニフードのいちごを入れた後，観察者の方を見て	図と地・包含
1：2(28)	え	ミニフードの入れ物からミニフードのスイカを取り出し，Mo.に差し出す	経路・直示的経路
	えっえっ	ミニフードの魚をMo.に差し出しながら	経路・直示的経路
	えっえ	ミニフードのいちごをMo.に差し出しながら	経路・直示的経路
	ん	玩具のドライバーを観察者の方に差し出す	経路・直示的経路
	えー	玩具のペンチを観察者の方に差し出す	経路・直示的経路
	ん	玩具の青いレンチをMo.に渡す	経路・直示的経路
	ん	玩具の赤いレンチを観察者の方に差し出す	経路・直示的経路
	んー	玩具の金槌を観察者に渡す	経路・直示的経路
	ん	玩具ののこぎりを観察者の方に差し出す	経路・直示的経路
	ん	ミニフードのポップコーンの箱をMo.に差し出して	経路・直示的経路
	あ	ミニフードのトウモロコシを観察者に差し出しながら	経路・直示的経路
	あ	ミニフードのたまごをMo.の方に置く	経路・直示的経路
	え	ミニフードのコーヒーの箱をMo.に渡しながら	経路・直示的経路
	ん	手を伸ばしてMo.の持っているミニフードのコーヒーの箱を要求する	経路・直示的経路
	え	ミニフードの箱をMo.に渡しながら	経路・直示的経路
	ん	ミニフードの箱を観察者に差し出しながら	経路・直示的経路
	あ	Mo.に玩具のコップを差し出しながら	経路・直示的経路
	あ	Mo.に玩具のコップを差し出しながら	経路・直示的経路
	あー	Mo.に玩具のコップを渡そうとしながら	経路・直示的経路
	あ	Mo.の方にミニフードのジャガイモを差し出して	経路・直示的経路
	えー	ミニフードの箱をMo.に方に差し出すが自分の方に戻して，観察者に渡す	経路・直示的経路
	あ	ミニフードのパンをMo.に渡す	経路・直示的経路
	んー	玩具の金槌を観察者の方に差し出した後，自分ですぐに取る	移動出来事・否定（反転）
1：4(2)	あー	玩具を叩いて玩具のツールボックスから玩具が落ちたのを見て	経路・垂直的経路
	ん	Mo.にミニフードのいちごを渡そうとして	経路・直示的経路
	ここ	びっくり箱を近くに寄せながら	経路・直示的経路
	ここ	Mo.にびっくり箱を手渡しながら	経路・直示的経路
	わ	Mo.がびっくり箱を鳴らすとびっくり箱の絵を指さしながら	経路・直示的経路
	あ	びっくり箱のあおむしの絵を指さしながら	経路・直示的経路
	ここ	びっくり箱のあおむしの絵を指さしながら	経路・直示的経路
	こ	びっくり箱を自分の方にかき寄せながら	経路・直示的経路
	わー	ミニフードの入れ物の蓋を取って見ながら	図と地・包含

資料1　続き

CA	音声	文脈	力動出来事語のカテゴリ
	お	びっくり箱のぬいぐるみが中に入っていくのを見ながら指さして	図と地・包含
	どーぞ	玩具のツールボックスを開けてほしくて Mo. に渡しながら	図と地・包含ー経路・直示的経路
	わ	ミニフードの入れ物の蓋がとれて驚いた顔をしながら蓋を見て	図と地・包含ー図と地・付着
	はい	びっくり箱を鳴らせなくて，Mo. にびっくり箱を渡しながら	移動出来事・反復ー経路・直示的経路
1：4(16)	あー	飲んだジュースがこぼれて	経路・垂直的経路
	あ	ジュースがこぼれて，自分の手を見ながら	経路・垂直的経路
	おー	倒れかけて	経路・垂直的経路
	ねんね	Mo. に手を伸ばしながら	経路・垂直的経路
	あ，あ，あ	Mo. に手を伸ばしながら	経路・垂直的経路
	うー	ミニフードの入れ物の中を寝ころびながら探って	経路・直示的経路
	てん	Mo. が〈これ？〉とミニフードのレモンを手渡すとレモンを受け取ろうとして	経路・直示的経路
	うん	ミニフードのレモンを受け取って	経路・直示的経路
	あーてー	ミニフードのレモンを Mo. に差し出しながら	経路・直示的経路
	あい	ミニフードのパンを Mo. に差し出しながら	経路・直示的経路
	てい	ミニフードの梨を Mo. に差し出しながら	経路・直示的経路
	あ，これちゅかう	入れ子を見た後，取ろうとして	経路・直示的経路
	どぞ	入れ子をひとつ Mo. に渡しながら	経路・直示的経路
	ジュース	Mo. がミニフードのジュースを置くとジュースを指さしながら要求して	経路・直示的経路
	ジュースごくごく	ミニフードのジュースを Mo. から受け取って飲むふりをしながら	経路・直示的経路
	ジュース	ミニフードのジュースを Mo. に手渡しながら	経路・直示的経路
	ジュース	Mo. に〈何それ，ジュース？〉と聞かれて Mo. の方を指さしながら	経路・直示的経路
	ジュース	本物のジュースの入ったコップをさしながら	経路・直示的経路
	あーうー	本物のジュースの入ったコップをさしながら	経路・直示的経路
	あ	赤ちゃんの人形を指さしながら	経路・直示的経路
	わ，あ	外を指さしながら	経路・直示的経路
	あー	台所の方を手でさす	経路・直示的経路
	ママ	リモコンがほしくて手を伸ばしながら	経路・直示的経路ー移動出来事・反転

	ママ	リモコンがほしくて手を伸ばしながら	経路・直示的経路 ―移動出来事・反転
	あー	ミニフードの入れ物の中を寝ころびながら探っていてうまく手が入らなくて	図と地・包含
	ほほほ	ミニフードのレモンといちごを叩き合わせながら	図と地・付着
	ジュース	本物のジュースの入ったコップをさして	移動出来事・反復 ―経路・直示的経路
	あーわー	ジュースがほしくて手でさしながら	移動出来事・反復 ―経路・直示的経路
	いー	ジュースがほしくて手でさしながら	移動出来事・反復 ―経路・直示的経路
	や	Mo.にくすぐられて	移動出来事・否定 (反転)
	あー	Mo.にくすぐられて	移動出来事・否定 (反転)
1:5(13)	あぁー	ミニフードの入れ物が倒れて	経路・垂直的経路
	あー	玩具のカードを床に落として	経路・垂直的経路
	あ	Mo.の口にミニフードのみかんを持っていきながら	経路・直示的経路
	あっあっ	遠方を指さしながら	経路・直示的経路
	あっあっ	おやつの方に手を伸ばしながら取ってほしくて	経路・直示的経路
	あっ	おやつが取れなくてMo.の方を見ながら	経路・直示的経路
	これ	ミニフードのカレールウをMo.に渡しながら	経路・直示的経路
	これ	カレールウをMo.に渡しながら	経路・直示的経路
	あーあ	ミニフードのホットドッグを食べるふりをしながら	経路・直示的経路
	でたー	ミニフードのカレールウを食べるふりをしながら	経路・直示的経路
	んーん, んーん, んーん	おやつを食べながらMo.を見てうなずいて	経路・直示的経路
	わーわ	びっくり箱を指さしながら	経路・直示的経路
	ん	びっくり箱のオルゴールを回した後, Mo.の方に押しのけながら	経路・直示的経路
	あ	ミニフードの入れ物の蓋をかぶせて中を横から覗き込みながら	図と地・包含
	え	ミニフードの入れ物の蓋を叩きながらMo.を見て	図と地・包含
	開け	ミニフードの入れ物の蓋を叩きながらMo.を見て	図と地・包含
	え, えー	ミニフードの蓋を閉めようとしてMo.を見ながら	図と地・包含
	んんん	ミニフードの蓋を閉めようとしてMo.を見ながら, 閉めてほしくて	図と地・包含
	開いたー	ミニフードの入れ物の蓋を開けてMo.を見ながら嬉しそうに	図と地・包含
	でったー	ミニフードの入れ物の蓋を取って	図と地・包含
	あ	ミニフードの入れ物の蓋を閉めて	図と地・包含
	ん	びっくり箱のオルゴール部分に手を伸ばしながら	図と地・包含

資料1　続き

CA	音声	文脈	力動出来事語のカテゴリ
	あ	ミニフードの入れ物の蓋を外して	図と地・包含―図と地・付着
	あー	ミニフードの入れ物の蓋をかぶせて	図と地・包含―図と地・付着
	ん, でったー	ミニフードの入れ物の蓋がとれて	図と地・包含―図と地・付着
	あー	ミニフードの入れ物の蓋がとれて	図と地・付着―図と地・包含
	あー	食べていたおやつのボーロを床に落として探しながら	移動出来事・閉塞
	これ	食べていたおやつのボーロを床に落として探しながら	移動出来事・閉塞
	ばいばーい	びっくり箱に手を振りながら	移動出来事・閉塞
	あっあっ	びっくり箱を回したくて, Mo. に向かって	移動出来事・反復
	あ, が	びっくり箱が開かなくて, 蓋を叩きながら	移動出来事・反復―図と地・包含
	あっあっ	びっくり箱を Mo. に渡しながら（見えない所に置いてほしくて）	移動出来事・否定（反転）―経路・直示的経路
1:6(11)	ゴー	両手をあげたまま立ち上がりながら	経路・垂直的経路
	はい	女の子の人形を Mo. に差し出す	経路・直示的経路
	はい	玩具のカードを Mo. に渡しながら	経路・直示的経路
	はい	玩具の財布を Mo. に渡しながら	経路・直示的経路
	あい	Mo. の手から犬のぬいぐるみを取って	経路・直示的経路
	ん, ん	布を Mo. に渡しながら	経路・直示的経路
	あ,	おやつの箱を Mo. に渡しながら	経路・直示的経路
	あ, あ	Mo. が持っているミニフードのチキンを取りたくて手を伸ばしながら	経路・直示的経路
	あ, あ	Mo. が持っているミニフードのチキンを取りたくて手を伸ばしながら	経路・直示的経路
	あん	ミニフードのチキンを食べるふりをしながら	経路・直示的経路
	あ	ミニフードの魚を Mo. に渡す	経路・直示的経路
	はい	リモコンを観察者に渡す	経路・直示的経路
	いぇーい	玩具の包丁でミニフードの魚を切ることができて〈やったー〉と Mo. とハイタッチして	経路・目的終了
	できたー	半分になるミニフードの魚を玩具の包丁で切ることができて	経路・目的終了―図と地・付着
	いぇーい	玩具のサングラスが開いた後, Mo. の方を見て手を出して, ハイタッチして	経路・目的終了―図と地・包含

資料　201

	ん，ん	ミニフードの入れ物の蓋を叩きながら Mo. を見て	図と地・包含
	ん，ん	ミニフードの入れ物を持ち上げながら	図と地・包含
	ん，ん，ん	〈持ってきて〉と言われて，ミニフードの入れ物の蓋を叩く	図と地・包含
	ん，ん，ん	玩具のツールボックスを振りながら Mo. に差し出して開けてほしくて	図と地・包含―経路・直示的経路
	ん	玩具のツールボックスを Mo. に渡しながら（開けてもらおうとする）	図と地・包含―経路・直示的経路
	でったー	玩具のサングラスが開いて	図と地・付着
	わー	頭からお面をとって Mo. の頭にのせようとする	図と地・付着
	ん，ん	赤ちゃんの人形のとれた帽子をかぶせてほしくて Mo. の方に人形を持って行きながら	図と地・付着
	あ	半分にしたミニフードの魚をくっ付けて	図と地・付着
	たいたーい	ミニフードの魚を切ろうとしながら	図と地・付着
	プシー	玩具の包丁を振りおろしながら	図と地・付着―経路・垂直的経路
	プシー	玩具の包丁を振りおろしながら	図と地・付着―経路・垂直的経路
	わー	壁に掛けてある布の後ろから犬の絵が見えて	移動出来事・閉塞
	嫌や	玩具のサングラスを〈つけてみたら？〉と言われて首を振りながら	移動出来事・否定（反転）
	やや	Mo. に〈Dちゃんの足どこ？〉と人形を出しながら聞かれて首を振りながら人形をどかそうとする	移動出来事・否定（反転）
	え，え	Mo. に〈あっち向いて〉と体を反転させようとされて嫌がって	移動出来事・否定（反転）
	や	Mo. にくすぐられて押しのけながら	移動出来事・否定（反転）
1:6(25)	ねんね	毛布を指さしながら	経路・垂直的経路
	ええー	毛布を Mo. から取ろうとして	経路・直示的経路
	う，う	びっくり箱のぬいぐるみをしまってほしくて Mo. の方にびっくり箱を押す	図と地・包含―移動出来事・否定（反転）
	わー	ジュースを飲むと Mo. の方を見ながら	移動出来事・閉塞
	て	ジュースがなくなったことを Mo. に知らせる	移動出来事・閉塞
	て	ジュースがなくなったことを Mo. に知らせる	移動出来事・閉塞
	ん，ん	Mo. の顔を見ながら（びっくり箱をしてほしくて）	移動出来事・反復
	ん	びっくり箱を持って Mo. に向けながら顔を見る	移動出来事・反復
	だい	ジュースがなくなり Mo. に向けながらまだほしいことを要求	移動出来事・反復
	ジュース	ジュースがもっとほしいことを要求する	移動出来事・反復
	ジュース	ジュースがもっとほしいことを要求する	移動出来事・反復
	ジュース	ジュースを〈飲んだでしょ？〉と言われ，もっとほしいと要求する	移動出来事・反復

資料1　続き

CA	音声	文脈	力動出来事語のカテゴリ
	ジュース	ジュースを〈飲んだでしょ？〉と言われ，もっとほしいと要求する	移動出来事・反復
	え	コップを指さしてジュースがほしいことを知らせる	移動出来事・反復
	ジュース	ジュースがほしいことを Mo. に知らせる	移動出来事・反復
	え	ジュースがもっとほしいことを知らせる	移動出来事・反復
	え	ジュースがもっとほしいことを知らせる	移動出来事・反復
	え	びっくり箱を押しながら Mo. の方を見て	移動出来事・反復 ―経路・直示的経路
	あ	びっくり箱を押しながら Mo. の方を見て	移動出来事・反復 ―経路・直示的経路
	え	びっくり箱を押しながら Mo. の方を見て	移動出来事・反復 ―経路・直示的経路
	え	びっくり箱を Mo. の方に持って行き顔を見て	移動出来事・反復 ―経路・直示的経路
	ん	びっくり箱を Mo. の方に持って行き顔を見て	移動出来事・反復 ―経路・直示的経路
	ん	びっくり箱を Mo. の方に持って行き顔を見て	移動出来事・反復 ―経路・直示的経路
	え	びっくり箱を指さしながら	移動出来事・反復 ―経路・直示的経路
	え	びっくり箱を指さしながら	移動出来事・反復 ―経路・直示的経路
	え	びっくり箱を Mo. に手渡しながら	移動出来事・反復 ―経路・直示的経路
	え	びっくり箱を Mo. に手渡しながら	移動出来事・反復 ―経路・直示的経路
	あ	びっくり箱を叩きながら	移動出来事・反復 ―図と地・包含
1:8(7)	あった	足の下にミニフードのレモンとたまごがあるのを Mo. に指をさして顔を見ながら知らせて	経路・垂直的経路
	えっえっ	Mo. の膝に座ろうとしながら	経路・垂直的経路
	あー	ミニフードのレモンを落として	経路・垂直的経路 ―移動出来事・閉塞
	わー	手に持っていたミニフードのレモンを落として	経路・垂直的経路 ―移動出来事・閉塞
	え	Mo. の持っているミニフードのレモンに手を伸ばしながら	経路・直示的経路
	え	バイキンマンのお面の方を指さし Mo. の顔を見る	経路・直示的経路
	これ	バイキンマンのお面の方を指さし Mo. の顔を見る	経路・直示的経路

あーむ	犬のぬいぐるみを自分の方に寄せて，Mo.の顔を見て食べたふり	経路・直示的経路
あーむ	犬のぬいぐるみを自分の方に寄せて，食べたふり	経路・直示的経路
ん	ミニフードの入れ物の中に手を入れ何かを取ろうとして	経路・直示的経路
て	ミニフードの入れ物の中に手を入れ何かを取ろうとして取れなくてMo.に取ってほしいと顔を見ながら	経路・直示的経路
あーむ	犬のぬいぐるみを持ちながら食べるふりをして	経路・直示的経路
あーい	犬のぬいぐるみを持ちながら食べるふりをして	経路・直示的経路
あーっ	犬のぬいぐるみを抱きしめながら口を開けて食べるふりをする	経路・直示的経路
まままま	犬のぬいぐるみにミニフードの梨を食べさせながら	経路・直示的経路
まままま	犬のぬいぐるみにミニフードの梨を食べさせながら	経路・直示的経路
あむあむあむあむ	犬のぬいぐるみにミニフードの梨を食べさせながら	経路・直示的経路
あむあむあむあむ	犬のぬいぐるみにミニフードの梨を食べさせながら	経路・直示的経路
まままま	犬のぬいぐるみにミニフードの梨を食べさせながら	経路・直示的経路
ままままー	犬のぬいぐるみにミニフードの梨を食べさせながら	経路・直示的経路
あーむ	ミニフードのたまごを取りながら	経路・直示的経路
あーむ	玩具のスプーンで食べるふりをしながら	経路・直示的経路
あーむ	ミニフードのレモンを食べるふりをしながら	経路・直示的経路
まんまんまんまんまん	ミニフードのレモンを噛んでいるふりをしながら	経路・直示的経路
わー	女の子の人形に玩具の哺乳瓶でミルクをあげることができてMo.の顔を見ながら	経路・目的終了
あー	入れ子に蓋ができて	経路・目的終了ー図と地・包含
あー	入れ子に蓋ができて	経路・目的終了ー図と地・包含
開けて	ミニフードの入れ物に手を伸ばし，Mo.の顔を見て	図と地・包含
あ，あ	ミニフードの入れ物に手を伸ばし，Mo.の顔を見て	図と地・包含
開けて	ミニフードの入れ物を持って，Mo.の方に持って行こうとしながら	図と地・包含ー経路・直示的経路
開け	ミニフードの入れ物を持って，Mo.の方に持って行こうとしながら	図と地・包含ー経路・直示的経路
えっえっ	ミニフードの入れ物を持って，Mo.の方に持って行こうとしながら	図と地・包含ー経路・直示的経路
えっえっ	ミニフードの入れ物を持って，Mo.の方に持って行こうとしながら	図と地・包含ー経路・直示的経路
開け	入れ子に蓋をしたかったがうまくできなくてMo.の方に持って行きながら	図と地・包含ー経路・直示的経路

資料1　続き

CA	音声	文脈	力動出来事語のカテゴリ
	開いて	Mo. に入れ子に蓋をしてもらったが取れなくて Mo. の方に持って行って	図と地・包含―図と地・付着
	ここち	玩具のコップを取り，玩具のトレーにのせて	図と地・付着
	ちゅ	Mo. の口元にミニフードの魚を持って行って	図と地・付着
	あ	玩具のサングラスを見つけて開きながら Mo. につけてもらおうとして	図と地・付着
	んんんー	玩具のサングラスがはずれて Mo. の方に持って行きつけてもらおうとして	図と地・付着
	あー	持っていたミニフードのみかんが手から飛び出て	移動出来事・閉塞
	あった	D児の足の下においたミニフードのレモンとたまごを取ろうとしながら	移動出来事・閉塞
	あった	D児の足の下においたミニフードのレモンとたまごを取ろうとしながら	移動出来事・閉塞
	あった	足の下にミニフードのレモンとたまごを見つけて	移動出来事・閉塞
	あった	ミニフードのレモンとたまごが足の下にあることを Mo. に知らせるため，顔を見ながら	移動出来事・閉塞
	あってがっ	足の下をミニフードのレモンとたまごを探しながら	移動出来事・閉塞
	ばいばーい	〈バイバイするの？バイバイして〉と Mo. に言われて	移動出来事・閉塞
	て	ジュースを飲み終わって Mo. にコップを渡す	移動出来事・閉塞
	ジュース	Mo. が顔を覗き込むと	移動出来事・反復
	ジュース	〈ジュース？〉と Mo. が聞き返すと	移動出来事・反復
	ん	ジュースがほしくて Mo. に向かって	移動出来事・反復
	ジュース	Mo. の方に振り向いて	移動出来事・反復
	パン	Mo. の方に手を伸ばしたままミニフードのパンがどこにあるか聞いて	移動出来事・反復
	ワンワン	犬のぬいぐるみを探して後ろを振り向きながら	移動出来事・反復
	ううん	Mo. が D児の口元にミニフードの魚を持って行って〈ちゅ〉と言うと首を振って	移動出来事・否定（反転）
	ううーんんー	ミニフードのポテトチップスを食べようとして〈本物じゃないから〉と Mo. に手をはずされて首を振りながら	移動出来事・否定（反転）
	痛い	Mo. にくすぐられてやめてほしくて	移動出来事・否定（反転）
	痛い	Mo. にくすぐられてやめてほしくて	移動出来事・否定（反転）
	痛い	くすぐりから逃げようとして	移動出来事・否定（反転）
	えーえー	人形に飲ませてあげてと Mo. が女の子の人形の口に玩具の哺乳瓶を近づけようとすると払いのけて	移動出来事・否定（反転）

1:8(27)	あ	ミニフードの入れ物の蓋を閉めようとして入れ物が倒れて	経路・垂直的経路
	落ちた	ミニフードの入れ物が倒れたのを見て	経路・垂直的経路
	ないない	ミニフードの入れ物の蓋を拾おうとしながら	経路・垂直的経路
	これ	犬のぬいぐるみを取ろうと手を伸ばしながら	経路・直示的経路
	ん, ん	ミニフードの入れ物の方に手を伸ばしながら	経路・直示的経路
	これ	ミニフードの入れ物の方に手を伸ばしながら	経路・直示的経路
	はい	〈はい〉とミニフードの入れ物を Mo. から渡されて	経路・直示的経路
	はい	Mo. からミニフードの入れ物を受け取って	経路・直示的経路
	はい	ミニフードの魚を〈はい〉と渡されて	経路・直示的経路
	あーむ	ミニフードの桃を食べるふりをして	経路・直示的経路
	あーむ	ミニフードの桃を食べるふりをしながら	経路・直示的経路
	はい	ミニフードのホットドッグを取り出して	経路・直示的経路
	あーむ	ミニフードの桃を食べるふりをしながら	経路・直示的経路
	あーむーむー	ミニフードの桃を食べるふりをしながら	経路・直示的経路
	あーむ	ミニフードの桃を食べるふりをしながら	経路・直示的経路
	はーあー	ミニフードのきゅうりを食べるふりをしながら	経路・直示的経路
	あむんーんーんー	ミニフードのいちごを食べるふりをしながら	経路・直示的経路
	あんぱ	アンパンマンのお面をさしながら Mo. に知らせて	経路・直示的経路
	あんぱ	アンパンマンのお面をさしながら Mo. に知らせて	経路・直示的経路
	あんぱ	アンパンマンのお面をさしながら Mo. に知らせて	経路・直示的経路
	シュー	ミニカーのトラックを走らせながら	経路・直示的経路
	シュー	ミニカーのトラックを走らせながら	経路・直示的経路
	シュー	ミニカーのトラックを走らせながら	経路・直示的経路
	たー	トラックを走らせながら	経路・直示的経路
	開ける	玩具のツールボックスを Mo. の方に向けながら開けてもらおうとして	図と地・包含
	開ける	玩具のツールボックスを Mo. の方に向けながら開けてもらおうとして	図と地・包含
	え	ミニフードの入れ物からミニフードを出しながら	図と地・包含
	これ	ミニフードの入れ物からミニフードを出しながら	図と地・包含
	開ける	玩具のツールボックスを手に取り自分の方に引き寄せながら	図と地・包含―経路・直示的経路
	とんとんとん	D児が玩具の金槌を持っていて〈とんとんとん〉ってしてごらんと Mo. が言うと振りながら	図と地・付着
	とんとんとんとんとんとん	玩具の金槌を玩具のツールボックスのふちに叩きつけながら	図と地・付着
	とんとんとんとんとんとん	玩具の金槌を玩具のツールボックスのふちに叩きつけながら	図と地・付着
	やー	玩具の金槌を手に取って手を振り上げながら	図と地・付着
	だだだだだ	ミニフードの入れ物の中を玩具の金槌で叩きながら	図と地・付着
	やー	玩具の金槌を手に取って手を振り上げながら	図と地・付着

資料1　続き

CA	音声	文脈	力動出来事語のカテゴリ
	がががが	玩具の金槌でミニフードのたまごを叩きながら	図と地・付着
	やー	玩具の金槌を持った手をあげながら	図と地・付着
	とんとんとんとん	ミニフードの入れ物の中を玩具の金槌で叩きながら	図と地・付着
	たいたい	ミニフードの魚を手に取り半分にしてから魚を見て	図と地・付着
	ん, ん	玩具のサングラスをMo.の方に持って行き, つけてもらおうとする	図と地・付着
	ん	玩具のサングラスをつけようとしながら	図と地・付着
	ん, ん, ん, ん	玩具のサングラスをMo.につけてもらおうと要求する	図と地・付着
	よしし	人形に〈よしよししてあげて〉と言われて	図と地・付着
	よしし	人形の頭をなでながら	図と地・付着
	ん, ん, ん	玩具のサングラスをつけてもらおうとMo.に渡しながら	図と地・付着―経路・直示的経路
	あっ, あー	玩具のカップに蓋がはまって	図と地・付着―図と地・包含
	ないない	持っていたカップをミニフードの入れ物の中に片付けながら	移動出来事・閉塞
	なーいない	拾ったミニフードの豆をミニフードの入れ物の中に片付けながら	移動出来事・閉塞
	なーいない	ミニフードのスイカを取ってミニフードの入れ物の中に片付けながら	移動出来事・閉塞
	なーいない	ミニフードのなすを取ってミニフードの入れ物の中に片付けながら	移動出来事・閉塞
	なーいない	ミニフードのにんじんを取ってミニフードの入れ物の中に片付けながら	移動出来事・閉塞
	なーいない	ミニフードのバナナを取ってミニフードの入れ物の中に片付けながら	移動出来事・閉塞
	なーいない	ミニフードのジュースを取ってミニフードの入れ物の中に片付けながら	移動出来事・閉塞
	あむーむ	玩具のカップをミニフードの入れ物に片付けながら	移動出来事・閉塞
	おしまい	玩具のツールボックスの蓋を閉めながら	移動出来事・閉塞
	おしまいだ	ガラガラを玩具入れに入れながら	移動出来事・閉塞
	おしまい	玩具のスプーンを取ろうとしながら	移動出来事・閉塞
	なーいない	ミニフードのなすを拾いながら	移動出来事・閉塞―経路・垂直的経路
	おしまい	ガラガラを拾いながら	移動出来事・閉塞―経路・垂直的経路

なーいない　ミニフードの豆を拾いながら	移動出来事・閉塞
	一経路・垂直的経路
ぐるぐる　　びっくり箱のオルゴールを回そうとしながら	移動出来事・反復

資料2　E児の力動出来事的状況における音声

CA	音声	文脈	力動出来事語のカテゴリ
1：2(10)	うえ	持っていたパズルのピースを落として	経路・垂直的経路
	うあ	入れ子を見つけて取りに行きながら	経路・直示的経路
	ばー	玩具のコップを投げた後	経路・直示的経路―移動・出来事・閉塞
1：2(22)	ばーん	玩具入れのバケツを持ちながら	経路・垂直的経路
	あっあっんっんー	他の玩具（ミニフード）で遊びたくて指をさして	経路・直示的経路
	あ	ミニフードのホットドッグを食べるふりをしながら	経路・直示的経路
	あー	ガラガラをしまった後また取ろうとするが手が届かなくて	経路・直示的経路
	んーんー	Mo.の持っている猫のパズルピースを取ろうとして	経路・直示的経路
	ばあー	パズルのピースを取りながら	経路・直示的経路
	あっあ	Mo.の持っている玩具のサングラスを取りながら	経路・直示的経路
	ん	玩具のツールボックスを開けてほしくて蓋を叩いて	図と地・包含
	えっえっえー	びっくり箱の蓋を閉めたいが閉められなくて	図と地・包含
	えーえ	びっくり箱の蓋を閉めたくて	図と地・包含
	あっあっあー	びっくり箱を開けてほしくてMo.の方に持って行きながら	図と地・包含―経路・直示的経路
	あー	玩具のツールボックスを開けてほしくてMo.の方に持って行きながら	図と地・包含―経路・直示的経路
	えー	びっくり箱の蓋を閉めようとしながら	図と地・包含―図と地・付着
	えっえ	Mo.の方を見ながら（玩具のサングラスをつけてほしくて）	図と地・付着
	えー，えっえっえっ	玩具のサングラスをつけようとして	図と地・付着
	ん	びっくり箱のオルゴールを回したくて	移動出来事・反復
	え	びっくり箱をしたくて玩具のペンチでびっくり箱の方をさしながら	移動出来事・反復
	え	びっくり箱がしたくてびっくり箱の方に体を乗り出して	移動出来事・反復
	お	びっくり箱の中にミニフードのクッキーを入れようとするが飛び出てきて	移動・出来事・閉塞
	ばあ	びっくり箱のぬいぐるみが出てきて	移動・出来事・閉塞
1：3(8)	あー	Mo.に抱っこしてほしくて手を広げながら歩いて	経路・垂直的経路
	あー	玩具入れのバケツの中にほしいものがあって，手を叩いて要求して	経路・直示的経路

	あ	ミニフードの入れ物を Mo. に渡す	経路・直示的経路
	わ	玩具のツールボックスの中に何かを見つけて	経路・直示的経路
	んー	Mo. に抱き付きながら玩具の方を手でさして	経路・直示的経路
	んっんー	玩具のツールボックスが開かなくて	図と地・包含
	んっんっんー	玩具のペンチを開くことができなくて	図と地・付着
	んー	Mo. の手を玩具のペンチからどけようとして	図と地・付着
	あー	びっくり箱ができなくて	移動出来事・反復
1：3(20)	はい	床にあるミニフードのみかんを取りながら	経路・垂直的経路
	はい	Mo. の膝に座りながら	経路・垂直的経路
	おいしー	玩具のスプーンで食べるふりをしながら	経路・直示的経路
	マンマママンマ	玩具のスプーンで食べるふりをして（ミニフードの要求）	経路・直示的経路
	はい	〈どうぞ〉と玩具のカップを渡されて	経路・直示的経路
	マ	ミニフードの魚を取ろうとして	経路・直示的経路
	あー	ミニフードのホットドッグを取ろうとしながら	経路・直示的経路
	あ，あ	転がったミニフードのみかんに手を伸ばしながら	経路・直示的経路
	あ	転がったミニフードのみかんを取ろうと手を伸ばしながら	経路・直示的経路ー移動出来事・閉塞
	ばー	玩具のツールボックスの蓋を開けようとして	図と地・包含
	あー	びっくり箱の蓋を閉めようとして閉まらなくて	図と地・包含
	えーあー	びっくり箱の蓋を閉めようとして閉まらなくて	図と地・包含
	ない	びっくり箱の蓋を閉めながら	図と地・包含
	うーわー	びっくり箱の蓋を閉じようとしながら	図と地・包含
	ばーばー	びっくり箱の蓋を閉じようとしながら	図と地・包含
	たた	びっくり箱の蓋を閉めようとしながら	図と地・包含
	あー	Mo. にびっくり箱を渡しながら	図と地・包含ー経路・直示的経路
	はい	ミニフードのみかんを入れ物に叩きながら	図と地・付着
	ぱん	ミニフードのみかんを入れ物の中に入れようとして	図と地・付着
	ボーン	玩具入れのバケツの中にペンチを入れてそれを勢いよく抜きながら	図と地・付着
	ばあ	びっくり箱の蓋を開けながら	移動出来事・閉塞
	ばあ	びっくり箱のぬいぐるみを飛び出させながら	移動出来事・閉塞
	ないない	ミニフードのジュースを飲もうとするが中身が入っていなくて	移動出来事・閉塞
	ないない	〈お茶かな，何だった？〉と聞かれてミニフードのジュースに中身が入っていないことを伝える	移動出来事・閉塞
	あれ	ミニフードのみかんが転がったことを知らせて Mo. とみかんを見ながら	移動出来事・閉塞
	て	ミニフードのみかんが転がったことを知らせて Mo. とみかんを見ながら	移動出来事・閉塞
	あーあー	手を上下に振りながらミニフードのみかんをコロコロ転がすことを要求する	移動出来事・反復

資料　209

資料2　続き

CA	音声	文脈	力動出来事語のカテゴリ
1:4(4)	にゃは	びっくり箱が飛び出てきてほしくて蓋を叩く	移動出来事・反復
	ジャー	入れ子の中に入れたミニフードのたまごを落としながら	経路・垂直的経路
	だ	床に落ちた玩具のポットの蓋を取って	経路・垂直的経路
	て	ミニフードのみかんを玩具のカップに入れたものを振っていてみかんが落ちて	経路・垂直的経路
	てー	ミニフードのみかんを玩具のカップに入れたものを振っていてみかんが落ちて	経路・垂直的経路
	ちゃー	持っていたミニフードのみかんが転がって	経路・垂直的経路
	あっあっ	Mo.の膝に座ろうとして	経路・垂直的経路
	ママ	Mo.の膝に座ろうとして	経路・垂直的経路
	んーんーんー	Mo.の膝に座ろうと立ち上がりながら	経路・垂直的経路
	あて	こけて	経路・垂直的経路
	はい	手に持っていたミニフードのレモンを落としてたまごを取ろうとして	経路・直示的経路
	あ,あ	ミニフードの牛乳パックを見つけて取ろうとして	経路・直示的経路
	だ	ミニフードの牛乳パックを投げながら	経路・直示的経路
	あ	玩具のポットを手に取ろうとしながら	経路・直示的経路
	どうぞ	Mo.が〈どうぞ〉と玩具のカップをE児に渡すと飲むふりをしながら	経路・直示的経路
	ちー	転がったミニフードのいちごを指さしてMo.の方を振り向きながら	経路・直示的経路
	んーんー	玩具入れのバケツからトラックを取ろうとして	経路・直示的経路
	んーんーんー,んー	パズルのピースを取ろうとしながら	経路・直示的経路
	んーまん	玩具入れのバケツから出ようとしてMo.に手を伸ばしながら	図と地・包含
	あー	玩具入れのバケツの中から出ようとして	図と地・包含
	だ	玩具のポットに蓋がはまって取れなくて	図と地・包含―図と地・付着
	た	玩具のポットの蓋がポットから取れなくて取ろうとしながら	図と地・包含―図と地・付着
	だ	ミニフードの梨に玩具のスプーンを刺そうとしながら	図と地・付着
	だー	ミニフードの梨に玩具のスプーンを刺そうとしながら	図と地・付着
	ん	玩具のツールボックスを叩きながら	図と地・付着
	ちゅ	玩具のペンチを持って先を閉じながら	図と地・付着
	ちゅーちゅー	玩具のペンチを持って先を閉じながら	図と地・付着
	ととた	自分の足の裏を玩具の金槌で叩いて	図と地・付着

資　料　211

	タタ，タタ タタタタ	玩具の金槌で足を叩きながら	図と地・付着
	ぱー	パズルのピースを取って	図と地・付着
	ぱー	パズルをはめようとしながら	図と地・付着
	ぱー	パズルのピースを取りながら	図と地・付着
	あー	Mo. がE児の真似をしてE児の足を玩具の金槌で叩くと手で払いのけながら	移動出来事・否定（反転）
1：4(19)	ちーた	玩具のポットの上にミニフードのみかんをのせ，食べるふりをしているとみかんが落ちて	経路・垂直的経路
	やー	ミニフードのたまごが落ちて	経路・垂直的経路
	んー	落ちた赤ちゃんの人形を取りながら	経路・垂直的経路
	ぱっ	Mo. が入れ子のカップの中に玩具を入れてカタカタ音を鳴らしていると，腕を振り上げながら	経路・垂直的経路
	よいしょ	立ち上がりながら	経路・垂直的経路
	よしよし	パズルを持ったまま Mo. の膝の上に座ろうとして	経路・垂直的経路
	ママ	Mo. の膝に座ろうとしながら	経路・垂直的経路
	よし	立ち上がって	経路・垂直的経路
	たー	Mo. の膝から落ちて（Mo. が足を開いてE児が足の間から落ちる遊び）	経路・垂直的経路
	あー	Mo. の膝から落ちて（Mo. が足を開いてE児が足の間から落ちる遊び）	経路・垂直的経路
	ママ	Mo. の膝の方に向かって	経路・垂直的経路
	ち	Mo. の足を滑り台にして滑るときに	経路・垂直的経路
	だー	玩具のツールボックスを倒しながら	経路・垂直的経路 ―図と地・包含
	しーしーしーしーしー	ミニフードの入れ物に手を伸ばしながら	経路・直示的経路
	とー	玩具のペンチを取ろうと手を伸ばして	経路・直示的経路
	と，と	Mo. の膝の上に座ったまま玩具のツールボックスを取ろうとして	経路・直示的経路
	ほしーほしーほしー	玩具のツールボックスの方に身を乗り出しながら	経路・直示的経路
	ほしー	玩具のツールボックスの方に身を乗り出しながら	経路・直示的経路
	ん，ん	Mo. にパズルを渡そうとして	経路・直示的経路
	ぱぱぱ	Mo. が持っている入れ子のカップに手を伸ばしながら	経路・直示的経路
	うー	Mo. が持っている入れ子のカップに手を伸ばしながら	経路・直示的経路
	ほしーしー	ミニフードの入れ物の蓋を開けようとしながら	図と地・包含
	よし	びっくり箱の蓋を閉めて	図と地・包含
	たーた	玩具のツールボックスを開けてほしくて Mo. の方を振り向きながら	図と地・包含
	あーたー	玩具のツールボックスを開けてもらおうと Mo. の方を振り向きながら	図と地・包含
	しー	玩具のツールボックスを開けて	図と地・包含

資料2 続き

CA	音声	文脈	力動出来事語のカテゴリ
	と, と	玩具のツールボックスを開けようとしながら	図と地・包含
	とー	玩具のツールボックスを開けようとしながら	図と地・包含
	だ	倒した玩具のツールボックスを揺らしながら	図と地・包含
	あった	ミニフードの入れ物の中からミニフードのオレンジを取り出して	図と地・包含ー経路・直示的経路
	だー	玩具のツールボックスの中身を取りながら	図と地・包含ー経路・直示的経路
	だーだ	玩具のツールボックスの中身を取りながら	図と地・包含ー経路・直示的経路
	だーだ	玩具のツールボックスから玩具のペンチを取り出して	図と地・包含ー経路・直示的経路
	とーあー	玩具入れのバケツの中から入れ子を取ろうとして	図と地・付着
	た	パズルのピースをパズルの上に当てて	図と地・付着
	トン, トン	犬のパズルのピースを玩具のツールボックスに打ちつけながら	図と地・付着
	ばー	ツールボックスの上にのせていたパズルを取り払って	図と地・付着
	とと	玩具のペンチを開こうとしながら	図と地・付着
	ち, ち	玩具のペンチを開こうとしながら	図と地・付着
	ぺぺぺぺ	Mo.の手に玩具のペンチをあてながら	図と地・付着
	ば	Mo.の膝の上に座っていて落ちることを予想して	移動出来事・閉塞ー経路・直示的経路
1:5(3)	ほしーほしー	Mo.が玩具のお皿にミニフードを入れているのを見て	経路・直示的経路
	しーしー	ミニフードのウインナーを取ろうとしながら	経路・直示的経路
	あん	ミニフードのレモンを食べるふりをしながら	経路・直示的経路
	ママ	Mo.が自分の方に来るのを予想して	経路・直示的経路
	あ	玩具のポットの中にミニフードのみかんが入って取れなくなって、取ってほしくてMo.に渡しながら	図と地・包含
	あっあっ	玩具のポットの中のミニフードのみかんを取ろうとしながら	図と地・包含
	あっあーあーあー	玩具のポットの中のミニフードのみかんを取ろうとしながら	図と地・包含
	ばー	玩具入れのバケツから玩具のポットを取ろうとしながら	図と地・包含ー経路・直示的経路
	これ	玩具のペンチを開こうとしながら	図と地・付着
	ちょ	玩具のペンチを開こうとしながら	図と地・付着
	ん	びっくり箱をしてもらおうとMo.の方に持って行きながら	移動出来事・反復
1:5(23)	うー	Mo.に抱っこしてもらおうと走っていって	経路・垂直的経路
	お, おー	Mo.に抱き付きながら	経路・垂直的経路

	あっあー	ミニフードの入れ物を Mo. に渡そうとしながら	経路・直示的経路
	あ，あ，	Mo. が持っているミニフードの蓋を取ろうと手を伸ばしながら	経路・直示的経路
	ぱー	部屋の外から音が聞こえてドアの方を指さしながらMo. の方を振り返る	経路・直示的経路
	あああー	ドアの方を指さしながら	経路・直示的経路
	んー	ドアの方を指さしながら	経路・直示的経路
	え，え，え	パズルを Mo. に渡そうとしながら	経路・直示的経路
	あー	Mo. からパズルを取って	経路・直示的経路
	あ，あ，	Mo. がつけているマスクを取ろうとしながら	経路・直示的経路
	ブーン（虫の意味）	びっくり箱のぬいぐるみをしまおうとしながら	図と地・包含
	ぱー	ミニカーのトラックを取り出して	図と地・包含
	ママ	ミニフードの入れ物の蓋を閉めようとしながら Mo. の方を見て	図と地・包含
	ん	ミニフードの入れ物を開けてもらおうと Mo. に渡そうとしながら	図と地・包含―経路・直示的経路
	ママ	ミニフードの入れ物を開けてもらおうと Mo. に渡そうとしながら	図と地・包含―経路・直示的経路
	わー	ミニフードのドーナツの穴に指が入り Mo. にそれを見せながら	図と地・付着
	ん	玩具のサングラスを取り Mo. に渡しながら	図と地・付着―経路・直示的経路
	あ	Mo. に玩具のサングラスを渡し，つけてもらおうとする	図と地・付着―経路・直示的経路
	びよ	ぬいぐるみをびっくり箱へ押して飛び出させて	移動出来事・閉塞
	んー，んー	びっくり箱を Mo. の方に渡してオルゴール部分を回してもらおうとして	移動出来事・反復
	ぶーん	びっくり箱を開けてもらおうと，びっくり箱を持ちながら Mo. の顔を見て	移動出来事・反復
	ああああああああ	Mo. にびっくり箱をしてもらおうと Mo. の方に持って行きながら	移動出来事・反復―経路・直示的経路
	これ	Mo. にびっくり箱をしてもらおうと Mo. の方に持って行きながら	移動出来事・反復―経路・直示的経路
1 : 6(7)	たっち	立ち上がろうとしながら	経路・垂直的経路
	おっと	こけかけて	経路・垂直的経路
	だ	天井を見上げながら何かを見つけて	経路・垂直的経路
	ママ	Mo. に抱き付きながら	経路・垂直的経路
	ちー	玩具の財布をひっくり返してコインを落としながら	経路・垂直的経路―図と地・包含
	ちゃー	玩具の財布からコインを落として	経路・垂直的経路―図と地・包含
	ち	玩具の財布からコインを落として	経路・垂直的経路―図と地・包含

資料2 続き

CA	音声	文脈	力動出来事語のカテゴリ
	ちゃ	玩具の財布からコインを落として	経路・垂直的経路―図と地・包含
	ちゃーち	玩具の財布からコインを落として	経路・垂直的経路―図と地・包含
	はっ	ミニフードのみかんを食べるふりをしながら	経路・直示的経路
	ぱー	玩具のお札を投げながら	経路・直示的経路
	あ,あ	Mo. が持っている玩具のコインがほしくて手を伸ばしながら	経路・直示的経路
	あ	Mo. が持っている玩具のコインがほしくて Mo. の手から取ろうとしながら	経路・直示的経路
	ちょうち	Mo. が持っている玩具のコインがほしくて取ろうとすると〈ちょうだいって言わな〉と言われて	経路・直示的経路
	あった	パズルを取ろうとしながら	経路・直示的経路
	ママ	パズルを Mo. に渡しながら	経路・直示的経路
	うん	玩具の携帯電話を Mo. に渡しながら	経路・直示的経路
	パパ	ドアの方をさしながら	経路・直示的経路
	たー	ドアの方を指さしながら観察者に Fa. がいることを教える	経路・直示的経路
	パパ	ドアの方を指さしながら観察者に Fa. がいることを教える	経路・直示的経路
	マ,マ,ママ	Mo. の方に駆け寄りながら	経路・直示的経路
	ママ	Mo. の方に近づいて	経路・直示的経路
	パパ	Mo. に向かって	経路・直示的経路
	パパ	ドアの方を指さして Mo. に Fa. がいることを教える	経路・直示的経路
	よし	玩具の財布に玩具のコインを入れて	経路・目的終了―図と地・包含
	ママ	Mo. の膝に座ってミニフードの入れ物を開けてもらおうと蓋を叩きながら	図と地・包含
	え,え	玩具の財布を開けてほしくて Mo. に渡しながら	図と地・包含
	え,えー,え	玩具の財布を開けてほしくて Mo. の方に出しながら	図と地・包含
	開けて	びっくり箱のオルゴール部分を回してほしくて〈開けては?〉と言われて	図と地・包含
	開けて	玩具の財布の中に玩具のコインを入れながら	図と地・包含
	開けて	玩具の財布を開けてほしくて Mo. の方に差し出すと〈開けてだったが〉と言われて	図と地・包含
	開けて	玩具のコインを拾って玩具の財布に入れながら	図と地・包含―経路・垂直的経路
	トントン	玩具の金槌で頭を叩きながら	図と地・付着

資料　215

	あげ	Mo. が E 児に玩具のサングラスをつけようとするとそれを取り上げながら	図と地・付着
	あーあーあ	落ちた玩具のサングラスを拾いながら，犬のぬいぐるみからはずれたサングラスをつけたくて	図と地・付着－経路・垂直的経路
	え	Mo. に玩具のサングラスを渡しながら	図と地・付着－経路・直示的経路
	はい	Mo. に玩具のサングラスを渡しながら	図と地・付着－経路・直示的経路
	えー	玩具のサングラスをつけてもらおうと Mo. に渡しながら	図と地・付着－経路・直示的経路
	あー	玩具のサングラスをつけてもらおうと Mo. に渡しながら	図と地・付着－経路・直示的経路
	ん	玩具のサングラスを Mo. に渡しながら	図と地・付着－経路・直示的経路
	ワンワン	犬のぬいぐるみと玩具のサングラスを Mo. に渡して犬のぬいぐるみにつけてもらおうとする	図と地・付着－経路・直示的経路
	んー	びっくり箱のオルゴール部分を回してほしくて	移動出来事・反復
	ん，ん	びっくり箱のオルゴール部分を回してほしくて	移動出来事・反復
	えー	びっくり箱のオルゴール部分を回してほしくて	移動出来事・反復
	開けて	玩具のツールボックスを Mo. の方に出し，開けようとしながら	移動出来事・反復－図と地・包含
	開けて	玩具のツールボックスの蓋を開けようとしながら	移動出来事・反復－図と地・包含
1:6(20)	あ	ドアの方を手でさして Mo. の顔を見て	経路・直示的経路
	あっち	ドアの方を手でさしながら	経路・直示的経路
	ん	ドアの方を指さしながら	経路・直示的経路
	ん，あっち	ドアの方を指さしながら	経路・直示的経路
	うん	〈どうぞ〉とミニフードのクッキーの箱を渡されると受け取りながら	経路・直示的経路
	んー	ミニフードの入れ物を開けてほしくて蓋を持ちながら	図と地・包含
	開けて	玩具のツールボックスを開けてほしくて Mo. に向かって	図と地・包含
	開けて	玩具のツールボックスを閉めた後に開けようとして	図と地・包含
	開けて	ミニフードのポテトの箱を開けてほしいときに〈開けてだったが〉と言われて	図と地・包含
	あけてぃ	Mo. にミニフードのクッキーの箱を開けてほしくて渡すと〈なんて言うの？〉と言われて	図と地・包含－経路・直示的経路
	開けて	Mo. にミニフードのクッキーの箱を開けてほしくて渡して	図と地・包含－経路・直示的経路
	開けて	玩具のツールボックスを自分の方に引き寄せながら	図と地・包含－経路・直示的経路
	開けて	Mo. が玩具のツールボックスを持っていると中の玩具を取ろうとしながら	図と地・包含－経路・直示的経路

資料2　続き

CA	音声	文脈	力動出来事語のカテゴリ
	いたーいいたーい	半分になるミニフードの魚を半分にして	図と地・付着
	コンコンコン	玩具の金槌で足を叩きながら	図と地・付着
	コンコンコン	玩具の金槌で足を叩きながら	図と地・付着
	こー	びっくり箱をしようとしながら叩いて	移動出来事・反復―図と地・付着
1:7(18)	ママ	Mo.に抱っこされようとしながら	経路・垂直的経路
	あー	ミニフードの入れ物を取りながら	経路・直示的経路
	ワンワン	玩具入れのバケツの方を指さして	経路・直示的経路
	ワンワン	玩具入れのバケツに手を伸ばしながら	経路・直示的経路
	ココ（犬のぬいぐるみ）	玩具入れのバケツの方を指さしながら犬のぬいぐるみを探す	経路・直示的経路
	ぶぶー	ミニカーをMo.の膝の上で走らせながら	経路・直示的経路
	あー	Mo.に洗濯ばさみを渡しながら	経路・直示的経路
	あっち	部屋の外に行きたくてMo.に抱き付きながら	経路・直示的経路
	あ	びっくり箱の蓋を閉めようとしながら	図と地・包含
	たい	玩具の財布が開かなくてMo.の顔を見ながら	図と地・包含
	あー	ミニカーのトラックのドアが開かなくて	図と地・包含
	開け	ミニカーのトラックのドアを開けてほしくてMo.に〈開けてだったが〉と言われて	図と地・包含
	開けて	ミニカーのトラックのドアを開けてほしくてMo.に〈開けてって言わな〉と言われて	図と地・包含
	開けて開けて	玩具のツールボックスを膝にのせながら開けようとしながら	図と地・包含
	んーんー	玩具のツールボックスが開かなくて	図と地・包含
	あー	ミニカーのトラックのドアを開け閉めして遊んでいたが，開けられなくてMo.に開けてもらおうとMo.の方に持って行きながら	図と地・包含―経路・直示的経路
	ん	ミニカーのトラックのドアを開けてほしくてMo.の方に持って行きながら	図と地・包含―経路・直示的経路
	開け	ミニカーのトラックをMo.に渡し，Mo.の膝に顔をうずめながら開けてもらいたくて	図と地・包含―経路・直示的経路
	てて	手がびっくり箱に挟まって	図と地・付着
	痛いたーい	びっくり箱の蓋を閉めようとして（閉めようとするとぬいぐるみが蓋に挟まるため）	図と地・付着
	うん	Mo.に玩具のサングラスを渡した後，つけてもらおうと顔をMo.の方に近づけながら	図と地・付着
	んー，んー	玩具のサングラスをつけてほしくてMo.に渡して	図と地・付着―経路・直示的経路

資料 217

	ん	玩具のサングラスをつけてもらおうと Mo. にサングラスを渡しながら	図と地・付着－経路・直示的経路
	うん	玩具のサングラスをつけてもらおうと Mo. にサングラスを渡して	図と地・付着－経路・直示的経路
	あー	絵本を読んでもらっているときにはずれた本のカバーを両手でさしながら Mo. に知らせる	図と地・付着－経路・直示的経路
	開けて	Mo. に洗濯ばさみを渡して、開いてもらおうとして	図と地・付着－経路・直示的経路
	ばいばーい	Mo. がびっくり箱の蓋を〈ばいばーい〉と言って閉めようとすると、ぬいぐるみに手を振りながら	移動出来事・閉塞
	ばー	びっくり箱のオルゴール部分を回しながら飛び出てくるのを予想して	移動出来事・閉塞
	うわー	なかなかびっくり箱が開かなくて、待てなくて蓋を叩きながら	移動出来事・閉塞－図と地・包含
	んー	びっくり箱が早く開いてほしくて蓋を触りながら	移動出来事・閉塞－図と地・包含
1:8(1)	こ（抱っこ）の意味	Mo. に抱き付きながら抱っこしてもらいたくて	経路・垂直的経路
	抱っこ	Mo. に抱き付きながら抱っこしてもらいたくて	経路・垂直的経路
	ち	別の部屋に行きたくてドアをさしながら	経路・直示的経路
	あっち	別の部屋に行きたくてドアをさしながら	経路・直示的経路
	あっち	Mo. に抱き付きながらあっちに行きたいと伝える	経路・直示的経路
	よし	トラックに犬のぬいぐるみをのせながら	経路・目的終了
	んーん	玩具の財布を開けてほしくて Mo. の方に財布を持ち上げながら（Mo. の膝に座っている）	図と地・包含
	うぃー	ミニフードの蓋を持って閉めようと動かしながら	図と地・包含
	はい	ミニフードのポテトを持ってミニフードの入れ物に入れようとしながら	図と地・包含
	たー	玩具のコインが床に落ちて探しながら	移動出来事・閉塞
	あった	玩具のコインが床に落ちて探しながら	移動出来事・閉塞
	あー	Mo. がミニフードの蓋を閉めようとしていると手を払いのけながら	移動出来事・否定（反転）
1:8(14)	パンパン	ミニフードのたまごを拾ってきて Mo. の膝の上に座ろうとしながら	経路・垂直的経路
	た	ミニフードのたまごが転げ落ちて	経路・垂直的経路
	ジャン	玩具のコインを叩き落としながら	経路・垂直的経路
	う、パン	玩具のコインを持って上に投げながら	経路・垂直的経路
	ポイ	玩具のコインを持って上に投げながら	経路・垂直的経路
	ち	虫が上を飛んでいて手を伸ばしながら	経路・垂直的経路
	抱っこ	Mo. の方に歩いて行って抱き付きながら	経路・垂直的経路
	あっち	天井に虫がいて取ろうと指をさしながら	経路・垂直的経路
	あ	天井に虫がいて取ろうと指をさしながら	経路・垂直的経路

資料2　続き

CA	音声	文脈	力動出来事語のカテゴリ
	ブーン（虫の意味）	虫がいた天井を指さして	経路・垂直的経路
	たいたいは	ミニフードの入れ物からミニフードの魚を取ろうとしながら	経路・直示的経路
	たいたい	ミニフードの入れ物からミニフードの魚を取った後に	経路・直示的経路
	ちゃ	Mo.の膝に座った状態でミニフードの入れ物に手を伸ばしながら	経路・直示的経路
	パンは	Mo.の膝の上から起き上がろうとしながらミニフードのみかんを探して	経路・直示的経路
	パンは	床の上を見てミニフードのみかんを探しながら	経路・直示的経路
	パン	Mo.がミニフードのたまごを飛ばすと嬉しそうに取りに行こうとしながら	経路・直示的経路
	パン，パンパン	ミニフードのたまごを拾ってきてMo.に見せながらMo.のところに戻る	経路・直示的経路
	ない	Mo.と一緒にミニフードのたまごを探しながら	経路・直示的経路
	あれ	ミニフードのたまごを探しながら	経路・直示的経路
	パンは	玩具のペンチを玩具のツールボックスに叩きつけながらミニフードのたまごを探して	経路・直示的経路
	パン	玩具のペンチを振りながらミニフードのたまごを探して	経路・直示的経路
	パンは	玩具のペンチを振りながらミニフードのたまごを探して	経路・直示的経路
	パン	ミニフードのたまごを探しながら	経路・直示的経路
	パンは	ミニフードのたまごを持ちながら	経路・直示的経路
	あらー	ミニフードのプレッツェルを食べるふりをしながら	経路・直示的経路
	まん	ミニフードのプレッツェルを食べるふりをしながら	経路・直示的経路
	んーわ	玩具のペンチを拾いながら	経路・直示的経路
	ん	玩具のカードを玩具の財布から取り，Mo.に渡しながら	経路・直示的経路
	うぇー	窓の方を指さしながら	経路・直示的経路
	あっち	立ち上がりながら，部屋の外に出ようとして	経路・直示的経路
	ん，ん，ん	別の部屋に行きたくて，怒りながら	経路・直示的経路
	わー	テーブルの上のかぎ網棒を見つけて取りながら	経路・直示的経路
	ん	Mo.がミニフードのみかんをE児の手から取ると取り返そうとして	経路・直示的経路－移動出来事・否定（反転）
	ば	びっくり箱の蓋を開けようとしながら	図と地・包含
	ばー	びっくり箱の蓋を開けようとしながら	図と地・包含
	お	びっくり箱の蓋を閉めようとしながら	図と地・包含

た	びっくり箱の蓋を閉めようとしながら	図と地・包含
じゃー	玩具のツールボックスの蓋を開けようとしながら	図と地・包含
開けて	玩具のツールボックスの蓋が開かなくて怒っていた後に Mo. が〈開けて〉と言うとそれを真似しながら中身を取り出して	図と地・包含
じゃー	玩具のポットから玩具のカップに入れるふりをしながら	図と地・包含
え	玩具のツールボックスを持ってきて開けてもらおうと Mo. に渡しながら	図と地・包含―経路・直示的経路
開けて	玩具のツールボックスを持ってきて開けてもらおうと Mo. に渡しながら	図と地・包含―経路・直示的経路
開け	玩具のツールボックスを持ってきて開けてもらおうと Mo. に渡しながら	図と地・包含―経路・直示的経路
ん，ん	玩具の財布を開けてほしくて Mo. の方に差し出しながら	図と地・包含―経路・直示的経路
わんわんは	ミニフードの魚でミニフードの入れ物を叩きながら	図と地・付着
んー	玩具のペンチを使ってミニフードのたまごをわるふりをしながら	図と地・付着
パ	玩具のペンチでミニフードのたまごをわるふりをしながら	図と地・付着
ある	玩具のペンチの先を開きながら	図と地・付着
ちょ	玩具のペンチの先を開きながら	図と地・付着
た	びっくり箱の蓋を触りながら出てくるのを予想して	移動出来事・閉塞
ば	押さえていたびっくり箱の蓋をはなして	移動出来事・閉塞
うわー	びっくり箱が開いて飛び出てきて	移動出来事・閉塞
ば	びっくり箱のオルゴール部分を回しながら	移動出来事・閉塞
わ	手に持っていたミニフードのみかんが転がって	移動出来事・閉塞―経路・直示的経路
あ	持っていたミニフードのみかんが飛んで行って	移動出来事・否定（反転）
ん，ん，ん，ん，ん，ん	ミニフードの蓋をひっくり返すのを繰り返しながら	移動出来事・否定（反転）
あ	Mo. がびっくり箱のオルゴール部分を回していると自分でしようと Mo. の手を払って	移動出来事・否定（反転）

〈第5章　資料〉

資料3　D児の力動出来事的状況における音声

CA	音声	文脈	力動出来事語のカテゴリ
1:9(11)	あ，あ，あ	カードの上に置いた玩具のコインが落ちてしまって	経路・垂直的経路
	あ，あ，あ	カードの上に置いた玩具のコインが落ちてしまって	経路・垂直的経路
	あ，あー	カードの上に玩具のコインを置いたまま立ち上がると玩具のコインが落ちて転がっていって	経路・垂直的経路
	わー	カードの上に置いた玩具のコインが立ち上がろうとして落ちてしまって	経路・垂直的経路
	あー	カードを持ち上げ玩具のコインを落として	経路・垂直的経路
	あ，	お皿にミニフードのりんごをのせると，のせていたミニフードのいちごが落ちて	経路・垂直的経路
	あ，ぎゅー	袖をまくろうとしてMo.の方に腕を出して	経路・垂直的経路
	あーん	お皿にのせたミニフードのいちごを食べるふりをしながら	経路・直示的経路
	あむあむあむあむ	お皿にのせたミニフードのいちごを食べるふりをしながら	経路・直示的経路
	んー	ミニフードのバナナを食べるふりをしながら	経路・直示的経路
	んー	ミニフードのドーナツを食べるふりをしながら	経路・直示的経路
	あーん	ミニフードのドーナツをMo.の方に向けて食べるふりをさせようとしながら	経路・直示的経路
	まんまんまん	ミニフードのバナナを食べるふりをしながら	経路・直示的経路
	んー	ミニフードのポップコーンを食べるふりをしながら	経路・直示的経路
	あーむ	ミニフードのぶどうを食べるふりをして	経路・直示的経路
	あーむ	ミニフードのりんごを食べるふりをして	経路・直示的経路
	あー，おいちー	玩具の哺乳瓶を飲むふりをして	経路・直示的経路
	プープープープー	玩具のアイロンを動かしながら	経路・直示的経路
	プップーしよ	玩具のアイロンを〈プップーじゃないよ〉とMo.に言われて，トラックを取り	経路・直示的経路
	プップー	トラックを動かし走らせながら	経路・直示的経路
	プーププップー	トラックを動かしながら	経路・直示的経路
	プップープ	トラックを動かしながら	経路・直示的経路
	プー	ミニカーを走らせながら	経路・直示的経路
	プップー	ミニカーを走らせながら	経路・直示的経路
	ププププ	トラックのミニカーを走らせながら	経路・直示的経路

資　料　221

ピピピピ	トラックのミニカーを走らせながら	経路・直示的経路
ピピピピ	トラックのミニカーを走らせながら	経路・直示的経路
でったー（できた）	カードの上に玩具のコインを置いて喜びながら	経路・目的終了
でったでった（できた）	カードの上にさらに玩具のコインを置きながら	経路・目的終了
でったでった（できた）	カードの上にさらに玩具のコインを置きながら	経路・目的終了
でった（できた）	カードの上にさらに玩具のコインを置きながら	経路・目的終了
でったでったでった（できた）	カードの上にさらに玩具のコインを置きながら	経路・目的終了
あー	カードの上に玩具のコインを置き終わって喜んで	経路・目的終了
よし	ミニフードのぶどうをお皿にのせて	経路・目的終了
わー	ミニフードのいちごをお皿にのせて	経路・目的終了
あったー	お皿にのせたミニフードのいちごを見ながら	経路・目的終了
よし	くしでといた後に	経路・目的終了
よしししし	くしを玩具入れのバケツにしまって	経路・目的終了
よし	入れ子に玩具の哺乳瓶からそそぐふりをした後，哺乳瓶を玩具入れのバケツにしまって	経路・目的終了
あ，あ，開けて	玩具の財布を持ってMo.の方に振り向きながら提示する	図と地・包含
あ，あ	Mo.に玩具の財布を開けてほしくて振り向いて	図と地・包含
開けあー	玩具の財布を開けてもらおうとしてMo.の方に財布を持ち上げながら	図と地・包含
開けー	玩具の財布を開けてもらおうとしてMo.の方に財布を持ち上げながら	図と地・包含
開け，あ，開け	ミニフードの入れ物の方に行き，Mo.の方に持って行きながら開けてもらおうとして	図と地・包含
開けて	Mo.がミニフードの入れ物を開けるのを待ちながら	図と地・包含
ん，ん	ミニフードの蓋を開けようとしながら	図と地・包含
よし	玩具のカップに玩具のポットからそそぐふりをして	図と地・包含―経路・目的終了
よし	玩具のカップに玩具のポットからそそぐふりをして	図と地・包含―経路・目的終了
わー	玩具のコインをカードの上に置くことができて	図と地・付着
こー	ミニフードのいちごとりんごを打ち合わせながら	図と地・付着
あー	ミニフードのポップコーンの箱が破れてMo.の顔を見ながら	図と地・付着
あ，あ，あ	お皿にのせたミニフードのりんごが落ちて，直そうとしながら	図と地・付着

資料3 続き

CA	音声	文脈	力動出来事語のカテゴリ
	リンゴリンゴ リンゴリンゴ リンゴリンゴ	ミニフードのりんごを取ってお皿の上にのせスプーンを持ちながら	図と地・付着
	あー	入れ子を重ねて	図と地・付着
	よし	入れ子のカップを取り，重ねようとしながら	図と地・付着
	これはこれ	入れ子のカップが重ねられなくてMo.に黄色のカップを提示しながら	図と地・付着
	これ	入れ子のカップが重ねられなくてMo.に黄色のカップを提示しながら	図と地・付着
	これ	Mo.に黄色のカップを重ねてもらおうとして渡して	図と地・付着
	これこれこれー	入れ子のカップを重ねてもらおうとしてMo.に黄色のカップを手渡す	図と地・付着
	これ	Mo.に渡したカップを重ねてほしくて重なった入れ子の中を指さす	図と地・付着
	これこれこれこれ	Mo.に渡したカップを重ねてほしくて重なった入れ子の中を指さす	図と地・付着
	開けてーす	重ねた入れ子からひとつ取り出そうとして	図と地・付着
	開けたーす	重ねた入れ子からひとつ取り出して	図と地・付着
	よし	入れ子を重ねることができて	図と地・付着―経路・目的終了
	やーだ	Mo.が〈入れて〉と玩具のお財布を出すと断って	移動出来事・否定（反転）
1:10(15)	あ	玩具の茶碗を落として	経路・垂直的経路
	はい	Mo.の膝の上にびっくり箱をのせて	経路・直示的経路
	あい	玩具のスプーンをMo.に渡そうと手を伸ばしながら	経路・直示的経路
	あい,どうぞ	玩具のスプーンをMo.に渡して	経路・直示的経路
	プップー	ミニカーを走らせながら	経路・直示的経路
	プープープープープー	玩具のアイロンをかける真似をしながら（車を走らせるように）	経路・直示的経路
	あー	玩具のナイフをMo.に差し出しながら	経路・直示的経路
	プープープー	ミニカーを走らせながら	経路・直示的経路
	プープープー	ミニカーを走らせながら	経路・直示的経路
	あー	玩具の茶碗からミニフードのたまごを食べるふりをしながら	経路・直示的経路
	あむ	Mo.の方にミニフードのバナナを差し出しながら（食べるふりをしてもらおうとして）	経路・直示的経路
	あむ	ミニフードのバナナを食べるふりをしながら	経路・直示的経路
	見て	絵本を見ながら	経路・直示的経路
	はい	玩具の財布から玩具のお札を取りMo.に渡しながら	経路・直示的経路

えび	玩具の財布から玩具のお札を取りMo.に渡しながら	経路・直示的経路
えび	玩具の財布から玩具のお札を取りMo.に渡しながら	経路・直示的経路
えびが	玩具の財布から玩具のお札を取りMo.に渡しながら	経路・直示的経路
あい	Mo.が持っている玩具のお札を取りながら	経路・直示的経路
あい	玩具の財布から玩具のお札を取り出してMo.に渡しながら	経路・直示的経路
あい	玩具の財布をMo.に渡しながら	経路・直示的経路
はい	Mo.が持っている玩具の財布を取ろうとしながら	経路・直示的経路
これ	玩具のお札を取りMo.の前にあるツールボックスの上に置きながら	経路・直示的経路
はい	玩具の財布をMo.に渡しながら	経路・直示的経路
はい	玩具のお札をMo.に渡しながら	経路・直示的経路
はい	玩具のお札をMo.に渡しながら	経路・直示的経路
はいどうぞ	玩具のお札をMo.に渡しながら	経路・直示的経路
こわか	玩具のお札をMo.に渡しながら	経路・直示的経路
できた	茶碗の蓋を閉めることができて	経路・目的終了―
開ける	ミニフードの入れ物を開けてほしくてMo.の方に持って行きながら	図と地・包含
開ける	ミニフードの入れ物を開けてほしくてMo.の方に持って行きながら	図と地・包含
開ける	〈何？〉と聞かれて答えて	図と地・包含
開ける	びっくり箱を触り，開けてもらおうとMo.の膝にのせながら	図と地・包含
開け	びっくり箱を触り，開けてもらおうとMo.の膝にのせて	図と地・包含
開け	びっくり箱のオルゴールを少し回した後にMo.の膝にびっくり箱をのせながら	図と地・包含
これ開ける	玩具の財布を持ってMo.の方に歩いて行きながら	図と地・包含
開け	玩具の茶碗の蓋を閉めようとしながら	図と地・包含
開け	蓋を閉めた玩具の茶碗が開かなくなってMo.の方に持って行きながら	図と地・包含
ん，ん，ん	玩具の茶碗の蓋を開けようとしながらMo.の方に歩いて行って	図と地・包含
ん，ん	玩具の茶碗の蓋を開けようとしながらMo.の方に歩いて行って	図と地・包含
開け開け	玩具のツールボックスを持ってきてMo.に開けてもらおうとして	図と地・包含
開ける	玩具のツールボックスを持ってきてMo.に開けてもらおうとして	図と地・包含
開ける	玩具のツールボックスを開けようとしながら	図と地・包含
開ける	玩具のお札を財布に入れようとして	図と地・包含
開けた	玩具の財布からお札を取ろうとしながら	図と地・包含

資料3 続き

CA	音声	文脈	力動出来事語のカテゴリ
	開けて	玩具の財布をMo.に渡してお札を入れてもらおうとして	図と地・包含
	開け	玩具の財布を開けてほしくてMo.に向かって	図と地・包含
	開ける	玩具の財布を開けてほしくてMo.に向かって	図と地・包含
	開けて	本を開こうとしながら	図と地・付着
	開ける	本を開こうとして本のカバーが外れてしまって付けてほしくてMo.の顔を見ながら	図と地・付着
	持ってー	びっくり箱のオルゴールを回すふりをしながら	図と地・付着
	ちく	ミニフードのバナナを手に刺しながら	図と地・付着
	トトト	玩具の金槌を持って打つふりをしながら	図と地・付着
	あー	入れ子のカップを重ねていて, ひとつ飛んで行ってしまって	移動出来事・閉塞
	あ	玩具のポットの中に落ちてしまった蓋がポットを振っていると出てきて	移動出来事・閉塞
	あ	玩具の茶碗からミニフードのたまごが落ちて	移動出来事・閉塞
	あーあ, あ, あ	玩具のポットの蓋が飛んで行ってしまって	移動出来事・閉塞
	あー	玩具のポットの中に落ちてしまった蓋がポットを振っていると出てきて	移動出来事・閉塞
	やだ	Mo.が玩具の財布を渡そうとすると	移動出来事・否定（反転）
	やだ	〈入れるの?〉とMo.が聞いて玩具の財布をD児から取ろうとすると	移動出来事・否定（反転）
1:11(5)	あ, 落ちた	玩具のコインが落ちてしまって	経路・垂直的経路
	あ	玩具の財布から玩具のコインが落ちてしまって	経路・垂直的経路
	あー	玩具の財布から玩具のコインが落ちてしまって	経路・垂直的経路
	あー	玩具の財布から玩具のコインが落ちてしまって	経路・垂直的経路
	あ	床に落ちた玩具のコインを拾おうとしながら	経路・垂直的経路
	あ	床に落ちた玩具のコインを拾いながら	経路・垂直的経路
	おーた	玩具のコインが床に落ちて	経路・垂直的経路
	あった	玩具のコインを拾おうとしながら	経路・垂直的経路
	あー	玩具のコインを拾おうとして別のコインが落ちて	経路・垂直的経路
	あ	玩具のコインが床に落ちて	経路・垂直的経路
	あー	落ちた玩具のコインを拾いながら	経路・垂直的経路
	あー	落ちた玩具のコインを拾いながら	経路・垂直的経路
	あ, 落ちたね	玩具の財布から玩具のコインが落ちてしまって	経路・垂直的経路
	あー	お皿の上の玩具のコインが落ちてしまって	経路・垂直的経路
	はいどうぞ	Mo.に向かってミニフードのトウモロコシを差し出しながら	経路・直示的経路
	はい	Mo.にミニフードのトウモロコシを差し出しながら	経路・直示的経路

はい	ミニフードのトウモロコシを Mo. に差し出しながら	経路・直示的経路
はい	ミニフードのいちごを Mo. に渡そうとしながら	経路・直示的経路
はい	ミニフードのいちごを Mo. に渡そうとしながら	経路・直示的経路
はい	Mo. に玩具のコインを差し出しながら	経路・直示的経路
はい	玩具のお札を Mo. に差し出しながら	経路・直示的経路
開ける	ミニフードの入れ物に手を当て Mo. の顔を見て	図と地・包含
開ける	ミニフードの入れ物に手を当て Mo. の顔を見て	図と地・包含
開ける	玩具のツールボックスの蓋を触って Mo. に向かって	図と地・包含
開いてる	玩具のツールボックスの蓋を開けながら	図と地・包含
開ける	玩具のツールボックスの蓋を閉めながら	図と地・包含
お，しょー	びっくり箱を操作した後 Mo. に持って行きながら	図と地・包含
開けてくー	玩具の財布を持って	図と地・包含
おー	ふすまが開いたのが見えて	図と地・包含
開けてくー	玩具の財布を持ちながら	図と地・包含
開けてくれ	玩具の財布のチャックの部分を触りながら	図と地・包含
開けてく	開いた玩具の財布を見ながら	図と地・包含
出ておいでー	玩具のコインを財布から見つけて	図と地・包含
出てくるね	Mo. に向かって	図と地・包含
出ておいでー	玩具の財布に手を入れて取ろうとして	図と地・包含
開けてくれ	玩具の財布を触りながら	図と地・包含
開ける	パズルのピースを持ちながら	図と地・付着
あー痛かった	ミニフードのたまごを玩具の金槌で打っていて手にあたって	図と地・付着
コンコンコンコンコン	玩具の金槌でミニフードのたまごを叩きながら	図と地・付着
靴下脱げ	女の子の人形を指さしながら靴下が脱げていることを Mo. に伝えて	図と地・付着
出ておいでー	パズルを触りながら	図と地・付着
出ておいでー	パズルを触って牛のピースを取りながら	図と地・付着
お皿です	玩具のコインをのせたお皿を持ちながら歩いて	図と地・付着
え	〈観察者にも見せてあげて〉と Mo. が言うと聞き直して	図と地・付着
お皿です	観察者に向かってコインをのせたお皿を見せながら	図と地・付着
もっかい	びっくり箱を Mo. の膝の上にのせながら顔を見て	移動出来事・反復
もっかいして	〈もういい？〉と Mo. が音楽を止めようとすると	移動出来事・反復
やだ	Mo. がびっくり箱をしていると Mo. に向かって	移動出来事・否定（反転）
やだ	びっくり箱からぬいぐるみが飛び出てくるとびっくりして立ち上がって逃げようとしながら	移動出来事・否定（反転）
やだ	Mo. がびっくり箱を鳴らしていると逃げながら	移動出来事・否定（反転）

資料3　続き

CA	音声	文脈	力動出来事語のカテゴリ
	やだ	もう一度繰り返して言って	移動出来事・否定（反転）
	やだ	観察者の方に逃げてきて	移動出来事・否定（反転）
	やだ	観察者の方に逃げてきて	移動出来事・否定（反転）
	やだ	観察者の方に逃げてきて	移動出来事・否定（反転）
2:0(3)	わ	ミニフードの茶碗の蓋が落ちて	経路・垂直的経路
	わ	ミニフードの茶碗の蓋が落ちて	経路・垂直的経路
	わ	アイロン台が倒れてきて	経路・垂直的経路
	わわわ	アイロン台が倒れてきて	経路・垂直的経路
	わ	玩具のポットの中から蓋が落ちて	経路・垂直的経路
	わ，びっくりし	玩具のポットの蓋が落ちて	経路・垂直的経路
	わ，びっくりした	玩具のポットの蓋を閉めようとしてポットの中に蓋が落ちてしまって	経路・垂直的経路
	わ，びっくりし	玩具のポットの中にポットの蓋が落ちてしまって	経路・垂直的経路
	わー	玩具のポットの中からポットの蓋が出てきて	経路・垂直的経路
	はい	玩具のポットからミニフードのたまごと蓋が落ちて	経路・垂直的経路
	わー	玩具のポットからミニフードのたまごが出てきて	経路・垂直的経路
	あー	玩具のポットの中からミニフードのたまごを落としながら	経路・垂直的経路
	わ	玩具の財布をひっくり返し，中から玩具のコインが落ちてきて	経路・垂直的経路
	わ	玩具の財布をひっくり返し，中から玩具のコインが落ちてきて	経路・垂直的経路
	わー	玩具の財布をひっくり返し，中から玩具のコインが落ちてきて	経路・垂直的経路
	わー	空になったミニフードの入れ物にミニフードのいちごを入れて自分の顔に向けてひっくり返しているといちごが転がって	経路・垂直的経路
	する	Mo. に玩具のポットを渡そうとしながら	経路・直示的経路
	はい	玩具のカップにポットから入れるふりをした後 Mo. にカップを渡して	経路・直示的経路
	はい	玩具のカップへそそぐふりをした後 Mo. に渡して	経路・直示的経路
	ん	ガラガラを Mo. に渡しながら	経路・直示的経路
	はい	ガラガラを Mo. に渡しながら	経路・直示的経路

ん	〈見して〉と言われて空になったペットボトルをMo.に見せながら	経路・直示的経路
お魚とんでいけー	ミニフードの魚を右から左に飛ばせるようにして	経路・直示的経路
あむ	ミニフードの魚を食べるふりをして	経路・直示的経路
はい	半分にしたミニフードの魚の尻尾の方をMo.に渡しながら	経路・直示的経路
はい	渡したミニフードの魚を返してもらおうと手を伸ばしながら	経路・直示的経路
あむ	ミニフードの豆を食べるふりをして	経路・直示的経路
あい	Mo.にミニフードの豆を差し出しながら	経路・直示的経路
はい	Mo.にミニフードの豆を差し出しながら	経路・直示的経路
はい	ミニフードの豆を返してもらおうと手を伸ばして	経路・直示的経路
はい	玩具のスプーンをMo.に差し出しながら	経路・直示的経路
あむ	玩具のスプーンで食べるふりをしながら	経路・直示的経路
あむ	ミニフードのいちごを食べるふりをして	経路・直示的経路
はい	ミニフードのいちごをMo.に差し出しながら	経路・直示的経路
はい	ミニフードのいちごをMo.に差し出しながら	経路・直示的経路
開ける開ける	ミニフードの入れ物を開けてほしくて	図と地・包含
わ	玩具の茶碗の蓋を取り	図と地・包含
ないない	ミニフードの入れ物の蓋を閉めながら	図と地・包含
わーお	玩具の財布からカードとお札を取ることができて	図と地・包含
これする	玩具のポットの蓋をしてほしくてMo.に渡しながら	図と地・包含
わ	玩具のポットから蓋が出てきて	図と地・包含
できた	玩具のポットの蓋を閉めることができて	図と地・包含
開ける	玩具のツールボックスをMo.の方に持って行きながら	図と地・包含
開ける	玩具のツールボックスをMo.の方に持って行きながら	図と地・包含
開ける	ガラガラを取り出してMo.に渡しながら	図と地・包含
開ける	Mo.にガラガラを渡しながら	図と地・包含
開ける開ける	Mo.が振っているガラガラに手を伸ばしながら	図と地・包含
ぴちゃ	ミニフードの入れ物の蓋に皿を置きながら	図と地・付着
はい	取り出した玩具のカードとお札を床に置きながら	図と地・付着
わー	ミニフードの魚を半分にして	図と地・付着
怖いね	びっくり箱をMo.が回していると飛び出してくることを予測して	移動出来事・閉塞
わーお	びっくり箱からぬいぐるみが飛び出してきて両手を振りながら驚いたように	移動出来事・閉塞
ちょうちょ	びっくり箱を見ながら	移動出来事・閉塞
ちょうちょ	びっくり箱を見ながら	移動出来事・閉塞
わ	びっくり箱をMo.が回していると飛び出してくるのを予測して	移動出来事・閉塞

資料3 続き

CA	音声	文脈	力動出来事語のカテゴリ
	びっくりした	びっくり箱を Mo. が回していると飛び出してくるのを予測して	移動出来事・閉塞
	わ	びっくり箱からぬいぐるみが飛び出てきて	移動出来事・閉塞
	ちょうちょ	飛び出てきたびっくり箱のぬいぐるみを指さしながら(はらぺこあおむしのぬいぐるみ)	移動出来事・閉塞
	ちょうちょ	飛び出てきたびっくり箱のぬいぐるみを指さしながら	移動出来事・閉塞
	あおむし	びっくり箱のぬいぐるみを指さしながら	移動出来事・閉塞
	あおむし	〈え?〉と Mo. が聞き返すともう一度びっくり箱のぬいぐるみを指さしながら	移動出来事・閉塞
	びっくりした	Mo. がびっくり箱のオルゴールを回していると	移動出来事・閉塞
	出たー	びっくり箱から飛び出てきたぬいぐるみを指さして	移動出来事・閉塞
	ちょうちょ	びっくり箱のぬいぐるみを指さしながら	移動出来事・閉塞
	あおむし	びっくり箱のぬいぐるみを指さしながら	移動出来事・閉塞
	わ	びっくり箱のぬいぐるみをしまおうとすると飛び出てきて	移動出来事・閉塞
	わ	びっくり箱のぬいぐるみをしまおうとすると飛び出てきて	移動出来事・閉塞
	わー	玩具のポットが転がって	移動出来事・閉塞
	やだ	Mo. にびっくり箱を渡して逃げて	移動出来事・閉塞
	わ	びっくり箱からぬいぐるみが飛び出てきて	移動出来事・閉塞
	ちょうちょ	びっくり箱のぬいぐるみをさしながら	移動出来事・閉塞
	あおむし	〈ちょうちょ?〉と Mo. が聞き返すと	移動出来事・閉塞
	ばいばーい	Mo. がびっくり箱を閉めるのを見ながら	移動出来事・閉塞
	わー	ミニフードのたまごが転がって行ってしまって	移動出来事・閉塞
	ピカピカ	ジュースを全部飲んで	移動出来事・閉塞
	ピカピカ	ジュースを全部飲んだことを Mo. に伝える	移動出来事・閉塞
	これす	びっくり箱を Mo. の方に寄せながら	移動出来事・反復
	はい	もう1回びっくり箱をしてほしくてびっくり箱を Mo. の方に寄せる	移動出来事・反復
	うん	〈もう1回?〉と聞かれて	移動出来事・反復
	おかわり?	玩具のカップを Mo. から取ろうとしながら開く	移動出来事・反復
	おかわり	玩具のカップとポットを手に取りながら	移動出来事・反復
	うんこした	Mo. にうんこをしたことを伝える	移動出来事・反復
	おむつ替えていい	おむつを替えてほしくて	移動出来事・反復
	おむつ	おむつを替えてほしくて	移動出来事・反復
	おむつあったー	Mo. がおむつを取り出すと嬉しそうに	移動出来事・反復
	おむつ	Mo. の手からおむつを取って	移動出来事・反復

このする	おむつを替えてもらおうと寝転がることを指さしながら Mo. に伝える	移動出来事・反復
変える	おむつを替えるために寝転がることを Mo. に伝える	移動出来事・反復
変える	おむつを替えるために寝転がることを Mo. に伝える	移動出来事・反復
変える	おむつを替えるために寝転がることを Mo. に伝える	移動出来事・反復
うんこした	Mo. にうんこしたことを伝える	移動出来事・反復
やだ	〈Dちゃん自分でやってごらん〉と言われて	移動出来事・否定（反転）
やだ	Mo. がびっくり箱のオルゴールを回していると	移動出来事・否定（反転）
やだ	Mo. がびっくり箱のオルゴールを回していると	移動出来事・否定（反転）
やだ	Mo. がびっくり箱のオルゴールを回していると	移動出来事・否定（反転）
やだ	Mo. がびっくり箱のオルゴールを回すと	移動出来事・否定（反転）
やだ	Mo. が服のフードをかぶせようとすると	移動出来事・否定（反転）
やだ	Mo. が服のフードをかぶせようとすると	移動出来事・否定（反転）
やだ	Mo. がC児の髪を結ぼうとしていると	移動出来事・否定（反転）
やだ	Mo. がC児の髪を結ぼうとしていると	移動出来事・否定（反転）
やだ	Mo. がC児の髪を結ぼうとしていると	移動出来事・否定（反転）
やだ	Mo. がC児の髪を結ぼうとしていると	移動出来事・否定（反転）
やーだ	Mo. がC児の髪を結ぼうとしていると	移動出来事・否定（反転）
やーだ	Mo. がC児の髪を結ぼうとしていると	移動出来事・否定（反転）
やーだ	Mo. がC児の髪を結ぼうとしていると Mo. の方を振り向きながら	移動出来事・否定（反転）
やだ	Mo. がびっくり箱のオルゴールを回していると	移動出来事・否定（反転）
やーだ	Mo. がびっくり箱のオルゴールを回していると	移動出来事・否定（反転）
やーだ	Mo. がびっくり箱のオルゴールを回していると	移動出来事・否定（反転）
やだ	Mo. がびっくり箱のオルゴールを回していると	移動出来事・否定（反転）
やーだ	Mo. がびっくり箱のオルゴールを回していると	移動出来事・否定（反転）

資料3　続き

CA	音声	文脈	力動出来事語のカテゴリ
	やだ	びっくり箱の方を見ながら	移動出来事・否定（反転）

資料4　E児の力動出来事的状況における音声

CA	音声	文脈	力動出来事語のカテゴリ
1：9(0)	あー	ミニフードの魚の半分が落ちて	経路・垂直的経路
	ワンワン	くまのぬいぐるみリュックを手に取りながら	経路・垂直的経路
	抱っこ	くまのぬいぐるみリュックを抱っこしようとして	経路・垂直的経路
	抱っこ	くまのぬいぐるみリュックを抱っこしようとして	経路・垂直的経路
	ジャー	玩具のポットでカップに入れるふりをしながら	経路・垂直的経路―図と地・包含
	ジャー	玩具のポットで入れるふりをしながら	経路・垂直的経路―図と地・包含
	ん	ミニフードの魚でミニフードを指さしながら	経路・直示的経路
	ママ，ママ	玩具入れのバケツの方を手でさし，Mo. に何かを取ってほしいことを要求する	経路・直示的経路
	ママ，ママ	玩具入れのバケツの方を手でさし，Mo. に何かを取ってほしいことを要求する	経路・直示的経路
	ママ	玩具入れのバケツの方を手でさし，Mo. に何かを取ってほしいことを要求する	経路・直示的経路
	ブブ	玩具入れのバケツに手を伸ばしてトラックを取りながら	経路・直示的経路
	ほしー	女の子の人形を取ろうと玩具入れのバケツに手を伸ばしながら	経路・直示的経路
	ほしーほしー	女の子の人形を取ろうと玩具入れのバケツに手を伸ばしながら	経路・直示的経路
	ん，ん	前にある玩具入れのバケツをよけようとしながら	経路・直示的経路
	ちゃーちゃーちゃー	玩具入れの方に手を伸ばし玩具のカップを取ろうとしながら	経路・直示的経路
	ちゃちゃー	Mo. が持っている玩具のポットを取ろうと手を伸ばしながら	経路・直示的経路
	ちゃちゃー	Mo. が持っている玩具のポットを取ろうと手を伸ばしながら	経路・直示的経路
	ちゃちゃー	玩具のポットに蓋をしてほしくて	経路・直示的経路
	ん	Mo. が絵本を読んでいると絵本を手で払いながら（膝の上に座ったまま）	経路・直示的経路
	ジュース	何かを探しながら	経路・直示的経路
	ジュース	何かを探しながら	経路・直示的経路
	ほしい	何かを探しながら	経路・直示的経路
	ほしー	びっくり箱を見つけて取りに行きながら	経路・直示的経路
	ジュース	ミニフードのジュースを取ろうとMo. の膝に座ったまま手を伸ばして	経路・直示的経路
	ジュース	ミニフードのジュースを取ろうとMo. の膝に座ったまま手を伸ばして	経路・直示的経路

資料4　続き

CA	音声	文脈	力動出来事語のカテゴリ
	ジュース	玩具の哺乳瓶を手に取って	経路・直示的経路
	ちゃー	くまのぬいぐるみリュックの口に玩具の哺乳瓶を近づけて飲ませるふりをして	経路・直示的経路
	開けて	Mo.の膝に座りミニフードの入れ物の蓋を持って	図と地・包含
	開けて	玩具の財布を手に取り振りながら	図と地・包含
	ジー	玩具の財布のジッパーを開けようとしながら	図と地・包含
	開ける	こたつの中に入ろうとしながら	図と地・包含
	開けて	ミニフードのジュースをMo.に提示して	図と地・包含
	ん, ん	くまのぬいぐるみリュックのお腹のチャックを開けようとして	図と地・包含
	ジー	くまのぬいぐるみリュックのお腹のチャックを開けながら	図と地・包含
	あー	くまのぬいぐるみリュックの中を開いて見ながら	図と地・包含
	あー	くまのぬいぐるみリュックの中から何かを取り出そうとしながら	図と地・包含
	ジー	くまのぬいぐるみリュックを開けながら	図と地・包含
	ジー	くまのぬいぐるみリュックを開けながら	図と地・包含
	ぽん	ミニフードのなすをくまのぬいぐるみリュックから取り出して	図と地・包含
	ジー	くまのぬいぐるみリュックのチャックを閉めようとしながら	図と地・包含
	ジー	くまのぬいぐるみリュックのチャックを閉めようとしながら	図と地・包含
	ジー	くまのぬいぐるみリュックのチャックを開けながら	図と地・包含
	あ, じー	くまのぬいぐるみリュックの中からミニフードのなすを取り出しながら	図と地・包含
	ジー	くまのぬいぐるみリュックのチャックを閉めようとしながら	図と地・包含
	ジー	くまのぬいぐるみリュックのチャックを閉めようとしながら	図と地・包含
	開けてー	玩具の哺乳瓶の蓋を開けようとしながら	図と地・包含
	よ	びっくり箱の蓋を閉めながら	図と地・包含
	開けて	びっくり箱を開けてほしくて蓋を触りながら	図と地・包含
	ちょうちょ	びっくり箱を開けてほしくて蓋を触りながら	図と地・包含
	ん, ん	赤ちゃんの人形の服を取ろうとしながら	図と地・付着
	ほしー	女の子の人形を持ちながら	図と地・付着
	ほしー	女の子の人形の靴下を取りながら	図と地・付着
	ぽんぽん	くまのぬいぐるみリュックのお腹を叩きながら	図と地・付着
	しー	Mo.がびっくり箱を回していると止めて	移動出来事・閉塞

資料　233

	わ	びっくり箱から飛び出てきたぬいぐるみを見て	移動出来事・閉塞
	ほしー	自分でびっくり箱を回そうとして	移動出来事・閉塞
	あー	びっくり箱が開くことを予想して蓋の方を覗き込みながら	移動出来事・閉塞
	しー	びっくり箱のオルゴールを自分で回そうとして	移動出来事・閉塞
	ほしー	びっくり箱のオルゴールを自分で回そうとして	移動出来事・閉塞
	出た	飛び出てきたびっくり箱のぬいぐるみを抑えながら	移動出来事・閉塞
	わ	びっくり箱からぬいぐるみが飛び出たのを見て	移動出来事・閉塞
1：9(12)	はい	飛んで行ったミニフードのぶどうを拾いながら	経路・垂直的経路
	高い	入れ子を高く重ねて指をさしながら	経路・垂直的経路
	高い	入れ子を高く重ねて指をさしながら	経路・垂直的経路
	高い	入れ子を高く重ねて指をさしながら	経路・垂直的経路
	高い	入れ子を高く重ねて指をさしながら	経路・垂直的経路
	ん	Mo.の手からミニフードのたまごを取ろうとしながら	経路・直示的経路
	ん	Mo.の手からミニフードのたまごを取ろうとしながら	経路・直示的経路
	ほしい	Mo.の手からミニフードのたまごを取ろうとしながら	経路・直示的経路
	ほしい	Mo.が持っているミニフードの魚がほしくて	経路・直示的経路
	あん	ミニフードのポテトチップスを食べるふりをして	経路・直示的経路
	ポン	ミニフードのポテトチップスを投げながら	経路・直示的経路
	はい	〈貸しては？〉と言うとMo.に持っている玩具のペンチを渡そうとしながら	経路・直示的経路
	ん，貸して	Mo.の持っている玩具ののこぎりを取ろうとしながら	経路・直示的経路
	あー	Mo.の持っている玩具のレンチを取ろうと手を伸ばしながら	経路・直示的経路
	貸して	Mo.の持っている玩具の金槌に手を伸ばしながら	経路・直示的経路
	はい	玩具の金槌を受け取りながら	経路・直示的経路
	ん，ん	Mo.の持っている玩具のペンチがほしくて手を伸ばしながら	経路・直示的経路
	貸して	〈どうするの？〉と聞かれて	経路・直示的経路
	貸して	Mo.に玩具の金槌を渡しながら	経路・直示的経路
	たー	ミニフードの魚を玩具の包丁で切ることができて	経路・目的終了
	ん，ん	ミニフードの入れ物に手を伸ばしながら，開けてほしくて	図と地・包含
	ほしい	ミニフードの入れ物を開けてほしくて蓋を触りながら	図と地・包含
	ほしい	ミニフードの入れ物を開けてほしくて蓋を触りながら	図と地・包含
	ほしい	ミニフードの入れ物を開けてほしくて蓋を触りながら	図と地・包含
	ほしい	ミニフードの入れ物を開けてほしくて蓋を触りながら	図と地・包含
	ほしい	ミニフードの入れ物を開けてほしくて蓋を触りながら	図と地・包含
	開け	ミニフードの入れ物を開けてほしくて蓋を触りながら	図と地・包含
	開け	ミニフードの入れ物を開けてほしくて蓋を触りながら	図と地・包含
	開けて	玩具のツールボックスに手を伸ばして取りながら	図と地・包含
	開けて	玩具のツールボックスを開けようとしながら	図と地・包含
	開けて	玩具のツールボックスを開けようとしながら	図と地・包含

資料4 続き

CA	音声	文脈	力動出来事語のカテゴリ
	開けて	Mo.に玩具のツールボックスを渡しながら	図と地・包含
	開け	Mo.に玩具のツールボックスを渡しながら	図と地・包含
	ジャー	玩具のポットからカップにそそぐふりをしながら	図と地・包含
	ジャ	玩具のポットを振りながら	図と地・包含
	ジャー	玩具のカップにそそぐふりをしながら	図と地・包含
	ジャー	玩具のカップにそそぐふりをしながら	図と地・包含
	ジャー	玩具のカップにそそぐふりをしながら	図と地・包含
	ジャー	玩具のカップでそそぐふりをしながら	図と地・包含
	ジャー	玩具のカップでそそぐふりをしながら	図と地・包含
	ジャー	玩具のカップでそそぐふりをしながら	図と地・包含
	ジャー	玩具のカップでそそぐふりをしながら	図と地・包含
	開けて	玩具のツールボックスの蓋を開けようとしながら	図と地・包含
	はい	玩具のドライバーで玩具のツールボックスの蓋を開けようとしながら	図と地・包含
	ジュワー	玩具のドライバーで玩具のツールボックスの蓋を開けようとしながら	図と地・包含
	ジュワー	玩具のドライバーで玩具のツールボックスの蓋を開けようとしながら	図と地・包含
	ば	玩具のツールボックスの蓋を開けながら中を覗いて	図と地・包含
	ば	玩具のツールボックスの蓋を開けようとしながら	図と地・包含
	ジャー	玩具の哺乳瓶でそそぐふりをして	図と地・包含
	ジャー	玩具の哺乳瓶でそそぐふりをして	図と地・包含
	ジャー	玩具の哺乳瓶でそそぐふりをして	図と地・包含
	ジャー	玩具の哺乳瓶でそそぐふりをして	図と地・包含
	ジャー	玩具の哺乳瓶でそそぐふりをして	図と地・包含
	ジャー	玩具の哺乳瓶でそそぐふりをして	図と地・包含
	ジャー	玩具の哺乳瓶でそそぐふりをして	図と地・包含
	開けて	ミニフードのたまごをわってほしくて	図と地・付着
	開けて	ミニフードのたまごをわってほしくて	図と地・付着
	ん，ん	半分にしたミニフードの魚をくっ付けたくて	図と地・付着
	ん，ん	ミニフードの魚をくっ付けてほしくて	図と地・付着
	したい	ミニフードの魚をくっ付けてほしくて	図と地・付着
	んー	ミニフードの魚をくっ付けてほしくてMo.に渡しながら	図と地・付着
	ち	ミニフードの魚をくっ付けてほしくて	図と地・付着
	して	ミニフードの魚をくっ付けてほしくて	図と地・付着
	ごっちん（擬音語）	ミニフードの魚をくっ付けてほしくてMo.に渡しながら	図と地・付着
	ぺち	ミニフードの魚をくっ付けてほしくて	図と地・付着

	ぺっちん	ミニフードの魚をくっ付けてほしくて	図と地・付着
	ん, ん, ん	ミニフードの魚をくっ付けてほしくて	図と地・付着
	ん, ん, ん	ミニフードの魚をくっ付けたくて	図と地・付着
	あー	ミニフードの魚が切れて	図と地・付着
	あー	ミニフードの魚を切ることができて	図と地・付着
	うあー	ミニフードの魚を切ることができて	図と地・付着
	わー	ミニフードの魚を切ることができて	図と地・付着
	わー	ミニフードの魚をくっ付けて	図と地・付着
	だん	ミニフードの魚を切って	図と地・付着
	ん, ん	ミニフードの魚をうまくくっ付けることができなくて Mo. にくっ付けてもらおうと差し出しながら	図と地・付着
	あー	ミニフードの魚を切ることができて	図と地・付着
	かん	玩具の金槌で叩きながら	図と地・付着
	コンコン	玩具の金槌で叩きながら	図と地・付着
	コン	玩具の金槌で叩きながら	図と地・付着
	コンコンコンコン	玩具の金槌で自分の頭を叩きながら	図と地・付着
	ちちちち	玩具のドライバーとレンチを叩き合わせながら	図と地・付着
	あ, あ	玩具のツールボックスの蓋の留め具がとれて	図と地・付着
	ない	こたつの中にミニフードの魚を隠して	移動出来事・閉塞
	ないない	ミニフードの魚を投げた後に	移動出来事・閉塞
	ワンワンは	犬のぬいぐるみがどこにあるのか Mo. に聞く（犬のぬいぐるみにご飯をあげたくて）	移動出来事・閉塞
	あれ	玩具の哺乳瓶を Mo. に見せながら（中身が消えるタイプ）	移動出来事・閉塞
	あれ	玩具の哺乳瓶を Mo. に見せながら（中身が消えるタイプ）	移動出来事・閉塞
	あれ	何かを探しながら（お皿）	移動出来事・閉塞
	あれ	何かを探しながら（お皿）	移動出来事・閉塞
	ん, ん	玩具のレンチを回してほしくて	移動出来事・反復
1:9(29)	ん, ん	Mo. の膝に座ろうとしながら	経路・垂直的経路
	ん, ん, ん	玩具入れのバケツを自分の方に引き寄せながら	経路・直示的経路
	これ	玩具入れのバケツから何かを取ろうとしながら	経路・直示的経路
	ん	玩具の金槌を Mo. の手に渡して	経路・直示的経路
	これ	玩具入れのバケツから入れ子を取ろうとしながら	経路・直示的経路
	これ	玩具入れのバケツから入れ子を取ろうとしながら	経路・直示的経路
	あん	ミニフードのドーナツを食べるふりをしながら	経路・直示的経路
	開けて	ミニフードの入れ物の蓋を触りながら開けてほしくて	図と地・包含
	あー	玩具のツールボックスを開けようとしながら	図と地・包含
	あーあ	玩具のツールボックスを開けようとしながら	図と地・包含
	開けて	玩具のツールボックスを開けようとしながら	図と地・包含

資料4 続き

CA	音声	文脈	力動出来事語のカテゴリ
	開けて	Mo.の所に玩具のツールボックスを持って行き膝に座りながら	図と地・包含
	あー	Mo.が蓋を開けているのを見ながら	図と地・包含
	開けて	玩具のアイロンを操作しながら	図と地・包含
	開けて	ミニフードの入れ物を持ち開けようとしながら	図と地・包含
	開けて	ミニフードの入れ物をMo.に渡して	図と地・包含
	開けて	ミニフードの缶詰をMo.に渡しながら開けてもらおうとして	図と地・包含
	開けて	玩具の哺乳瓶を開けようとしながら	図と地・包含
	開けて	玩具の携帯電話を持って振りながら	図と地・包含
	開けて	玩具の携帯電話を持って振りながら	図と地・包含
	開け	玩具の携帯電話をMo.に渡しながら	図と地・包含
	開けて	ミニフードのおやつの箱を手に持ちながら	図と地・包含
	ぽんぽん	赤ちゃんの人形のお腹を触りながら	図と地・付着
	ぺん	赤ちゃんの人形のお腹を叩きながら	図と地・付着
	ん,ん	玩具のサングラスをつけてもらおうとしながら	図と地・付着
	ない	玩具の財布の中を見て	移動出来事・閉塞
	ばーばい	びっくり箱のぬいぐるみが飛び出てきて	移動出来事・閉塞
	ばいばーい	びっくり箱を閉めようとしながら	移動出来事・閉塞
	あれ	床の上を何か探しながら	移動出来事・閉塞
	あれ	床の上を何か探しながら	移動出来事・閉塞
	ばぁ	E児が顔を隠していて〈いなーい〉とMo.がいないいないばあを言うと真似て	移動出来事・閉塞
	にゃー	びっくり箱を持ってMo.の膝に座りびっくり箱に手を当てて	移動出来事・反復
	ん,ん	びっくり箱を回してほしくて	移動出来事・反復
	やー	〈後で〉と言われて	移動出来事・否定(反転)
	やーやー	Mo.に高いたかいをされておろしてほしくて	移動出来事・否定(反転)
	やーやー	Mo.に高いたかいをされておろしてほしくて	移動出来事・否定(反転)
	いやー	抱っこした状態からおろそうとすると	移動出来事・否定(反転)
1:10(12)	あ	床に玩具のコインを落としてそれを見ながら	経路・垂直的経路
	取って	Mo.の手からミニフードのドーナツが取れなくて取ろうとしながら	経路・直示的経路
	ママ	玩具のサングラスをMo.の方に差し出しながら	経路・直示的経路
	ママ	玩具のサングラスをMo.の方に差し出しながら	経路・直示的経路

ママ	玩具のサングラスを Mo. の方に差し出しながら	経路・直示的経路
ママ	玩具のサングラスを Mo. の方に向けながら	経路・直示的経路
ママ	玩具のサングラスを Mo. の方に向けながら	経路・直示的経路
ママ	玩具のサングラスを Mo. の方に向けながら	経路・直示的経路
ママ	玩具のサングラスを持ちながら	経路・直示的経路
ママ	玩具のサングラスを持ちながら	経路・直示的経路
あった	玩具のスプーンを投げて	経路・直示的経路
ちー	〈何だった？〉と聞かれて，ドアの方を指さしながら	経路・直示的経路
取って	水筒を取ってほしくて指さしながら	経路・直示的経路
取って	水筒を取ってほしくて指さしながら	経路・直示的経路
できた	入れ子の中に玩具のコインを入れてその上から小さい入れ子で蓋をして	経路・目的終了
できた	入れ子の中に玩具のコインを入れてその上から小さい入れ子で蓋をして	経路・目的終了
きー	入れ子の中に玩具のコインを入れてその上から小さい入れ子で蓋をして	経路・目的終了
できた	入れ子の中に玩具のコインを入れてその上から小さい入れ子で蓋をして	経路・目的終了
できた	入れ子の中に玩具のコインを入れてその上から小さい入れ子で蓋をして	経路・目的終了
できた	入れ子の中に玩具のコインを入れてその上から小さい入れ子で蓋をして	経路・目的終了
できた	手を合わせながら	経路・目的終了
できた	手を合わせながら	経路・目的終了
できた	玩具のコインを入れた入れ子の蓋を取って	経路・目的終了
できた	玩具のコインを入れた入れ子の蓋を取って	経路・目的終了
わー	ミニフードの入れ物を持ったら蓋が開いて，驚いて	図と地・包含
開けて	玩具の哺乳瓶を口に入れながら	図と地・包含
開け	玩具の財布を開けようとしながら	図と地・包含
あった	玩具のコインを見つけて	図と地・包含
あった	見つけた玩具のコインを財布に入れようとしながら	図と地・包含
開けて	くっ付いているミニフードのトマトをはなしてほしくて	図と地・付着
ママ	Mo. に玩具のサングラスをつけようとしながら	図と地・付着
がっちんこ（くっ付ける意味の擬音語）	半分になるミニフードの魚の半分を探しながらくっ付けたくて	図と地・付着
がっちんこ（くっ付ける意味の擬音語）	半分になるミニフードの魚の半分を探しながらくっ付けたくて	図と地・付着

238

資料4 続き

CA	音声	文脈	力動出来事語のカテゴリ
	がっちんこ(くっ付ける意味の擬音語)	半分になるミニフードの魚の半分を探しながらくっ付けたくて	図と地・付着
	がっちんこ(くっ付ける意味の擬音語)	半分のミニフードの魚を探しながら	図と地・付着
	がっちんこ(くっ付ける意味の擬音語)	半分のミニフードの魚を探しながら	図と地・付着
	がっちんこ(くっ付ける意味の擬音語)	半分のミニフードの魚を探しながら	図と地・付着
	がっちんこ(くっ付ける意味の擬音語)	半分のミニフードの魚を探しながら	図と地・付着
	がっちんこ(くっ付ける意味の擬音語)	半分のミニフードの魚を探しながら	図と地・付着
	がっちんこ	半分になったミニフードの魚をくっ付けようとしながら	図と地・付着
	ない	床の上を何か探しながら	移動出来事・閉塞
	あったー	ミニフードのウインナーを見つけて手に取りながら	移動出来事・閉塞
	ない	玩具の中を何かを探しながら	移動出来事・閉塞
	あった	玩具の中から何かを見つけて	移動出来事・閉塞
	あった	ミニフードのウインナーを取って	移動出来事・閉塞
	ない	玩具の財布の中に手を入れながら	移動出来事・閉塞
	ない	玩具の財布の中に手を入れながら	移動出来事・閉塞
	あれ	Mo. がくすぐってこなくて	移動出来事・閉塞
	ない	水筒の中身が入っていなくて	移動出来事・閉塞
1:10(26)	はい	玩具のコインをトレーにのせながら	経路・垂直的経路
	はい	玩具のコインをトレーにのせながら	経路・垂直的経路
	はい	玩具のお札をトレーにのせながら	経路・垂直的経路
	だー	ミニフードのホットドッグを Mo. に差し出してミニフードのウインナーを落とそうとしながら	経路・垂直的経路

ぴ	玩具のお札をトラックの上に置きながら	経路・垂直的経路
これ	玩具のお札をトラックの上に置きながら	経路・垂直的経路
ぴ	玩具のお札をトラックの上に置きながら	経路・垂直的経路
ぴ	玩具のコインをトラックの上に置きながら	経路・垂直的経路
ぴ	玩具のコインをトラックの上に置きながら	経路・垂直的経路
あー	持っていた玩具の茶碗を落として	経路・垂直的経路
あ	手に取ろうとした玩具のポットが倒れて	経路・垂直的経路
まん	ミニフードのいちごを Mo. の口に持って行って	経路・直示的経路
取って	ミニフードの入れ物を指さしながら	経路・直示的経路
はい	玩具のカードを Mo. に差し出しながら	経路・直示的経路
はい	玩具のカードを Mo. に差し出しながら	経路・直示的経路
はい	玩具のお札を Mo. に差し出しながら	経路・直示的経路
はい	玩具のお札を Mo. に差し出しながら	経路・直示的経路
ここ	玩具の財布の中にコインがあることを Mo. に伝える	経路・直示的経路
はい	〈ください〉と Mo. が手を出すと玩具のコインを取って渡そうとしながら	経路・直示的経路
はい	ミニフードのホットドッグを Mo. に差し出しながら	経路・直示的経路
あっち	〈ワンワンどこ行った？〉の答えで，Mo. とは反対側を指さしながら	経路・直示的経路
はい	玩具のスプーンを観察者の方に向けながら	経路・直示的経路
あっち	指さしながら	経路・直示的経路
ん，ん	玩具のツールボックスが開かなくて	図と地・包含
ん，ん	玩具のツールボックスが開かなくて	図と地・包含
ん，ん	玩具の財布が開かなくて	図と地・包含
開いた	玩具の財布を開けることができて	図と地・包含
だー	玩具のポットでそそぐふりをしながら	図と地・包含
ジャー	玩具のポットで玩具の茶碗にそそぐふりをしながら	図と地・包含
ジャー	玩具のポットで玩具の茶碗にそそぐふりをしながら	図と地・包含
ジャー	玩具のポットで玩具の茶碗にそそぐふりをしながら	図と地・包含
ジャー	玩具のポットで玩具の茶碗にそそぐふりをしながら	図と地・包含
ジャー	玩具のポットで玩具の茶碗にそそぐふりをしながら	図と地・包含
ジャー	玩具のポットで玩具の茶碗にそそぐふりをしながら	図と地・包含
ジャー	玩具のポットで玩具のカップにそそぐふりをしながら	図と地・包含
氷	玩具の茶碗の中にカップを入れてカップを氷に見立てて，入れたことを Mo. の方に向けて知らせる	図と地・包含
氷	玩具の茶碗の中にカップを入れてカップを氷に見立てて，入れたことを Mo. の方に向けて知らせる	図と地・包含
氷	玩具の茶碗の中にカップを入れてカップを氷に見立てて，入れたことを Mo. の方に向けて知らせる	図と地・包含
氷	玩具の茶碗の中にカップを入れてカップを氷に見立てて，入れたことを Mo. の方に向けて知らせる	図と地・包含

資料4　続き

CA	音声	文脈	力動出来事語のカテゴリ
	氷	玩具の茶碗の中にカップを入れてカップを氷に見立てて，入れたことを Mo. の方に向けて知らせる	図と地・包含
	氷	玩具の茶碗の中にカップを入れてカップを氷に見立てて，入れたことを Mo. の方に向けて知らせる	図と地・包含
	氷	玩具の茶碗の中にカップを入れてカップを氷に見立てて，入れたことを Mo. の方に向けて知らせる	図と地・包含
	ジャー	玩具のカップから玩具の茶碗にそそぐふりをしながら	図と地・包含
	ジャー	玩具のカップから玩具の茶碗にそそぐふりをしながら	図と地・包含
	開けて	くっ付いているミニフードのトマトをはがすことを要求	図と地・付着
	開けて	ミニフードのレタスをはがしてほしくて Mo. の方に向けて要求	図と地・付着
	足	人形の靴下を持ちながら	図と地・付着
	足	人形に靴下をはかせようとしたができなくて	図と地・付着
	足	人形に靴下をはかせようとしたができなくて	図と地・付着
	ない	玩具のお札がなくなったことを Mo. に知らせる	移動出来事・閉塞
	えー	Mo. が〈チョウダイ〉と手を出すと	移動出来事・否定（反転）
	嫌	Mo. が〈チョウダイ〉と手を出すと	移動出来事・否定（反転）
	嫌	Mo. が〈ください〉と手を出すと	移動出来事・否定（反転）
1:11(10)	チョキチョキ	玩具のペンチを落として	経路・垂直的経路
	きた	落とした玩具のペンチを拾って	経路・垂直的経路
	ほしい	テーブルの上にあるものに手を伸ばしながら	経路・直示的経路
	これ	ミニフードの入れ物を持ってきて開けてほしくて	図と地・包含
	これ	ミニフードの入れ物を開けてほしくて Mo. に差し出しながら	図と地・包含
	これ	ミニフードの入れ物を開けてほしくて Mo. に差し出しながら	図と地・包含
	あ	ミニフードの入れ物を開けてほしくて Mo. に差し出しながら開けようとしながら	図と地・包含
	開けて	玩具のツールボックスを Mo. に渡しながら	図と地・包含
	耳痛い痛い	飛び出てきたびっくり箱のぬいぐるみの触角を触りながら	図と地・付着
	耳痛	びっくり箱にぬいぐるみの触角が挟まって，出て来た後触角をさわりながら	図と地・付着

	耳	びっくり箱に挟まったぬいぐるみの触角を触りながら	図と地・付着
	耳	びっくり箱に挟まったぬいぐるみの触角を触りながら	図と地・付着
	耳が痛い痛い	びっくり箱に挟まったぬいぐるみの触角を触りながら	図と地・付着
	耳痛い痛い	びっくり箱のぬいぐるみの触角が挟まっていた場所を触りながら	図と地・付着
	チョキチョキ	玩具のペンチを開いたり閉じたりしながら	図と地・付着
	ぽん	半分になるミニフードの魚を半分にして	図と地・付着
	ちょきちょき	玩具のペンチを開いたり閉じたりしながら	図と地・付着
	あーあ	玩具のツールボックスの留め具が外れて	図と地・付着
	あーあ	外れた玩具のツールボックスの留め具を見ながら	図と地・付着
	あーあ	外れた玩具のツールボックスの留め具を見ながら	図と地・付着
	ばばーい	びっくり箱の蓋を閉めながら	移動出来事・閉塞
	あれ	玩具を探しながら	移動出来事・閉塞
	あれ	玩具を探しながら	移動出来事・閉塞
	ちゅちゅちゅー	びっくり箱のオルゴールの音を真似ながらびっくり箱のオルゴールを回そうとして	移動出来事・反復
	んーママたら	びっくり箱のオルゴールを回してほしくて	移動出来事・反復
	まだ	〈しっこでた〉と聞かれて返事をして	移動出来事・否定（反転）
	まだ	〈おしっこ出た〉と聞かれて返事をして	移動出来事・否定（反転）
	まだ	〈しっこでた〉と聞かれて返事をして	移動出来事・否定（反転）
1:11(23)	落ちた	玩具のお金を取ろうとして落として	経路・垂直的経路
	落ちた	玩具のお金を取ろうとして落として	経路・垂直的経路
	はい	Mo.の手のひらから玩具のお金を取りながら	経路・直示的経路
	こっち	ミニフードの入れ物を見つけて自分の方に持って行きながら	経路・直示的経路
	こっち	ミニフードの入れ物を見つけて自分の方に持って行きながら	経路・直示的経路
	こっち	Mo.の膝に座った状態で左側を指さしながら（左側のミニフードの入れ物を取ってほしくて）	経路・直示的経路
	ママこっち	Mo.の膝に座った状態で左側を指さしながら（左側のミニフードの入れ物を取ってほしくて）	経路・直示的経路
	これ	ミニフードの入れ物を取りながら	経路・直示的経路
	あった	Mo.が持っているミニフードのパンを取ろうとしながら	経路・直示的経路
	あった	ミニフードのきゅうりを取ろうとしながら	経路・直示的経路
	あった	ミニフードのきゅうりを取ろうとしながら	経路・直示的経路
	ママヘビ	Mo.がミニフードのきゅうりを片づけていて、出してほしくて	経路・直示的経路

資料4　続き

CA	音声	文脈	力動出来事語のカテゴリ
	ヘビ	Mo.がミニフードのきゅうりを片づけていて，出してほしくて	経路・直示的経路
	ママヘビ	Mo.がミニフードのきゅうりを片づけていて，出してほしくて	経路・直示的経路
	ヘビ	Mo.がミニフードのきゅうりを片づけていて，出してほしくて	経路・直示的経路
	ママきた（できた）	玩具のペンチの持ち手部分でミニフードのみかんを挟むことができたのをMo.に報告して	経路・目的終了
	きた（できた）	玩具のペンチの持ち手部分でミニフードのみかんを挟むことができたのをMo.に報告して	経路・目的終了
	きたね（できた）	玩具のペンチの持ち手部分でミニフードのみかんを挟むことができたのをMo.に報告して	経路・目的終了
	きたね（できた）	玩具のペンチの持ち手部分でミニフードのみかんを挟むことができたのをMo.に報告して	経路・目的終了
	取れた	玩具のペンチの持ち手でミニフードのみかんを取ることができて	経路・目的終了
	取れた	ミニフードのみかんを取るのをやめて立ち上がろうとしながら	経路・目的終了
	あれ	玩具のお金が無くなって探しながら	移動出来事・閉塞
	あれ	玩具のお金が無くなって探しながら	移動出来事・閉塞
	あれ	玩具のお金が無くなって探しながら	移動出来事・閉塞
	あったー	玩具のお金を見つけて	移動出来事・閉塞
	あれ	玩具のお金を探しながら	移動出来事・閉塞
	あれ	玩具のお金を探しながら	移動出来事・閉塞
	あったー	玩具のお金を取った後に	移動出来事・閉塞
	あれ	ミニフードの入れ物を探しながら	移動出来事・閉塞
	あれ	ミニフードの入れ物を探しながら	移動出来事・閉塞
	あれー	持っていたミニフードのウインナーを投げて探しながら	移動出来事・閉塞
	あった	ミニフードのウインナーを見つけて	移動出来事・閉塞
	あれ，あれ	玩具のペンチを探しながら	移動出来事・閉塞
	あれ	玩具のペンチを探しながら	移動出来事・閉塞
	あったー	玩具のペンチを見つけて	移動出来事・閉塞
	ヘビが	ミニフードの入れ物の中を覗きながら	移動出来事・閉塞
	行っちゃった	ミニフードの入れ物の中を覗きながら	移動出来事・閉塞
	行っちゃった	ミニフードの入れ物の中を探りながら	移動出来事・閉塞
	へびちゃん	ミニフードの入れ物の中を探りながら	移動出来事・閉塞
	ちーた	玩具の財布を開けて	図と地・包含
	出たー	びっくり箱からぬいぐるみが飛び出てきて	図と地・包含

	開けて	Mo.に玩具のツールボックスを渡して開けてもらおうとして	図と地・包含
	開け	Mo.に玩具のツールボックスを渡した後膝に座って開けてもらおうとツールボックスに手を伸ばして	図と地・包含
	開けて	Mo.に玩具のツールボックスを渡した後膝に座って開けてもらおうとツールボックスに手を伸ばして	図と地・包含
	開いた	ミニフードの入れ物をMo.が開けると中を覗きながら	図と地・包含
2:0(6)	あん	ミニフードのポテトチップスを食べるふりをしながら	経路・直示的経路
	はい	ミニフードのホットドッグを取りながら	経路・直示的経路
	おやつ	おやつの袋に手を伸ばしながら	経路・直示的経路
	まんま	おやつを食べながら	経路・直示的経路
	チョコ	ミニフードの入れ物の中にミニフードのチョコを見つけて取ろうとしながら	経路・直示的経路
	チョコ	ミニフードの入れ物の中にミニフードのチョコを見つけて取ろうとしながら	経路・直示的経路
	これ	ミニフードの入れ物の中にミニフードのチョコを見つけて取ろうとしながら	経路・直示的経路
	チョコ	ミニフードの入れ物の中にミニフードのチョコを見つけて取ろうとしながら	経路・直示的経路
	はいどうぞ	ミニフードのパンをMo.に渡しながら	経路・直示的経路
	あむ	おやつを食べながら	経路・直示的経路
	はいマンマ	Mo.におやつをあげながら	経路・直示的経路
	あむ	ミニフードの肉を食べるふりをしながら	経路・直示的経路
	ワンワン	壁に飾ってある写真を指さしながら	経路・直示的経路
	ワンワン	壁に飾ってある写真を指さしながら	経路・直示的経路
	○ちゃん(兄の名前)	壁に飾ってある写真を指さしながら	経路・直示的経路
	はいどうぞ	玩具の財布からカードを取り出してMo.に差し出しながら	経路・直示的経路
	はーい	玩具のカードを差し出しながら	経路・直示的経路
	はいどうぞ	玩具のお札をMo.に渡しながら	経路・直示的経路
	はい	玩具のお札をMo.に渡しながら	経路・直示的経路
	はいどうぞ	玩具のお札をMo.に渡しながら	経路・直示的経路
	はいどうぞ	玩具のお札をMo.に渡しながら	経路・直示的経路
	はいどうぞ	玩具のお札をMo.に渡しながら	経路・直示的経路
	はい	玩具のコインをMo.に渡しながら	経路・直示的経路
	どうぞ	玩具のコインをMo.に渡しながら	経路・直示的経路
	はいどうぞ	玩具のコインをMo.に渡しながら	経路・直示的経路
	はいどうぞ	玩具のコインをMo.に渡しながら	経路・直示的経路
	はいどうぞ	玩具のコインをMo.に渡しながら	経路・直示的経路
	はいどうぞ	玩具のコインをMo.に渡しながら	経路・直示的経路

資料4 続き

CA	音声	文脈	力動出来事語のカテゴリ
	はい	玩具のコインをMo.に渡しながら	経路・直示的経路
	はいどうぞ	玩具のコインをMo.に渡しながら	経路・直示的経路
	はいどうぞ	玩具のコインをMo.に渡した後に	経路・直示的経路
	はいどうぞ	玩具のコインをMo.に渡しながら	経路・直示的経路
	はいどうぞ	玩具のお金をMo.に渡そうと財布から取りながら	経路・直示的経路
	これ	〈どうするの〉と聞かれてミニフードの入れ物を開けてほしくて	図と地・包含
	これが	ミニフードの入れ物を開けてほしくて	図と地・包含
	これが	ミニフードの入れ物を開けてほしくて	図と地・包含
	これ	ミニフードの入れ物を開けてほしくて	図と地・包含
	開ける，て	〈どうするの〉と聞かれて	図と地・包含
	あか	玩具の財布を開けようとしながら	図と地・包含
	でた	玩具の財布を開けることができて	図と地・包含
	これ	玩具の財布の中から玩具のコインを取ろうとして	図と地・包含
	開いたぞ	ミニカーのドアが閉まって走らせようと床に下ろしながら	図と地・包含
	開いたぞ	ミニカーのドアが開いたことに対して	図と地・包含
	あれこっち	ミニカーのドアを開けようとドアを探しながら	図と地・包含
	あれこっち	ミニカーのドアを開けようとドアを探しながら	図と地・包含
	開けた	ミニカーのドアが開いているのを見て	図と地・包含
	開いた	ミニカーのドアを開けることができて	図と地・包含
	2つ	ミニカーのドアを2つ開けることができて	図と地・包含
	2つ	ミニカーのドアを3つ開けることができて	図と地・包含
	2つ	ミニカーのドアを2つ開けようとしながら	図と地・包含
	2つ	ミニカーのドアを2つ開けようとしながら	図と地・包含
	開けて	ミニカーのドアを開けてほしくてMo.の方に持って行きながら	図と地・包含
	ママ開けて	ミニカーのドアを開けてほしくてMo.の方に持って行きながら	図と地・包含
	開けて	ミニカーのドアを開けてほしくてMo.の方に持って行きながら	図と地・包含
	こっち	乗ろうとしたミニカーのドアと反対側のドアを指しながら	図と地・包含
	こっち	乗ろうとしたミニカーのドアと反対側のドアを指しながら	図と地・包含
	ぺっちゃんこ	ミニフードのホットドッグを押さえつけてつぶしながら	図と地・付着
	はいどうぞ	女の子の人形に靴下をはかせようとしながら	図と地・付着
	ばいばーい	びっくり箱のぬいぐるみをしまいながら	移動出来事・閉塞

あた	玩具が飛んで行って	移動出来事・閉塞
ない	〈もういいんじゃない？ぽいしても〉と言うとおやつの袋に手を入れながら	移動出来事・閉塞
なくなった	おやつの袋を覗き込んでなくなったことを伝える	移動出来事・閉塞
もうない	玩具の財布の中を覗いて玩具のコインがなくて	移動出来事・閉塞
ない	〈入れてよ〉とMo.が空になった玩具の財布に玩具のお金を入れようとすると	移動出来事・閉塞
ない	〈入れてよ〉とMo.が空になった玩具の財布に玩具のお金を入れようとすると	移動出来事・閉塞
ない	〈入れてよ〉とMo.が空になった玩具の財布に玩具のお金を入れようとすると逃げて	移動出来事・閉塞
ばいばい	Mo.に向かって手を振りながら	移動出来事・閉塞
ん，やだ	Mo.がミニカーを走らせていると取ろうとしながら	移動出来事・閉塞
やだ	おやつの袋を〈置いといたら？〉と言われて	移動出来事・否定（反転）
やだ	〈はいどうぞ，入れて〉とMo.が空になった玩具の財布に玩具のお金を入れようとすると	移動出来事・否定（反転）
やだ	抱っこから降ろされて	移動出来事・否定（反転）

著者略歴

坪倉　美佳（つぼくら　みか）

2011年3月　神戸学院大学人文学部人間心理学科　卒業
2013年3月　神戸学院大学院人間文化学研究科修士課程　修了
2016年3月　神戸学院大学院人間文化学研究科博士後期課程　修了
　　　　　　博士（人間文化学）

力動出来事語と2語・多語発話の発達

2018年2月28日　初版第1刷発行

著　者　　坪　倉　美　佳
発行者　　風　間　敬　子

発行所　　株式会社　風　間　書　房
〒101-0051　東京都千代田区神田神保町 1-34
電話 03(3291)5729　FAX 03(3291)5757
振替 00110-5-1853

印刷　太平印刷社　　製本　高地製本所

©2018　Mika Tsubokura　　　　　　　　NDC 分類：140
ISBN978-4-7599-2220-2　　Printed in Japan

〈社〉出版者著作権管理機構　委託出版物

本書の無断複製は，著作権法上での例外を除き禁じられています。複製される場合はそのつど事前に㈳出版者著作権管理機構（電話 03-3513-6969，FAX 03-3513-6979，e-mail: info@jcopy.or.jp）の許諾を得てください。